Dr. STEFAN FRANK

WELTBILD VERLAG

Lizenzausgabe mit Genehmigung des
Bastei Verlages G. Lübbe GmbH & Co.
für Weltbild Verlag GmbH, Augsburg 1997
Einbandgestaltung: Peter Engel, München
Titelfoto: Bastei Lübbe Verlag
Gesamtherstellung: Presse-Druck Augsburg
Printed in Germany
ISBN 3-89604-194-0

Dr. STEFAN
FRANK

Zu schön, um morgen schon zu sterben

»Martha, ist eigentlich Frau Kleinschmidt noch nicht da?«

Die Stimme aus der Sprechanlage klang verschnupft. Dr. Frank, der sich sonst bester Gesundheit erfreute, war von der allgemeinen Erkältungswelle nicht verschont worden.

Seine Sprechstundenhilfe Martha Giesecke, Berlinerin aus Überzeugung und gute Seele der Praxis des Allgemeinmediziners und Geburtshelfers, drückte eine Taste, um ihm zu antworten.

»Nee, Chef, nischt zu sehen von ihr. Ich schicke Ihnen jetzt Herrn Radler rein.«

»Gut. Rufen Sie doch bitte bei Frau Kleinschmidt an, ob sie den Termin vergessen hat.«

»Wird jemacht!« bestätigte Martha.

Vorher rief sie jedoch Herrn Radler auf, der eine Hand stöhnend auf das Herz preßte und die Arzthelferin aus angstgeweiteten Augen anstarrte. Martha Giesecke war die ersten Male darauf hereingefallen. Inzwischen wußte sie, daß sein Herz ›pumperlg'sund‹ war, wie man hier in Bayern sagte. Der Patient hatte eine Herzneurose, hatte Dr. Frank ihr erklärt, und er glaubte fest daran, im nächsten Moment dahingerafft zu werden, wenn so ein Anfall kam.

»Nu je'n Se mal rein, der Doktor wartet.«

»Ich brauche ein Glas Wasser«, keuchte Herr Radler ermattet.

»Kommt sofort.«

Sie ging auf seine kleinen Eigenheiten ein, denn wenn er nicht gerade solche Symptome hatte, war er ganz nett. Jetzt nickte Herr Radler zufrieden. Jemand kümmerte sich um ihn, mehr wollte er nicht.

»Det is mit den Menschen wie mit den Leuten, Marie-Luise! Wie jut, det ick keene Ticks habe«, verkündete sie ihrer Kollegin, die neben ihr am Empfang saß und gerade ein Rezept ausschrieb.

Marie-Luise Flanitzer, über die Hälfte jünger als die grauhaarige Martha Giesecke, unterdrückte ein Lachen. Ihre Kollegin hatte genug Ticks, doch natürlich würde sie das nicht laut sagen.

»So, denn will ich mal die Kleinschmidt uff Trab bringen«, murmelte Martha. Sie hatte auch keine Antwort erwartet.

Bei Frau Kleinschmidt meldete sich jedoch niemand. Martha Giesecke ließ es lange klingeln und warf den Hörer dann auf den Apparat zurück. Sie verschwendete nicht gern Zeit mit solch nutzlosen Aktivitäten.

»So was! Na, die kann jetzt aber warten...«, murmelte sie vor sich hin und wandte sich dem nächsten Patienten zu, der gerade hereingekommen war und vor ihr an der Rezeption stand.

»Ich brauche ein Rezept, Schwester Martha, können Sie mir das ausstellen?«

»Name?«

Herr Rosenkranz wurde ungehalten. Er kam als Privatpatient und war schon dreimal hier gewesen. Da konnte man doch wohl verlangen, daß sie seinen Namen kannte!

Martha sah ihn auffordernd an, ohne mit der Wimper zu zucken. Es war ihre Art, die Männer zur Raison zu bringen, wenn sie ihr zu selbstbewußt waren, aber das konnte er noch nicht wissen.

»Rosenkranz«, knurrte er.

»Warum nicht gleich. Welche Tabletten?«

»Gegen meinen hohen Blutdruck.«

»Na also. Setzen Sie sich ins Wartezimmer, ich bringe es dann.«

Manchmal taten Marie-Luise Flanitzer die Patienten fast leid, die mit Schwester Martha aneinandergerieten, aber sie wußte auch, daß ihre Kollegin im Notfall für die Kranken durchs Feuer gehen würde.

Eine halbe Stunde später erschien auch Frau Kleinschmidt. Sie sah ziemlich abgehetzt aus.

»Entschuldigen Sie bitte, ich mußte erst noch ins Büro und konnte nicht eher weg. Mein Chef hatte eine Besprechung, bei der ich mitstenografieren mußte«, entschuldigte sie sich.

»Det ist aber bedauerlich. Jetzt müssen Sie warten«, verkündete Martha Giesecke mit strengem Blick. »Der Doktor kann ja nich' uff jeden einzelnen Patienten warten, bis der sich mal bequemt.«

»Ja, das ist schon in Ordnung. Ich habe mir für den restlichen Tag freigenommen.«

Der Blick der grauhaarigen Sprechstundenhilfe wurde milder. Sie deutete mit dem Kopf zum Wartezimmer hin, in dem Frau Kleinschmidt auch sofort verschwand. Vermutlich war sie froh, so gut weggekommen zu sein, dachte Martha Giesecke befriedigt. Sie glaubte fest an ihren erzieherischen Erfolg bei den jungen Leuten.

Dr. Frank hatte seinen Patienten Radler überzeugen können, daß sein Herz auch diesmal weiterschlagen würde, und sprach ihn erneut auf eine Kur an. Doch Herr Radler wollte keine Kur, er wollte die Zuwendung des Arztes und seiner klein gewordenen Welt. Seine Frau war vor drei Jahren gestorben, seitdem hatte er den Halt verloren.

Stefan Frank, der seine Patienten stets ernst nahm, auch wenn sie noch so verschroben waren, empfand Mitleid mit dem alten Herrn, dem er nur mit leichten Beruhigungsmitteln und vielen Gesprächen zu helfen vermochte. Viel war das nicht, den Schmerz mußte dieser selbst bewältigen.

Doch noch elender war ihm zumute, als Frau Kleinschmidt dann endlich hereinkam. Sie schien keine Ahnung davon zu haben, was er ihr eröffnen mußte.

»Na, bin ich nun blutarm, Herr Doktor Frank? Eigentlich geht es mir ganz gut.«

Es war gerade eine Schwangerschaft festgestellt worden. Der Bluttest war obligatorisch, doch in ihrem Fall hatte Dr. Frank noch einen weiteren Test veranlaßt. Und der hatte seinen bösen Verdacht bestätigt: Ilona Kleinschmidt, gerade sechsundzwanzig Jahre alt, war HIV-positiv.

Stefan Frank kannte ihren Freund. Allerdings hatte er zunächst nicht gewußt, daß ausgerechnet er der Vater ihres Kindes war. Holger Dreher war ein ziemlich zwielichtiger Typ, der eine Zeitlang sogar mit Drogen gehandelt hatte, wie der Arzt inzwischen erfahren hatte. Dann war Holger Dreher bei einem ebenso undurchsichtigen Autohändler eingestiegen, dort hatte Dr. Frank ihn kennengelernt. Als ihm nämlich ein Motorblock auf den Fuß gefallen war, hatte der Händler Dr. Frank, der in der Nähe wohnte, zu Hilfe gerufen.

Ilona Kleinschmidt war eine hübsche junge Frau, ein wenig naiv, aber tüchtig und ganz sicher, daß sie ihr Leben meistern würde. Warum hatte sie sich ausgerechnet in diesen Mann verlieben müssen? Dr. Frank mußte zugeben, daß Holger Dreher eine gewisse Faszination ausstrahlte, die einer jungen Frau wie Ilona als Charisma erscheinen mochte. Aber glaubte sie wirklich, daß Holger sie heiraten würde, wie sie ihm bei der Untersuchung neulich versichert hatte?

»Wenn er es erfährt, daß wir vielleicht einen Buben bekommen, wird er ganz aus dem Häuschen sein…« So waren ihre Worte gewesen. »Dann heiße ich Frau Dreher. Holger ist jetzt Geschäftsmann.«

So hatte er den Namen erfahren und sofort beschlossen, vorsichtshalber einen Aids-Test zu machen. Die traurige Bestätigung seines Unbehagens hatte er nun.

»Etwas Eisen werde ich Ihnen verschreiben, Frau Kleinschmidt. Aber da ist noch etwas, worüber wir sprechen müssen.«

Sein Zögern, seine ernste Stimme ließen sie immer noch

nichts vermuten. Er seufzte leise. Also, dann mußte er es deutlich aussprechen!

»Frau Kleinschmidt, ich habe auch gleich einen anderen Test angehängt, einen Aids-Test. Und leider hat sich dabei herausgestellt, daß Sie HIV-positiv sind.«

Er war auf alles gefaßt gewesen, Heulen und Schreien und einen hysterischen Anfall. Aber nicht darauf, daß sie ihn einfach auslachen würde.

»Das ist ja völlig unmöglich, Herr Dr. Frank! Ich habe mich nie herumgetrieben, und drogensüchtig bin ich auch nicht.«

»Nein, das weiß ich. Aber Sie müssen sich trotzdem angesteckt haben. Ich würde gern Ihren Freund untersuchen. Oder raten Sie ihm, umgehend zu einem Test zu gehen.«

»Holger? Der hat bestimmt kein Aids! Der ist so sportlich und hat lauter Muskeln! Was meinen Sie, wie oft der ins Fitneß-Center geht! Nein, die müssen meine Blutprobe vertauscht haben im Labor.«

»Wir können den Test gern wiederholen, wenn Sie es nicht glauben. Aber ich fürchte, es wird nichts anderes herauskommen. Das Labor ist sehr zuverlässig.«

Sie wollte aufstehen. Noch immer lächelte sie, ganz überzeugt, daß es sich nur um einen Irrtum handeln könnte. So aber konnte er sie nicht gehen lassen.

»Bitte, setzen Sie sich wieder hin, Frau Kleinschmidt. Wir müssen darüber sprechen, was zu tun ist, wenn der zweite Test auch positiv ist.«

Sie wagte es nicht, sich ihm zu widersetzen. »Bitte, wenn Sie müssen...«

»Sie können sich denken, daß dieser Umstand Grund genug wäre, die Schwangerschaft abzubrechen. Halt...«

Sie hatte beide Hände gehoben und setzte zu einer Antwort an. Ihre Empörung war größer als die Angst – noch.

»Ich sage nicht, daß Sie das tun sollen, Frau Kleinschmidt.

Bisher kann man nur sagen, daß die Chance des Feten, gesund zu sein, also nicht von der Mutter angesteckt zu werden, bei ca. 70% liegt. Das sind die neuesten Zahlen, man hört teilweise auch abweichende Prozentzahlen. Jedenfalls besteht genug Hoffnung, um auch an die Möglichkeit zu glauben, ein gesundes Kind zu bekommen. Ferner heißt HIV-positiv nicht, daß Sie bereits Aids haben. Bis zum Ausbruch der Krankheit können Jahre vergehen, und die Entwicklung geht rasant weiter, so daß vielleicht auch schon bald ein wirkliches Gegenmittel entdeckt wird. Es sind nur gewisse Dinge zu bedenken, und darum möchte ich Sie bitten. Sie müssen versuchen, so schwer das auch ist, nüchtern abzuwägen. Dabei will ich Ihnen gern helfen.«

»Sie sagen das alles so... gelassen«, gab sie jetzt unsicher zurück.

»Ich bin nicht gelassen. Es ist auch für mich als Arzt sehr schwer, Menschen, egal ob Frauen oder Männern, so eine Diagnose mitzuteilen. Zumal, wenn da ein Kind unterwegs ist. Aber Wehklagen steht mir nicht zu. Ich bin Arzt und möchte helfen, daß der Patient – in diesem Falle Sie – mit der Diagnose fertig wird und auch wieder eine Perspektive findet. Außerdem muß ich natürlich alles tun, um den Ausbruch der Krankheit so lange wie möglich zu verzögern.«

Sie nickte und schaute auf ihre Hände hinunter. Offensichtlich begann sie sich mit dem Gedanken vertraut zu machen, daß ihr Bluttest tatsächlich nicht vertauscht worden war.

Doch Dr. Frank wußte, daß es noch zu früh war, um erleichtert aufzuatmen. Im Moment befand sich Ilona Kleinschmidt in einer Art Schockzustand. Es kam darauf an, wie ihr danach zumute wäre.

Und dann gab es ja noch einen weiteren Menschen, den das anging, nämlich ihren Freund Holger Dreher. Bei dem Gedanken an ihn wurde es Dr. Frank sehr unbehaglich zumute, und das war schon immer ein Zeichen gewesen, daß sich massive Schwierigkeiten ankündigten.

Vanessa griff noch halb im Schlaf nach dem Weckerradio auf ihrem Nachttisch und schaltete es aus. Der röhrende Gesang einer Popgruppe hatte sie aus den schönsten Träumen gerissen. Blinzelnd öffnete sie die Augen. Durch die pfirsichfarbenen Vorhänge wurde das Sonnenlicht gefiltert und tauchte den schönen Schlafraum in ein fast unwirkliches Licht, das ihrer Haut bestimmt sehr schmeicheln mußte.

Lächelnd drehte sie sich zu ihrem Mann Gerhard um, der noch fest schlief. Sie zupfte an seiner Decke, er grunzte ein bißchen und machte eine unwillige Bewegung. Nachts war er nicht ins Bett zu bekommen, und morgens stand er nicht gern auf.

Sie schlug ihre Decke zurück und tapste auf nackten Füßen über die toskanischen Fliesen des Schlafzimmers zum Bad hinüber. Auch hier herrschten warme Pastellfarben vor, die den Marmor der Wände und des Fußbodens milchig schimmern ließen.

Der Marmor war nicht auf Hochglanz poliert worden. Vanessa hatte ihn höchstpersönlich in Carrara ausgesucht und hierher liefern lassen. Es hatte zwar ein Vermögen gekostet, doch der Aufwand stand in keinem Verhältnis zu der enormen Wirkung. Die zartgelben flauschigen Handtücher erweckten selbst im Winter den Eindruck, daß man nur hinausgehen müsse, um inmitten von Olivenbäumen und Pinien zu stehen, an einem Frühlingstag im Mai...

Sie lächelte über ihre Phantasie. Wann sie einmal wieder in ihre geliebte Toskana fahren könnte, stand in den Sternen. Dazu hatten Gerhard und sie viel zuviel Arbeit. O ja, sie fuhr jeden Tag in die ›Toskana‹, besser in das ›Toskana‹. So hieß nämlich das Feinschmeckerrestaurant, das sie vor zwei Jahren hier in Grünwald eröffnet hatten.

Obwohl sie zurückhaltend kalkuliert hatte, war sie von dem Erfolg ebenso überwältigt worden wie ihr Mann.

Gerhard war der Koch, der Geniale, während sie zwar eine künstlerische Begabung im Zeichnen, aber ansonsten die geschickte Hand ihres Vaters in kaufmännischen Dingen geerbt hatte. Sie kümmerte sich um alles, was nicht mit dem Kochen zu tun hatte, und das war eine Menge.

Nach einer warmen und kalten Dusche, bei der sie sich verschwenderisch in den Schaum ihres Duschgels hüllte, cremte Vanessa sich sorgfältig mit der Body-Lotion ein und genoß den Duft auf ihrer Haut. Dieses Ritual nahm sie jeden Morgen vor, es war ihr ganz wichtig, den Tag in Ruhe und Gelassenheit zu starten, denn vor halb zwei, zwei Uhr nachts kam sie selten ins Bett. Im Restaurant waren Gerhard und sie immer die letzten, die gingen, lange, nachdem die Angestellten nach Hause gefahren waren. Deshalb klingelte ihr Wecker auch nie vor zehn Uhr, denn den Schönheitsschlaf brauchte sie, um funktionieren zu können und ihr gutes Aussehen zu bewahren.

Ihre im Moment rötlich gefärbten Haare, eine wilde Lockenmähne, die sie nur zu Hause offen trug, begannen zu knistern, als sie sie mit der Bürste bearbeitete. Dann zog sie ihre Seidenwäsche an, betrachtete sich noch einmal kritisch und war zufrieden. Das gute, nein, exzellente Essen hatte ihrer Figur noch nichts anhaben können. Sooft sie Zeit hatte, ging sie schwimmen und joggte im Park, der dem Restaurant gegenüberlag.

Als sie ins Schlafzimmer zurückkam, um sich fertig anzuziehen, war Gerhard gerade aufgewacht. Er betrachtete sie mit einem undefinierbaren Blick und streckte dann die Arme aus.

»Komm her, du tolle Person! Ich glaube, wir haben da gestern etwas vergessen!«

»Oh, Gerhard! Ich habe vorhin versucht, dich zu wecken, aber du hast noch so tief geschlafen. Jetzt ist es leider zu spät für solches Liebesgeflüster, tut mir leid. Ich muß zur Bank, zur Maniküre, Einkäufe machen und und und...«, gab sie zurück.

Sie bedauerte es nur halb. Gerhard war in dieser Hinsicht ausgesprochen launisch. Manchmal beachtete er sie lange Zeit gar nicht, dann war er wieder unersättlich. Sie hatte sogar schon den Verdacht gehabt, daß er sie betrog. Aber genau wollte sie es gar nicht wissen. Sie waren Geschäftspartner, das durfte nicht gefährdet werden. Solange er diskret blieb, mußte sie sich wohl mit seinem Verhalten abfinden. Schließlich betrachtete er sich als Künstler und benahm sich auch oft genug so. Empfindlich wie eine Mimose, keiner Kritik zugänglich.

»Na schön. Wenn du partout nicht willst...«

Idiotischerweise enttäuschte sie sein schnelles Nachgeben jetzt doch. Die Maniküre hätte sie ausfallen lassen können...

Er stand auf und ging, nackt, wie er war, an ihr vorbei ins Badezimmer. Sie sah ihm nach.

Gerhard sah sehr gut aus, sportlich durchtrainiert, muskulös, aber dabei schlank und nicht etwa ein Muskelprotz. Seine dunklen Haare ließen ihn sehr italienisch aussehen, obwohl er ein waschechter Münchner war. Im Restaurant sprach er mit den Gästen, sofern sie es beherrschten, gern italienisch, wenn er gegen zehn Uhr abends an den Tischen vorbeidefilierte. Er war sehr eitel, aber Vanessa nahm es mit Humor. Wer so göttlich kochen konnte, durfte schon einen kleinen Spleen haben.

In Anbetracht des kühlen Aprils, die Sonne brachte nicht viel Kraft auf gegen den kalten Wind, zog Vanessa einen grauen, leichten Cashmere-Rollkragenpulli an und wählte dazu eine schmale schwarze Hose aus.

In der Küche, die zwar mit sehr eleganten grauen Einbaumöbeln eingerichtet war, wurde nie gekocht. Nur die Espressomaschine zeigte Gebrauchsspuren. Vanessa trank das belebende Getränk im Stehen, für das Frühstück nahm sie sich nur montags Zeit, wenn das Restaurant geschlossen blieb.

Nachdem sie einen Blazer übergezogen und ihre Handtasche geholt hatte, klopfte sie an die Badezimmertür.

»Ich gehe, Gerhard. Wir treffen uns dann im Restaurant, ja?«

»Si, Signora.«

Sie lachte und öffnete die Tür doch noch einmal. Er stand, eingehüllt von Wasserdampf, vor dem Spiegel. Noch einmal bereute sie, daß sie ihn nicht energischer geweckt hatte, vorhin, als noch Zeit gewesen wäre…

Nachdem er ihr grinsend eine Kußhand zugeworfen hatte, wahrscheinlich erriet er ihre Gedanken, ging Vanessa zur Garage, fuhr den roten kleinen Sportwagen, der ihr gehörte, hinaus und war kurz darauf auf dem Weg in die Münchner Innenstadt.

Sie liebte diese morgendlichen Einkaufstouren. Ihr heutiger Termin bei der Bank hatte sogar ausgesprochen angenehme Gründe. Sie konnte die letzte Rate für den Kredit, den sie damals, bei Geschäftsgründung, aufgenommen hatte, viel früher zurückzahlen als vorgesehen.

Dieses Gespräch erledigte sie zuerst. Der Filialleiter hörte ihr zu, versuchte ein wenig mit ihr zu flirten, worauf Vanessa, jetzt von Kopf bis Fuß Geschäftsfrau, nicht einging, und zehn Minuten später verließ sie mit einem erhebenden Gefühl von Stolz die Bank. Sie waren schuldenfrei… Natürlich lag auf der Villa eine Hypothek, aber das war eine andere Sache.

Vanessa fühlte sich wunderbar an diesem Vormittag. Das Leben konnte wirklich sehr schön sein. Wenn sie daran dachte, daß sie vor vier Jahren noch bei einem langweiligen Vermögensberater gearbeitet hatte! Sie war zwar recht erfolgreich gewesen und hatte gut verdient, aber die Befriedigung, die jetzt in der Selbständigkeit lag, hatte sie nicht empfunden. Und vor allem hatte es noch keinen Gerhard gegeben, sondern einen ziemlich nüchternen Rechtsanwalt, der sie mit seinen Heiratsanträgen verfolgte.

Gerhard war mit Blitz und Donner in ihr Leben gekommen. Über München lag ein schreckliches Gewitter. Sie hatte mit ihrem Wagen am Straßenrand gestanden, weil man durch den strömenden Regen überhaupt nichts sehen konnte. Er hatte hinter ihr gehalten und ihr geholfen, als ihr Wagen nicht wieder anspringen wollte. Dabei war er klitschnaß geworden, so daß es eine Frage der Menschlichkeit war, ihn zu einem heißen Getränk einzuladen.

Und von da an hatte sich ihr Leben total verändert. Sie waren sich zunächst als Mann und Frau nähergekommen, ziemlich schnell sogar, und hatten dann ihre nicht unerheblichen Ersparnisse zusammengeworfen, um das Restaurant, seinen Lebenstraum, zu eröffnen. Die Villa hatte Vanessa schon besessen und nach und nach ihren Vorstellungen angepaßt. Gerhard war sehr geschickt und half ihr dabei, weil sie auf diese Weise Geld für die Handwerker sparen konnten.

Sie war sicher, daß diese Zeit des Beginns sie für immer zusammenschweißen würde. Sie hatten soviel Spaß gehabt! Nein, wenn sie im Moment nicht mehr so oft miteinander schliefen, lag es wohl eher daran, daß sie beide so viel arbeiteten und sich zuwenig Zeit gönnten, die nicht auf irgendeine Weise doch wieder mit dem Restaurant in Zusammenhang stand. Das mußte sich ändern. Sie könnte vielleicht einen zweiten Geschäftsführer einstellen, der sie ein wenig entlastete…

Ach, das war Unsinn. Sie würde das ja gar nicht wirklich wollen. Dazu liebte Vanessa ihre Arbeit viel zu sehr. Das war auch der Grund, warum sie sich – allerdings schweren Herzens – gegen Kinder entschieden hatte. Um Kinder aufzuziehen, brauchte man Zeit. Sie zur Welt zu bringen und dann jemand anderem zu überlassen, eine Sonntagsmutter zu sein, konnte sich Vanessa nicht vorstellen.

Wieso dachte sie gerade jetzt daran? Ach, richtig, sie mußte ja noch zu Dr. Frank, um sich ein neues Pillenrezept zu holen.

Das konnte sie eigentlich nachher noch schnell erledigen, bevor sie ins Restaurant fuhr. Jetzt mußte sie erst einmal zu ihrer Kosmetikerin, weil die Maniküre für halb zwölf verabredet war.

Sie parkte vor dem Haus und betrat den Salon, der in ihren Augen farblich nicht sehr geschickt eingerichtet war. Doch es stand ihr nicht zu, Doris Ammerländer Ratschläge zu geben. Sie war eine hervorragende Kosmetikerin und eine wahnsinnig nette Frau.

»Guten Tag, Frau Bernhard! Schön Sie zu sehen. Sie können gleich in die Kabine gehen, Marion kommt sofort.«

»Guten Morgen, Doris. Wie geht es Ihnen?«

»Prima, wie immer. Morgen komme ich übrigens mit einem Freund zu Ihnen ins ›Toskana‹. Wir haben etwas zu feiern.«

»Oh, ich werde Ihnen einen besonders schönen Tisch reservieren lassen. Wann haben Sie bestellt?«

»Um neun.«

»Ich werde Sie dann sehen. Da arbeite ich ja noch.«

»Wie Sie das bloß aushalten? Die halbe Nacht auf den Beinen und dabei so blendend auszusehen…«

»Ich habe eben eine sehr gute Kosmetikerin, die Wunder wirken kann«, antwortete Vanessa lachend.

»Erzählen Sie das nur überall weiter«, gab Doris vergnügt zurück.

Über einen Mangel an Arbeit konnte sie sich allerdings nicht beklagen, wie Vanessa wußte.

Marion, eine Angestellte, feilte und tupfte und strich und lackierte, bis sie mit ihrem Werk zufrieden war. Vanessa gab ihr ein großzügiges Trinkgeld und betrachtete ihre Nägel. Sie fand die falschen, die sich heute so viele Frauen aufkleben ließen, äußerst unangenehm. Ihre eigenen waren zwar nicht perfekt, aber so gepflegt sahen sie wirklich schön aus.

Als sie im Anschluß an die Maniküre bei Dr. Frank vorbeifuhr, wurde sie von Martha Giesecke überschwenglich begrüßt. Die Berlinerin hatte einen Narren an Vanessa gefressen, keiner wußte warum. Irgendwie stimmte die ›Chemie‹, wie die Sprechstundenhilfe ihrem Chef gegenüber betonte, als er sie einmal danach gefragt hatte.

»Frau Bernhard, det is' aber nett, det Se mal wieder reinkommen!«

»Vielen Dank, Schwester Martha. Ich freue mich auch, Sie zu sehen. Wie geht es Ihnen? Sie haben aber eine schicke Frisur!«

Martha fand es sehr wagemutig von sich selbst, einmal auf die stramme Dauerwelle verzichtet zu haben und statt dessen weiche Wellen zu tragen. Sie lächelte geschmeichelt. Auch andere hatten sie schon darauf angesprochen, aber aus Vanessa Bernhards Mund bedeutete so ein Kompliment genausoviel wie von Dr. Frank.

»Danke. Ja, det is', gloob ick, janz jut jelungen. Wat kann ick denn für Sie tun?«

»Ich brauche wieder ein Rezept.«

»Natürlich, jern. Moment, kommt sofort.«

Sie machte sich sogar selbst die Mühe, es auszudrucken, und ging dann sofort zu Dr. Frank hinein, um es unterschreiben zu lassen. Die bösen Blicke, die ihr der unsympathische Holger Dreher zuwarf, beachtete sie gar nicht. Sie war sowieso nicht damit einverstanden, daß ihr Chef solche Patienten empfing. Sie konnten ja dem Ruf der ganzen Praxis schaden!

Dr. Frank war über die Unterbrechung eher froh, gab es ihm doch Gelegenheit, einmal kurz durchzuatmen.

Holger Dreher war wutschnaubend in seine Praxis gestürmt, nicht einmal Schwester Martha hatte ihn aufhalten können.

»Ich will den Doktor sprechen«, hatte er laut verkündet, die Augen zusammengekniffen und die Hände zu Fäusten geballt.

Der Lärm hatte den Arzt aus seinem Sprechzimmer gelockt. Als er gesehen hatte, wer ihn da beehrte, hatte er Martha, die schon den Telefonhörer in der Hand hielt – vermutlich, um die Polizei zu rufen –, ein Zeichen gegeben.

»Herr Dreher kann gleich hereinkommen, wenn ich mit meiner Patientin fertig bin, Martha.«

Ihr war deutlich anzusehen gewesen, was sie davon hielt. Und dann, als er vor ihm saß, hatte Holger Dreher losgelegt.

»Sind Sie von allen guten Geistern verlassen? Wie können Sie es wagen, Ilona einzureden, daß ich sie mit Aids angesteckt haben könnte? Sehe ich etwa aus wie ein Fixer?«

Er hatte seine mit Tätowierungen überzogenen Arme entblößt, indem er sich die Lederjacke ausgezogen hatte. Seine Muskeln waren beachtlich, doch seine drohende Haltung hatte Dr. Frank noch weniger gefallen.

»Setzen Sie sich hin und hören Sie mir zu!« hatte er mit aller Autorität gesagt.

Erstaunlicherweise hatte es funktioniert. Holger Dreher hatte auf dem Stuhl Platz genommen, wenn seine Miene auch noch keinen Deut freundlicher war, wofür der Arzt allerdings unter den gegebenen Umständen Verständnis hatte.

»Ich habe nicht behauptet, daß Sie sie angesteckt haben. Aber man muß es natürlich in Betracht ziehen, denn irgendwoher muß sie es ja haben. Nicht Aids – sie ist lediglich HIV-positiv.«

»Und warum ich? Das kann sie ja sonstwoher haben!«

»Glauben Sie? Wir können es ganz einfach ausschließen, indem Sie auch einen Test machen. Wenn Sie okay sind, ist zumindest für Sie alles klar.«

»Dann kann sie mich aber auch angesteckt haben, diese Schlampe.«

Dr. Frank hatte ihn zwei Minuten fixiert, bis Holger Dreher zur Seite schaute.

»Na ja, so eine ist sie wohl nicht«, hatte er dann gemurmelt.

»Das denke ich auch. Obwohl diese Infektion vor keinem haltmacht, wie wir wissen. Es gibt ja auch die Möglichkeit, daß sie durch eine Blutübertragung hervorgerufen wird. Allerdings kann das bei Frau Kleinschmidt nicht sein.«

»Also glauben Sie doch, daß ich es war?«

Wieder war er laut geworden. In diesem Moment erschien Martha mit dem Rezept.

Dr. Frank unterschrieb es und warf ihr einen mahnenden Blick zu, doch sie hatte sowieso nicht die Absicht gehabt, etwas zu sagen. Das würde sie tun, wenn diese Type gegangen war.

»Also?«

»Ja, Herr Dreher, ich denke schon, daß wir den Test machen müssen. Sind Sie einverstanden? Dann kann ich Ihnen gleich selbst Blut abnehmen. Sie können aber auch zu einer Beratungsstelle gehen.«

»Das kommt ja wohl aufs gleiche raus.«

»Sicher. Denken Sie an das Baby. Es ist ja wichtig, daß wir Gewißheit haben.«

»Das Baby! So eine Schnapsidee, daß sie das unbedingt kriegen will! Jetzt könnte man es doch ganz leicht wegmachen! Ich habe nicht vor, sie zu heiraten, wie sie glaubt. Jetzt schon gar nicht!«

»Und wenn Sie selbst es waren, der Frau Kleinschmidt infiziert hat? Gibt es nicht auch so etwas wie eine moralische Verpflichtung gegenüber der Frau und dem Kind, das ja nicht zwangsläufig krank sein muß?«

Es war natürlich ziemlich müßig, mit diesem Mann über moralische Verpflichtungen zu sprechen. Holger Dreher reagierte auch entsprechend.

»Jeder ist sich selbst der Nächste, ist meine Devise. Sie hätte ja besser aufpassen können.«

»Machen wir den Test nun?« fragte Stefan Frank mit hörbarer Ungeduld. Seine Nerven vibrierten, denn am liebsten hätte er diesen Muskelprotz eigenhändig vor die Tür gesetzt. Seine verstopfte Nase erleichterte es ihm auch nicht gerade, denn dieser Schnupfen war lästig.

»Na gut. Aber Sie werden sehen, ich bin es nicht gewesen.«

Die Blutabnahme führte der Arzt selbst durch, natürlich nicht, ohne sich die dünnen Gummihandschuhe überzustreifen, die den Patienten schmierig grinsen ließen.

»Passen Sie man gut auf, damit ich Sie nicht auch noch anstecke!«

Dr. Frank war sicher, daß Holger Dreher sein Übermut bald vergehen würde. Und dann hatte er ihn womöglich als Patienten am Hals…

Er wußte, daß das nicht gerade freundliche Gedanken einem Kranken gegenüber waren, doch auch als Arzt war er nicht davor gefeit, Sympathien oder Antipathien zu hegen. Und Frau Kleinschmidt zuliebe war es vielleicht ganz gut, wenn er den Mann im Auge behielt. Sie würde es noch schwer genug haben.

»So, dann rufen Sie bitte Anfang nächster Woche an, oder kommen Sie vorbei, damit ich Ihnen das Ergebnis mitteilen kann.«

»Null problemo. Sie werden sich bei mir entschuldigen müssen«, antwortete dieses unsägliche Großmaul siegesgewiß. Er zeigte nicht einmal eine Spur von Unbehagen.

Empfand er auch nicht. Holger Dreher war nur wütend, daß ihn Ilona, die ihm sowieso schon auf den Wecker ging mit ihrer Betulichkeit, in so eine Sache hineingezogen hatte. Er verließ grußlos die Praxis und stieg in den von seinem Chef ›geliehenen‹ Porsche. Herr Malmann war gerade auf Kundentour mit seinem großen Angeber-Mercedes.

Bald würde er auch so einen Wagen besitzen, da war Holger Dreher ganz sicher. Er verdiente gut, und die kleinen Zusatzgeschäfte würden das große Geld bringen, wenn er erst richtig dabei war. Es war zwar nicht mehr so einfach, die geklauten Wagen über die Grenze zu bringen, doch inzwischen verfügte er schon über zwei zuverlässige Leute, die das übernahmen. Er mußte sich die Finger nicht einmal mehr selbst dreckig machen.

Wenn er erst genug Geld verdient hatte, war Schluß mit diesen kleinen Fischen, dann konnte er selbst etwas aufziehen und sich den Bauch im sonnigen Süden bräunen lassen, rechts und links eine süße Kleine, die ihn natürlich anhimmeln würden.

Im Vorgeschmack auf diese Aussicht grinste er und zog den Wagen mit Schwung links hinüber. Ein anderer Autofahrer mußte abbremsen und hupte empört. Holger grinste noch breiter. Das machte ihm Spaß. Sobald die Fahrspur vor ihm frei war, gab er Gas und brauste davon.

In der Werkstatt herrschte heute kaum Betrieb. Er schloß auf und warf sich in den Drehstuhl am Schreibtisch von Herrn Malmann. Mit einem Nachschlüssel öffnete er dessen Schublade und steckte sich ein paar TÜV-Plaketten ein. Auch ein kleines Zusatzgeschäft. Brachte zwar nicht viel, aber besser als Schmutz war es immer.

Er angelte nach einer Dose Bier, die er sich mit hereingebracht hatte, ließ den Verschluß aufschnipsen und nahm einen tiefen Zug.

HIV-positiv – er! So einen Blödsinn hatte er lange nicht mehr gehört! Seine Fixerzeiten lagen lange hinter ihm, da hätte die Krankheit schon ausbrechen müssen. Er kannte ein paar Typen, die dieses Ende genommen hatten. Was ging es ihn an?

Mit Ilona mußte er dringend Schluß machen. Sie nervte mit ihrem Gewäsch von Hochzeit in Weiß und Kindstaufe!

Na ja, im Moment war ihr der Sinn danach vergangen, jetzt flennte sie nur noch und wagte es sogar, ihm Vorwürfe zu machen! Das mußte man sich mal reinziehen! Dabei war sie doch selbst ganz heiß darauf gewesen, mit ihm ins Bett zu springen! Er hatte kaum nachhelfen müssen...

Schade, eigentlich war sie eine schnuckelige Puppe. Aber jetzt mußte er natürlich die Finger von ihr lassen, er wollte sich ja nicht noch was holen! Wenn sie ihn angesteckt hatte, nur mal angenommen, dann würde er ihr sowieso die Hölle heiß machen...

Das Telefon klingelte. Er angelte nach dem Hörer und klemmte ihn ans Ohr.

»Werkstatt Malmann.«

»Holger, bist du es? Warst du bei Dr. Frank?«

»Ja, war ich. Ist natürlich Quatsch. Wenn du Aids hast, hast du höchstens mich angesteckt«, pflaumte er Ilona an.

Sie schluchzte schon wieder. Er rollte die Augen zur Decke und machte sich auf ein längeres Gespräch gefaßt. Im Moment lag ihm nicht daran, daß sie es überall herumposaunte, deshalb mußte er sich ihr Gejammer wohl anhören.

»Sei doch nicht so gemein, Holger! Ich darf mich nicht aufregen, denk doch an das Kind.«

»Laß es wegmachen, Baby, und das Thema ist gegessen!«

»Nein, das tue ich nicht! Außerdem habe ich kein Aids! Das hat Dr. Frank dir doch sicher alles erklärt...«

Dieses Geschniefe ging ihm auf die Nerven. Zum Glück nahte Rettung in Gestalt eines Kunden.

»Ich muß auflegen. Wir sprechen heute abend. Es kommt Kundschaft.«

»Kommst du zu mir?«

»Ja, okay. Bis dann, Kleines.«

Das würde er sich noch gut überlegen. Allerdings konnte sie hervorragend kochen...

Der Kunde wollte sich nach einem guten Gebrauchtwagen umsehen. Holger führte ihn herum und erzählte ihm alles über die in Frage kommenden Wagen. Wenn er einen verkaufen konnte, würde er eine hübsche Provision kassieren, deshalb gab er sich auch Mühe.

Schließlich fuhr der Mann wieder weg, nachdem er etwas davon gemurmelt hatte, es sich noch einmal überlegen zu wollen. Holger trat gegen einen alten Opel, der sich schon fast im Stadium der Auflösung befand, was seine technischen Innereien anging. Von außen war er natürlich tipptopp.

Nee, lange würde er das nicht mehr nötig haben. Dabei fiel ihm ein, daß er eigentlich mal nachfragen konnte, ob es seinen Leuten gelungen war, den ›bestellten‹ Mitsubishi zu finden. Wenn, dann mußte der schnell über die Grenze, bevor ihm noch die Konkurrenz zuvorkam. Die Leute, die an den Fäden zogen, an denen auch er noch zappelte, waren nicht zimperlich. Entweder er funktionierte, oder er war raus. Zur Not auch mit einem Loch im Kopf in der Isar. Kein erbaulicher Gedanke...

Nach seinem Telefonat lächelte er zufrieden. Da fielen doch schon wieder ein paar schlappe Tausender für ihn ab! Es ließ sich wirklich gut an. Keine Zeit, sich jetzt mit diesem Aids-Kram zu befassen.

Aber das hatte er ja auch sicher nicht nötig. Dr. Frank würde sich bei ihm entschuldigen, und Ilona sollte sehen, wie sie klarkam. Das Kind interessierte ihn sowieso nicht...

Vanessa hatte ihre Tageseinnahmen abgerechnet und streckte sich, weil ihre Muskeln ganz verspannt waren. Es war wieder ein sehr guter Abend gewesen.

Bernhard kam mit einem Glas Champagner zu ihr.

»Hier, mein Schatz, das hast du dir redlich verdient. Prof. Meier und seine Freunde waren völlig hingerissen von unserem Restaurant. Er hat schon gesagt, daß er bald Geburtstag hat und dann hier feiern will. Aber er möchte auch Musik haben.«

»Hast du ihm erklärt, daß er rechtzeitig Bescheid geben soll?«

»Aber natürlich. Was denkst du denn von mir? Glaubst du, ich kann nur Rübchen schälen?«

Seine gute Laune war unübersehbar. Vanessa rieb sich müde die Stirn. Ihre Augen brannten in letzter Zeit immer, wenn sie die Abrechnungen machte. Ob sie doch eine Brille brauchte? Vielleicht konnte ihr Dr. Frank ein paar Tropfen verschreiben, bevor sie tatsächlich so ein Ding auf die Nase setzen mußte.

»Müde?« fragte Gerhard.

»Ja, ziemlich. Wir können jetzt aber auch los. Das Geld nehme ich mit nach Hause, dann brauchen wir nicht noch bei der Bank vorbei.«

»Nein, du weißt, daß ich das nicht mag. Gib es mir. Ich fahre schon los und stecke es in den Nachttresor. Und du fährst direkt nach Hause.«

»Meinst du wirklich?«

»Ja. Es sind doch nur ein paar Minuten Umweg. Du siehst wirklich erschöpft aus.«

»Na schön. Danke.«

Er küßte sie auf die Wange, nahm die Geldbombe und steckte sie in die unauffällige Plastiktüte eines Supermarktes. Wer ihn vor dem Lokal beobachtete, würde darauf vermutlich nicht hereinfallen. Aber bisher war nie etwas passiert.

Nachdem er schon gegangen war, überprüfte Vanessa noch einmal, ob alle Geräte ausgestellt, alle Fenster und die Eingangstür verriegelt waren, und ging dann durch die Hintertür hinaus. Ihr Auto stand auf dem Platz, auf dem auch die Gäste parken konnten.

Sie ließ den Motor an, hörte das gleichmäßige Schnurren und fuhr langsam auf die Straße hinaus. Um diese Zeit herrschte kaum noch Verkehr, obwohl es Wochenende war.

Vanessa erreichte eine kleine Kreuzung, die sie überqueren mußte. Plötzlich überkam sie aus heiterem Himmel ein Gefühl von Gefahr. Es war so stark und alarmierend, daß es ihr fast den Atem abschnürte.

War Gerhard etwas passiert? Vielleicht ein Überfall? Er

hatte mehrere tausend Mark bei sich. Würde er sie vernünftigerweise weggeben oder kämpfen?

O Gott, ihr wurde ganz schlecht bei der Vorstellung, daß er das Geld nicht hergeben würde...

Langsam fuhr sie weiter. Sie hatte das Fenster geöffnet, um genug Luft zu bekommen. Der Schweiß lief ihr unter den Achseln herunter und wurde von ihrer Seidenbluse aufgefangen, die sich schon ganz feucht anfühlte. Noch nie im Leben hatte Vanessa so eine Panik empfunden.

Als die Villa in Sicht kam und in der Auffahrt Gerhards Auto stand, atmete sie tief ein und aus, um sich zu beruhigen. Er war zu Hause! Nichts war passiert! Sie hatte keine Ahnungen gehabt, sondern ganz einfach einen hysterischen Anfall. Dafür war Vanessa sogar noch dankbar. Wahrscheinlich einfach nur eine Folge von Überarbeitung.

Sie fiel ihrem Mann um den Hals, als sie im Haus war. Er wirkte etwas verblüfft, lachte dann aber und preßte sie an sich. Doch dann schob er sie schnell zurück in einen Sessel und lächelte.

»Du begrüßt mich ja, als hätten wir uns nicht gerade eben getrennt.«

»Ich hatte plötzlich so ein Gefühl, daß auf dem Weg zur Bank etwas passiert wäre. Tut mir leid.«

Vanessa kam sich ziemlich albern vor, doch Gerhard ging darüber hinweg und erzählte ihr nun, daß ein sehr erfreulicher Anruf gespeichert worden war.

»Hast du Stefano Parsino eigentlich mal kennengelernt? Ich habe damals in der Schweiz mit ihm gelernt, er ist ein begnadeter Koch, noch besser als ich, obwohl man sich das kaum vorstellen kann.«

Er grinste und wartete auf ihre Bestätigung. Doch Vanessa hatte gar nicht richtig zugehört. Noch immer ging ihr der merkwürdige Angstanfall im Kopf herum.

»Hey, Liebling, ich dachte, du würdest mich jetzt loben! Na ja, jedenfalls hat Stefano seinen Besuch angekündigt. Er kommt morgen für zwei Tage nach München.«

»Stefano? Wer ist das?«

»Habe ich dir gerade erzählt«, gab Gerhard leicht gereizt zurück. »Ein alter Freund. Er hat in der Toskana, ich glaube in der Nähe von Florenz, ein Hotel. Das heißt, es gehört seinen Eltern, aber er leitet es und kocht dort.«

Toskana... da wäre Vanessa jetzt gern. Sie seufzte und stand auf. »Wunderbar. Dann lade ihn doch ein, bei uns zu wohnen, wenn du willst.«

»Das hatte ich auch vor. Er wird sich morgen im Laufe des Vormittags noch einmal melden. Aber jetzt laß uns schlafen gehen, ich bin ganz schön kaputt.«

Eine halbe Stunde später löschten sie das Licht im Schlafzimmer. Gerhard hatte sich sofort umgedreht und die Augen geschlossen, während Vanessa noch eine Weile wach lag und mit ihrer Unruhe kämpfte.

Am nächsten Morgen hatte sie sich glücklicherweise wieder gefangen. Sie stand wie immer als erste auf und duschte. Dann zog sie sich mit der üblichen Sorgfalt an. Heute war es wärmer draußen, endlich. Sie hatte ein buntes Seidentop ausgewählt, dazu eine weiße Hose und einen Leinenblazer. Vanessa war gespannt auf Gerhards Freund. Er hatte ihr schon früher einmal von ihm erzählt, wie sie sich jetzt erinnerte. Demnach mußte er ziemlich beeindruckend sein, denn Gerhard schwärmte nicht so ohne weiteres für andere Männer. Jedenfalls würde dieser Besuch eine angenehme Abwechslung sein. Zum Glück hatte sie sowieso nicht viel zu tun im Moment, denn die Monatsabrechnung war fertig, und das Tägliche war leicht zu schaffen.

Um halb elf klingelte das Telefon. Gerhard war gerade unter der Dusche, also nahm Vanessa den Hörer ab.

»Signora Bernhard? Hier spricht Stefano Parsino. Ich hatte gestern schon einmal angerufen. Ist Gerhard da?«

»Guten Tag, Signore Parsino«, antwortete Vanessa in bestem Italienisch, »Gerhard duscht gerade, aber wir wollten Sie bitten, für die Zeit, die Sie in München sind, unser Gast zu sein. Kommen Sie doch am besten gleich her. Ich gebe Ihnen die Anschrift.«

»Sie sprechen hervorragend italienisch, Signora! Ich nehme die Einladung gern an und freue mich sehr, Gerhards charmante Frau kennenzulernen.«

Vanessa lächelte, als sie auflegte. Er hatte eine Stimme, die sie ein bißchen an Adriano Celentano erinnerte, kein schlechtes Vorzeichen für seinen zweitägigen Besuch...

Ausnahmsweise bereitete sie ein richtiges Frühstück im Wintergarten vor. Vielleicht hatte er Hunger, wenn er gerade erst eingetroffen war.

»Ich hole eben Brötchen, Gerhard, dein Freund kommt gleich! Mach dann bitte auf, wenn es klingelt«, rief sie ins Schlafzimmer hinauf.

Am Schlagen der Türen hatte sie gehört, daß Gerhard jetzt aus dem Badezimmer herausgekommen sein mußte.

»Okay, mach ich!«

Sie lief die paar Schritte zum Bäcker zu Fuß. Die Luft war mild und duftete nach Frühling. Vanessa hatte strahlende Laune und ließ sich davon nicht einmal abbringen, als ein mit Lederjacke und passender Hose gekleideter junger Mann ihr die Tür der Bäckerei vor der Nase zuschlug, als er unmittelbar vor ihr hineinging. Solche Stoffel gab es überall, glücklicherweise hatte sie nur äußerst selten mit ihnen zu tun. In ihrem Restaurant verkehrten solche Leute nicht.

Als sie zurückkam, hielt gerade ein Taxi vor ihrer Tür. Der Mann, der ausstieg, sah blendend aus. Vanessa erwischte sich dabei, wie sie ihn in Teenagermanier anstarrte.

Er hatte dichtes schwarzes Haar und ein ausgesprochen klassisch geschnittenes Gesicht. Die blauen Augen fand sie ebenso aufregend wie die strahlend weißen Zähne, die durch die gebräunte Haut natürlich besonders auffielen. Er trug einen lässigen hellen Leinenanzug mit leichten Knitterfalten und dazu ein smaragdgrünes Hemd, ebenfalls aus Leinen. Für so etwas hatte Vanessa einen Blick.

»Signore Parsino? Ich bin Vanessa Bernhard. Herzlich willkommen.«

Er sah sie überrascht an und strahlte dann, als hätte er einen Scheinwerfer angeknipst. Vanessa wurde ganz schwach in den Knien.

»Ich bin entzückt, Signora! Sie sind ja noch viel schöner, als ich Sie mir vorgestellt habe! Gerhard ist ein glücklicher Mann.«

›Wirklich?‹ schoß es Vanessa durch den Kopf.

»Sie übertreiben. Aber kommen Sie doch bitte mit hinein. Ich habe uns gerade Brötchen geholt. Sie mögen doch noch mit uns frühstücken?«

»Um mit Ihnen, Signora, am Tisch sitzen zu können, würde ich auch noch ein zweites und drittes Mal frühstücken.«

Vanessa lachte, und er stimmte ein. Beide wußten, wie das Geplänkel gemeint war, aber es gefiel ihr trotzdem. Wie lange war es her, daß Gerhard so charmant gelogen hatte?

Die Freunde begrüßten sich mit italienischem Temperament. Gerhard zeigte Stefano stolz das Haus. während Vanessa den Kaffee kochte und einen Espresso vorbereitete, falls Stefano den vorziehen würde. Es lag ihr daran, sich von ihrer besten Seite zu zeigen. Sie amüsierte sich über sich selbst, daß sie so auf den Besucher ›abfuhr‹.

Anderthalb Stunden saßen sie zusammen und frühstückten, erzählten, lachten. Dann mußte sich Vanessa verabschieden, die Pflicht rief. Stefano und Gerhard wollten noch sitzen bleiben.

»Wir sehen uns heute abend in Ihrem Ristorante, Vanessa?« fragte Stefano mit einem besonderen Lächeln.

»Das hoffe ich doch, Stefano! Ich werde Ihnen einen Ehrenplatz reservieren.«

»Aber nur, wenn Sie mir die Ehre geben, mit mir zu essen, was uns Gerhard kocht.«

»Gut, einverstanden. Ich freue mich. Bis dann. Ciao, Gerhard.«

Sie fuhr beschwingt ins Restaurant. Nicht einmal die Kreuzung, an der sie gestern nacht solche Angst bekommen hatte, beeindruckte sie heute.

Die Putzfrau war noch dabei, die Spuren vom Vortag zu beseitigen. Vanessa lobte sie für ihre Sorgfalt. Frau Brunner blickte ihr leicht irritiert hinterher.

Alles ging Vanessa heute leicht von der Hand. Das Personal traf superpünktlich ein, was nicht immer der Fall war, hatte scheinbar ebenso gute Laune wie die Chefin, und als Gerhard kam, war auch er aufgekratzt und animiert.

»Wie gefällt er dir?« fragte er Vanessa.

»Sehr gut. Ich würde gern einmal sein Hotel sehen. Bestimmt ist dort alles vom Feinsten.«

»Das ist es. Es wird in allen Reiseführern erwähnt. Da müssen wir uns noch ganz schön anstrengen.«

»Du hättest längst einen Stern verdient«, erklärte Vanessa ihrem Mann. Sie wollte ihm eine Freude machen, doch es war auch gleichzeitig ihre ehrliche Meinung.

»Danke. Vielleicht habe ich ihn ja bald. Im Herbst kommen die Tester ja wieder, im Moment sind sie wohl alle im Ausland. Das ist ein Beruf!«

Vanessa lachte. Gerhard küßte sie flüchtig auf die Wange und verschwand in der chromblinkenden Küche.

Ilona Kleinschmidt hatte sich allmählich von dem Schock erholt und war jetzt schon dabei, ihr Leben unter dem Gesichtspunkt, nicht sehr alt zu werden, neu zu ordnen. Sie war nicht sicher, ob Holger sie heiraten würde, er äußerte sich dazu nur ziemlich vage. Also mußte sie erst einmal davon ausgehen, daß sie mit ihrem Kind allein bleiben würde.

Seit sie schwanger war und die schlimme Nachricht bekommen hatte, HIV-positiv zu sein, war ihre Begeisterung für Holger einer ziemlich nüchternen Erkenntnis gewichen. Nicht nur, daß sie von ihm den Virus erwischt haben mußte, er hatte auch außer seiner tollen Männlichkeit, die sie für einige Zeit völlig um den Verstand gebracht hatte, nicht viel an Geborgenheit zu bieten. Und er war nicht einmal halb so intelligent, wie sie sich eingeredet hatte.

Zum ersten Mal, seit sie ihn kannte, bemühte sich Ilona um eine Bestandsaufnahme. Holger schien nicht schlecht zu verdienen in seinem Job in der Autowerkstatt. Das gäbe ihr zwar einige Sicherheit, wenn sie wegen des Babys zu Hause bleiben mußte. Aber die Sicherheit war auch nur dann gegeben, solange er nicht krank wurde oder die Arbeit hinwarf, was er wohl schon ein paar Mal gemacht hatte, wie sie sich rückblickend aus seinen Erzählungen erinnerte. Natürlich waren jedesmal die Chefs Schuld gewesen, die seine überragende Arbeitskraft nicht zu würdigen gewußt hatten.

Sie legte ihre Hand auf den noch flachen Bauch.

»Was habe ich dir da bloß für eine Zukunft ausgesucht, Baby? Ich bin vielleicht schon bald nicht mehr in der Lage, dich zu versorgen, dein Vater auch nicht, wenn er das überhaupt vorhat, und was soll dann aus dir werden? Bitte, sei gesund! Steck dich nicht an mit diesem verdammten Virus...«

Schon liefen ihr wieder die Tränen über das Gesicht. Sie hatte nah am Wasser gebaut in der letzten Zeit. Aber das war schließlich kein Wunder. Ihre Kolleginnen im Geschäft führten es auf die Schwangerschaft zurück, denn Ilona hatte ihnen natürlich nichts von ihrer Ansteckung erzählt. Das wäre ein gefundenes Fressen für die! Sie würden sich augenblicklich von ihr distanzieren, und das hielte Ilona nicht aus. Bis zum Mutterschaftsurlaub mußte sie einfach durchhalten, denn sie würde ja jeden Pfennig Geld brauchen.

Plötzlich fiel ihr ihre Cousine Melanie ein. Melanie war ihre Vertraute aus der Kinderzeit gewesen. Sie wohnte mit ihrer Familie, Mann und drei Kindern in Niederbayern. Sie hatten sich schon ewig nicht gesehen, aber Ilona erinnerte sich an die freundliche Gelassenheit, die Melanie schon als junges Mädchen besessen hatte. Ob sie sich ihr anvertrauen konnte? Es wäre so eine Beruhigung, wenn sie wüßte, was aus ihrem Baby werden sollte, falls sie sein Aufwachsen gar nicht erleben sollte...

Aber würde Melanie nicht ihre eigenen Kinder schützen wollen vor ›so einem‹? Das konnte sie nur herausfinden, wenn sie Melanie fragte.

Ilona fand nicht sofort den Mut, das zu tun. Noch hatte sie Zeit. Noch war sie nicht krank. Und vielleicht wollte Holger sie ja doch heiraten...

Wo blieb er überhaupt? Er wollte heute abend zum Essen zu ihr kommen. Sie hatte Schweinsbraten mit Knödeln gekocht, sein Lieblingsessen. Es war erstaunlich, welche Mengen er davon verdrücken konnte.

Ein Lächeln huschte über ihr Gesicht. Offenbar liebte sie ihn doch noch irgendwie. Wenn er hier bei ihr war, seine scheußliche Lederjacke am Haken hing und sie sie nicht sehen mußte, fand sie den Gedanken an ihn als Ehemann doch recht verlockend. Aber allzu große Hoffnung wollte sie sich lieber nicht machen. Jedesmal, wenn sie dieses Thema anschnitt, wurde er wütend.

Sie hatte sich auch noch nicht getraut, ihn nach seinen Aids-

Test zu fragen. Eigentlich müßte er das Ergebnis schon haben! Warum besaß er nicht Mut genug, sie zu informieren? Hatte sie nicht sogar ein Recht darauf, schon wegen des Kindes?

Ilona spürte, daß sie ständig von ihren Gefühlen hin- und hergerissen wurde. Der Tag, an dem sie Holger in der Disco getroffen hatte, war vielleicht doch nicht ein so ganz glücklicher Tag gewesen. Sie hatte sich unheimlich über eine Freundin geärgert, die sie als spießig bezeichnete. Nur um zu beweisen, daß sie das nicht war, hatte sie sich ausgerechnet Holger in seiner schwarzen Lederkluft mit den Nieten herausgepickt, um ihm schöne Augen zu machen. Bisher waren ihre Freunde harmlose Bankangestellte oder Sachbearbeiter gewesen. Dabei hätte sie bleiben sollen!

Holger war auf faszinierende Art brutal mit ihr umgegangen. So etwas hatte Ilona noch nie zuvor erlebt. Wenn er sie in die Arme riß, gab es keine Ausflüchte. Dann wollte er, und es war ihm piepegal, ob es ihr auch recht war. Irgendwie hatte sie das ziemlich verrückt gemacht. Es war wie ein Rausch gewesen. Und jetzt? Jetzt war der Rausch vorbei und der Kater folgte. Sie hätte es wissen müssen!

Gestern hatte Ilona den ganzen Tag überlegt, wie sie aus Holger einen zivilisierten Mitbürger machen könnte. Wenn er sich doch einmal einen Anzug schenken lassen würde! Zusammen mit einem weißen Hemd statt der gräßlichen Muskelshirts würde man auch seine Tätowierungen nicht sehen. Seine Hände waren in Ordnung, sogar recht schön und vor allem sehr geschickt, die Haare müßten natürlich auch geschnitten werden. Sie ringelten sich immer auf dem Kragen der speckigen Lederjacke, die einen undefinierbaren Geruch ausströmte. Wenn sie an ihrer Garderobe hing, nahm sie vorher schnell ihre Mäntel ab.

Doch es war völlig witzlos, ihn um eine Veränderung seines Äußeren zu bitten. Er würde sie gar nicht verstehen. Holger war ein Supermann, und wer das anders sah, sollte sich ›verp…‹, so drückte er es aus.

Natürlich kam es nicht in Frage, daß Ilona ihn ihren Bekannten vorstellte. Ihre Freundin, die doch eigentlich schuld war, hatte sich auch schon von ihr zurückgezogen…

Ilona wurde in diesem Moment erst so richtig klar, wie allein sie war. Jetzt, wo sie so dringend ein paar Freunde gebraucht hätte.

Wieder liefen ihr Tränen übers Gesicht. Ärgerlich wischte sie sie ab und schaute auf ihren Handrücken, über den sich schwarze Schlieren zogen. Ach du meine Güte, ihr Augen-Make-up hatte sich aufgelöst, und gleich würde Holger kommen! Er haßte ihr Geheule.

Ilona lief ins Bad und richtete sich her. Ihre Augen waren gerötet, aber das konnte sie jetzt nicht ändern. Nachdem sie Wimperntusche aufgetragen hatte, malte sie auch gleich die Lippen nach, die vom vielen Draufbeißen schon ganz geschwollen waren. Sie war eben völlig durcheinander.

Sie schaute sich genauer an. Sah man schon, daß die Krankheit ausgebrochen war? Nein, alles in Ordnung. Die Mundschleimhaut schimmerte rosig wie eh und je. Vielleicht hatte sie ja Glück…

Es klingelte. Trotz ihrer Verliebtheit hatte sie Holger keinen Schlüssel zu ihrer kleinen Wohnung gegeben. Komisch, ihr Unterbewußtsein funktionierte wohl noch. Die Vorstellung, daß sich seine leeren Bierdosen auf dem Fußboden sammelten, zusammen mit leeren Pizzapackungen und alten Socken, wie es bei ihm in seinem Zimmer war, hatte ihr die Haare zu Berge stehen lassen. Sie war sehr gewissenhaft und hielt peinliche Ordnung. Das steckte eben noch so drin – von zu Hause.

»Ich komme!«

Sie warf einen letzten Blick in den Spiegel und ging durch den Flur, um die Tür zu öffnen.

Holger schien ziemlich gereizt zu sein. Ilona erkannte es an der steilen Falte zwischen seinen Augenbrauen.

»Hallo, Holger. Komm herein. Du kannst gleich essen. Es gibt Schweinsbraten.«

Er sah sie gereizt an, warf seine Lederjacke in Richtung auf den Garderobenhaken und traf sogar, und marschierte dann klappernd in die Küche. Unter seinen Lederstiefeln befanden sich Metallbeschläge, die auf dem Dielenboden ein unangenehm kratzendes Geräusch verursachten.

Ilona versuchte nicht weiter, ihn zum Reden zu bringen, sondern servierte das Essen. Er schaufelte alles in sich hinein, ohne ihr auch nur ein einziges Wort zu gönnen. Mit seinen Gedanken war er weit weg.

Als er so dasaß, schweigend – es schmeckte ihm aber offensichtlich trotzdem –, fand sie ihn wieder einmal gar nicht so schlimm. Wäre es nicht besser, ihn hier zu haben, als ganz allein mit der Verantwortung zu sein?

»Holger?« begann sie vorsichtig.

»Hmm?«

Noch immer wirkte er keineswegs besänftigter, obwohl sie ihm jetzt sogar sein Lieblingsbier hingestellt hatte.

»Was ist eigentlich mit deinem Test?«

»Welchem Test?« knurrte er unfreundlich. Natürlich wußte er genau, wovon sie sprach.

»Du warst doch neulich bei Dr. Frank. Was hat er gesagt?«

»Du hast mich angesteckt. Aber reden wir nicht mehr drüber.«

»Ich? Holger, das kann gar nicht sein! Das mußt... du gewesen sein.«

Sein Vorwurf war auch diesmal wieder so ungeheuerlich, daß sie ihn nicht einfach so hinnehmen konnte, was wohl klüger gewesen wäre.

»Halt die Klappe, du Schlampe! Ich sag doch, ich mach nichts draus. Auch wenn mir wahrscheinlich ein ganz schönes Schmerzensgeld zustünde.«

Ilona konnte es nicht verhindern: Die Tränen kullerten über ihre Wangen und fielen in ihr Essen. Sie starrte ihn dabei so fassungslos über diese Gemeinheit an, daß er wütend seinen Teller vom Tisch fegte und aufsprang.

»Glotz mich nicht so an und hör endlich auf zu flennen! Das hält man ja nicht aus! Ich muß sowieso noch mal weg heute nacht, dann kann ich auch gleich gehen. Und das eine sage ich dir: Wenn ich noch einmal wiederkommen sollte – wenn, sage ich –, dann möchte ich kein Wort mehr davon hören! Und auch kein Geflenne mehr! Sonst kannst du sehen, wo du bleibst!«

Ohne noch weiter auf sie zu achten, stürmte er in den Flur hinaus, riß seine Jacke vom Haken und knallte die Tür hinter sich zu.

Alles lief schief. Erst diese Nachricht von Dr. Frank, die er immer noch nicht glauben wollte, dann war ein Auftrag vermasselt worden, und zur Krönung hatten die Bullen einen seiner Männer geschnappt. Jetzt mußte er heute nacht selbst einen Wagen über die Grenze bringen. Er stand bereits fertig umgespritzt in einer Garage in einem hochnoblen Geschäftsviertel in der Nähe. Das ging ihm auf den Keks. Er fand es unter seiner Würde, solche Dinge noch selbst erledigen zu müssen.

Außerdem war es noch zu früh. Holger ärgerte sich, daß er sich hatte hinreißen lassen. Eigentlich könnte er jetzt bei Ilona ein Schläfchen machen und dann gegen eins losziehen. Nun mußte er sich die halbe Nacht auf der Straße um die Ohren schlagen. Denn in seiner Bude war es ihm zu dreckig. Wahrscheinlich mußte er Ilona mal wieder mitnehmen, damit sie Ordnung machte.

Ilona… Sie ging ihm so gewaltig auf den Geist, daß er schon bei ihrem Namen ganz wütend wurde. Das wäre das nächste. Er mußte sie unbedingt loswerden, je eher, desto besser.

Schließlich könnte ihm das niemand verübeln, wo er doch jetzt diese verflixte Seuche hatte. Da mußte er sich um sich selbst kümmern und konnte nicht so ein ewig flennendes Weibsbild am Hals haben, geschweige denn noch ein Kind.

Er marschierte die Straße runter und bog in eine kleinere Seitenstraße ein. Irgendwo war in der Nähe eine Kneipe, in der man auch Billard spielen konnte. Außerdem brauchte er dringend ein Bier. Nach dem fetten schweren Essen wäre auch ein Schaps ganz gut.

Die Kneipe fand Holger zwei Straßen weiter. Er stieß mit dem Stiefel die Tür auf und machte sein unnahbares Gesicht, als er eintrat.

Vanessa tippte mit dem Kugelschreiber gegen ihre Lippen, ohne es zu merken. Sie saß schon mindestens fünf Minuten so da.

Zwei Wochen war es her, daß Stefano Parsino Gerhard und sie besucht hatte. Und seitdem mußte sie dauernd an ihn denken. Ob sie wollte oder nicht.

Er hatte etwas Merkwürdiges zu ihr gesagt, als er sich von ihr verabschiedet hatte. Zuerst war Vanessa der Meinung gewesen, daß ihre Italienischkenntnisse doch nicht so gut seien, sie müsse ihn falsch verstanden haben. Doch sein Blick war so eindringlich und vertraulich gewesen, daß er seine Worte noch unterstrichen hatte.

»Wenn Sie mich brauchen, Vanessa, ich bin immer für Sie da.«

Genau das waren seine Worte gewesen. Dann war Gerhard aus der Haustür gekommen, und Stefano hatte sich ihm lächelnd zugewendet.

»Von deiner bezaubernden Frau habe ich mich schon verabschiedet. Ich danke euch für die Gastfreundschaft, Gerhard, ich hoffe, ihr kommt bald einmal nach Italien.«

Die beiden Freunde hatten sich umarmt, wobei es Vanessa

so vorgekommen war, als sei Stefanos Umarmung nicht mehr so innig wie zu Beginn. Aber vielleicht hatte sie sich das auch eingebildet.

Es blieb die Frage, warum er diese Worte gewählt hatte, um sich zu verabschieden. Wußte er etwas von Gerhard, das ihr bisher verborgen geblieben war? Hatte Gerhard vielleicht eine Geliebte und damit vor seinem Freund angegeben? Vanessa hatte schon allerhand merkwürdige Verhaltensweisen bei Männern erlebt. So etwas gehörte auch dazu.

Wenn sie darüber nachdachte, dann könnte es passen. Gerhard hatte nur selten den Wunsch, sie in die Arme zu nehmen. Sie konnte sich über sein Benehmen nicht beklagen, aber das Bett blieb kalt. Ob sie ein bißchen nachforschen sollte?

Nein, eigentlich wollte sie es gar nicht wissen. Würde es ihr etwas ausmachen, wenn es mehr als ein kurzes Verhältnis wäre, immer wieder mit einer anderen?

Ja, das würde es. Hauptsächlich auch deshalb, weil das, was sie sich zusammen aufgebaut hatten, dann schnell in Gefahr geraten könnte. Das Restaurant bedeutete ihr sehr viel. Mehr als ihre Ehe?

Darüber würde sie nachdenken müssen. Aber nicht jetzt. Die Abrechnung mußte noch fertig gemacht werden. Vanessa hatte das Geld bereits gezählt und in der Geldbombe verstaut. Heute nacht wäre es ihr sogar ganz lieb, wenn Gerhard zur Bank fahren würde. Sie brauchte noch etwas Zeit für sich, bevor sie zu Hause wieder zusammentrafen. Er war den ganzen Tag ziemlich wortkarg gewesen, und meistens war das ein Zeichen dafür, daß ihn etwas beschäftigte, das sich dann als nicht sehr erfreulich für sie herausstellte.

So war er auch vor einem halben Jahr gewesen, als er seinen Wagen zu Schrott gefahren hatte, obwohl er gerade erst angezahlt gewesen war.

Er öffnete die Bürotür und schaute herein. »Bist du bald fertig?«

»Nein, es dauert wohl noch eine halbe Stunde. Du kannst das Geld aber schon wegbringen und nach Hause fahren.«

»Gut. Ich bin ziemlich geschafft. Wir sollten eine neue Klimaanlage für die Küche anschaffen.«

»Im Moment wollten wir doch keine größeren Ausgaben machen, bis wir eine gute Rücklage haben.«

»Ja, schon gut. Du mußt ja da nicht schwitzen.«

Vanessa antwortete darauf nicht. Sie waren sich einig gewesen. Gerhard benahm sich kindisch.

Er schien das selbst gemerkt zu haben und grinste. »Entschuldige, ich bin heute ein bißchen gereizt. Ich fahre dann.«

Er steckte die Geldbombe in die alte Plastiktüte und warf ihr eine Kußhand zu. Vanessa atmete auf, als er draußen war.

Sie ließ sich viel Zeit, die Abrechnung zu beenden. Doch schließlich mußte sie auch noch schlafen, deshalb machte sie ihre nächtliche Runde durch das Restaurant jetzt etwas schneller und schloß dann hinter sich die Tür ab.

Ihr Auto stand im Dunkeln. Wahrscheinlich war die Glühlampe der Laterne schon wieder kaputt. In letzter Zeit knallten die dauernd durch. Gerhard hatte billigere gekauft als sonst.

Sie startete den Wagen und rollte vom Parkplatz. Die Straße lag in nächtlicher Stille. In der Ferne bellte ein Hund.

Vanessa kam zu der Kreuzung, die ihr inzwischen schon wieder ganz normal erschien. Warum sie damals solche Angst gehabt hatte, wußte sie heute nicht mehr zu sagen.

Plötzlich sah sie von der linken Seite einen Schatten auf sich zukommen. Den Motor des Wagens hatte sie gar nicht gehört, weil ihr Kassettenradio so laut eingeschaltet war.

Sie wollte ausweichen, bremsen... In Gedanken stritt sie mit dem Fahrer, der vergessen hatte, das Licht einzuschalten...

Es krachte und knirschte, als sich der Wagen in ihre Fahrerseite bohrte. Vanessa nahm nur noch wahr, daß ihre Hupe losging, als sie mit dem Kopf auf das Steuerrad aufschlug. Dann wurde es dunkel um sie.

Der Fahrer des anderen Wagens hatte sich offenbar nicht verletzt. Er fluchte schauerlich, nachdem er sich von seinem Schock bemerkenswert schnell erholt hatte, legte den Rückwärtsgang ein und zog auf diese Weise den Wagen aus dem Blech des Fahrzeugs, das er gerammt hatte. Dann setzte er noch ein gutes Stück zurück und fuhr in einem Bogen um den Sportwagen herum. Gleich darauf gab er Gas und war auch schon verschwunden.

Herr Strietzel ging mit seinem Dackel eine letzte Runde. Er war müde, und der alte Hund gab sich meistens auch damit zufrieden, noch einmal kurz seinen Lieblingslaternenpfahl zu beehren. Heute abend taten Herrn Strietzel auch noch seine Knochen weh. Er hatte Rheuma.

»Nun mach schon, Fritzi. Ich muß ins Bett.«

Da krachte es so, daß er zusammenzuckte und vor Schreck die Leine losließ. Fritzi war viel zu träge, um die Chance zu ergreifen und auszubüchsen, wie er es früher getan hätte.

»Ja, was war jetzt dös?«

Herr Strietzel hob die Leine auf und lief, so schnell es halt ging, die Querstraße hinunter und dann ein Stück die Hauptstraße hoch. Da sah er gerade noch, wie sich ein dunkler, riesiger Wagen entfernte. Er hatte kein Licht an, also konnte der alte Herr trotz seiner immer noch guten Augen nicht erkennen, was es für eine Marke war, geschweige denn, daß er das Kennzeichen lesen konnte.

Ein anderer, viel kleinerer Wagen stand mitten auf der Kreuzung.

»Ja mei, da hoat's aber gekracht, Fritzi. Was machen wir denn jetzt?«

Er ging noch ein Stück näher heran, nicht unbedingt erpicht darauf, Blut zu sehen. Es sah aus, als ob eine Person über dem Steuerrad hing.

»Wohl betrunken, Fritzi«, teilte er seinem Hund mit, den das herzlich wenig interessierte. Er wollte nach Hause auf seinen Lieblingssessel und von früher träumen, als er noch ein drahtiger Kerl gewesen war und die Hündinnen beschnuppert hatte. Doch sein Herrchen zog ihn mitleidslos weiter.

»Da is' an Telefon. Wir müssen die Rettung anrufen...«

Das tat Herr Strietzel dann auch. Und wartete, bis sie eintraf. Der Frau, die dort in dem eingedrückten Wagen saß, konnte er nicht helfen, wie er sofort erkannt hatte. Ihre Beine waren so eingeklemmt, daß sie sie wohl aus dem Auto herausschneiden mußten. Außerdem würde es ihn nicht wundern, wenn sie schon tot war, denn sie muckste sich nicht.

Ihr Gesicht war nicht zu erkennen, und er legte auch keinen Wert darauf, es zu sehen. Wahrscheinlich war es ziemlich lädiert worden bei dem Aufprall. Der Gurt war viel zu lose. Frauen hatten ja immer Angst, ihre Blusen zu zerdrücken. Das würde er nachher seiner Alma erzählen, die schnallte sich überhaupt nicht gern an.

Die Polizei und die Rettung trafen fast gleichzeitig ein. Der Sanitäter sprang aus seinem Wagen mit dem rotierenden Blaulicht und schaute sich die Bescherung an. Heute nacht war alles so schön ruhig gewesen, aber jetzt würde er gut zu tun haben, wie er auf einen Blick erkannte.

»Die kriegen wir so nicht raus. Die Beine sind eingeklemmt. Die sind hin«, verkündete er dem Polizeikollegen.

»Wir rufen die Feuerwehr, die sollen mit Schneidbrennern kommen. Können Sie nichts für die Frau tun? Irgendwas gegen die Schmerzen?«

Er war noch nicht lange dabei und ziemlich grünlich um die Nase.

»Ich kümmere mich darum. Mach du mal hin, damit sie uns nicht noch stirbt. Das gibt immer soviel Schreibkram.«

Der junge Polizeibeamte zuckte entsetzt zurück. Hoffentlich hatte er nicht mal die Hilfe dieses Rohlings nötig. Oder seine Frau, die zu Hause saß und wartete, daß seine Schicht zu Ende wäre. Silvi hatte ihm abgeraten, zur Polizei zu gehen.

Wenn er doch bloß auf sie gehört hätte, dachte er in dieser Nacht nicht zum ersten Mal.

»Mach du die Absperrung und ruf vorher die Feuerwehr an. Ich helfe dem Sanitäter«, sagte sein älterer Kollege nach einem mitleidigen Blick in das Gesicht des jungen Beamten.

Vanessa merkte von alldem nichts. Sie war bewußtlos, und das war ein Segen. Denn es dauerte ein ganze Weile, bis die Männer von der Feuerwehr, die mit schwerem Gerät angerückt waren, sie aus dem Auto befreit hatten. Als sie sie vorsichtig auf die Trage legten, baumelten ihre Beine blutend und mit spitzen, hervorstehenden Knochen herum, als gehörten sie gar nicht zu ihr.

»Verdammt, die arme Frau«, murmelte einer der Feuerwehrleute geschockt, obwohl sie Ähnliches recht oft zu sehen bekamen. »Sie ist so schön...«

»Laufen kann die nicht mehr, wenn sie überhaupt durchkommt«, brummte sein Kollege und hob die Trage an.

Herr Strietzel hatte sich abgewandt, um das nicht alles mitansehen zu müssen. Jetzt kam ein Polizeibeamter auf ihn zu. Er hörte es nur, denn er war nicht bereit, sich wieder umzudrehen, bis der Unfallwagen abgefahren war. Er gehörte nicht zu den Menschen, die sich an solchen Bildern weideten.

»Sie sind Zeuge des Unfalls und haben uns angerufen?«

»Ich habe nur noch gesehen, wie ein großer Wagen wegfuhr. Er war dunkel, aber mehr konnte ich nicht sehen. Er hatte kein Licht an.«

»Wahrscheinlich waren die Scheinwerfer defekt. Wir haben Glas gefunden.«

»Wie… geht es ihr?« fragte Herr Strietzel und fuhr sich mit der Zunge über die trockenen Lippen.

»Das kann ich nicht sagen. Nicht sehr gut, vermutlich. Sie war ja eingeklemmt.«

»Ja, ja, schon gut«, stoppte er den Polizeibeamten schnell, bevor der zu weiteren Schilderungen ausholen konnte.

Er gab seine Aussage zu Protokoll und durfte dann endlich gehen. Seine Rheumaschmerzen waren vergessen, und auch Fritzi lief schneller als gewöhnlich, damit er endlich nach Hause kam.

Die Beamten sicherten die Spuren am Unfallort. Ein paar Neugierige hatten sich inzwischen auch eingefunden und gaben ihre Kommentare von sich, wobei sie auch nicht mit bissigen Bemerkungen gegenüber der Polizei sparten. Die Beamten bemühten sich, es zu überhören.

Schließlich wurde ein Abschleppwagen bestellt, der eine Viertelstunde später eintraf und den völlig verbeulten Unfallwagen auf den Haken nahm und fortschaffte.

Der Unfallort versank wieder in Dunkelheit, die Leute zerstreuten sich, nachdem sie noch einmal einen Blick, begleitet von angenehmem Gruseln, auf den mit Sand gestreuten großen Blutfleck geworfen hatten.

»Was gibt es heute Besonderes, Martha?«

Dr. Frank hatte eben die Praxis betreten und stellte diese Frage ohne großes Interesse.

Er war mit seinen Gedanken bei Frau Kleinschmidt, die nachher zur Untersuchung kommen sollte.

»Gestern nacht hat es einen schlimmen Unfall gegeben. An der Kreuzung Ludwig- und Blumenstraße.«

»Ein Patient?«

»Det weeß ick noch nich'. Hoffentlich nich'. Soll die arme Frau schwer erwischt haben. Sie hat keene Beene mehr.«

Das hatte Martha von der Frau im Nebenhaus gehört, als sie

mit dem Fahrrad angekommen war. Die hatte schon gelauert, um es ihr zu erzählen, denn sonst stand sie so frühmorgens nicht am Zaun.

»Na, na, das kann ich mir aber nicht vorstellen.«

»Warten wir's ab, Chef. Ick sage Bescheid, wenn ick mehr weeß.«

Dr. Frank hatte keinen Zweifel daran, daß Martha bald auf das genaueste informiert sein würde.

Er ging in sein Sprechzimmer hinüber und setzte sich an den Schreibtisch, nachdem er das Fenster weit geöffnet hatte. Im Garten setzten die von ihm gezogenen Rosen bereits dicke Blüten an. Die Natur explodierte förmlich, seit es warm geworden war.

Gestern hatte er einen sehr schönen Abend bei seiner Freundin Solveig verbracht. Sie hatten lange im Garten gesessen, der zu ihrem Waldhotel gehörte, und waren dann schließlich noch in ihre Wohnung hinaufgegangen, um dem Abend einen würdigen Abschluß zu geben.

Solveig war eine wunderbare Frau. Je länger sie zusammen waren, desto mehr lernte er ihre Qualitäten schätzen. Sie wäre eine Frau zum Heiraten…

Sein Telefon klingelte.

Automatisch griff er zum Hörer. Die Gespräche, die sehr wichtig waren, stellten Martha Giesecke und Marie-Luise Flanitzer immer direkt durch.

»Ja?«

»Hier spricht Gerhard Bernhard, Herr Dr. Frank. Meine Frau ist letzte Nacht schwer verunglückt.«

»Mit dem Auto?« fragte Dr. Frank voller böser Ahnungen.

»Ja, auf der Kreuzung Ludwigstraße. Sie schwebt… in Lebensgefahr.«

»Oh, mein Gott, das tut mir aber leid, Herr Bernhard. Was kann ich für Sie tun?«

»Ich wollte Sie bitten, daß Sie in der Klinik anrufen und sich alles genau sagen lassen. Ich kann mit den Auskünften nicht viel anfangen und habe das Gefühl, daß man mir einiges verschweigt.«

»Das mache ich selbstverständlich. Sagen Sie mir, wo Sie liegt, dann fahre ich mittags vorbei.«

»Sie liegt im Klinikum.«

»Gut. Sie hören von mir, Herr Bernhard. Wo kann ich Sie erreichen?«

»Zu Hause. Ich lasse das Restaurant geschlossen, bis ich Näheres weiß.«

»Soll ich Ihnen etwas zur Beruhigung vorbeischicken lassen?«

»Nein, nein, danke…«

»Gut, bis später, Herr Bernhard. Ich bin sicher, Ihre Frau wird es schaffen. Sie ist stark.«

»Sie hat ganz zerschmetterte Beine…«

Dr. Frank wurde kalt vor Entsetzen. Er schätzte Vanessa Bernhard, eine sehr tüchtige, schöne Frau. Es wäre undenkbar, wenn sich das Gerücht, das Martha gehört hatte, und diese Aussage ihres Mannes als wahr herausstellen sollten…

Manchmal empfand er seinen Beruf als Belastung, als Bürde. Immer und immer wieder wurde er mit den schwersten Schicksalen konfrontiert. Warum tat er sich das an?

Die Antwort darauf gab er sich selbst. Weil er stark war, weil er helfen konnte und es daher keine Wahl für ihn gab. Und glücklicherweise gab es ja auch sehr schöne Erlebnise, zum Beispiel dann, wenn er hatte helfen können, daß ein Mensch wieder gesund wurde.

Bei Frau Kleinschmidt würde er da allerdings zaubern müssen. Man konnte einiges tun, damit die Krankheit nicht zum Ausbruch kam, gesunde Lebensweise, keinen Streß, Harmonie, aber all das setzte voraus, daß auch die Umgebung sich daran hielt. Bei Ilona Kleinschmidt war eher das Gegenteil der Fall. Er konnte sich Holger Dreher nur schwer als fürsorglichen Ehemann vorstellen.

Herr Dreher hatte die Nachricht, daß auch er infiziert war, schweigend zur Kenntnis genommen. Sein verschlossenes Gesicht ließ nicht erkennen, ob er dem Bluttest nun glaubte oder nicht. Dr. Frank hatte ihm die Konsequenzen aufgezählt, weitere Untersuchungen vorgeschlagen und seine Hilfe angeboten. Doch der andere war einfach nicht mehr erschienen.

Ilona Kleinschmidt kam dagegen an diesem Vormittag pünktlich. Es stand eine Kontrolluntersuchung an. Sie wirkte ganz ruhig auf Dr. Frank, tat, worum er sie bat, lächelte und stellte Fragen.

»Ist mit dem Baby alles in Ordnung?« wollte sie wissen, nachdem er die Ultraschalluntersuchung abgeschlossen hatte.

»Ja, alles prima. Jetzt wollen wir noch Ihren Blutdruck kontrollieren.«

Auch der war gut. Dr. Frank setzte sich an seinen Schreibtisch und schrieb ein Rezept für ein Calcium-Präparat aus.

»So, nehmen Sie das bitte einmal täglich. Es ist gut für Sie und das Baby.«

»Danke. Muß ich mir also jetzt keine Sorgen machen?«

»Nein, Sie sind für mich eine Schwangere wie andere auch, Frau Kleinschmidt. Obwohl wir natürlich bei auftretenden Problemen noch sorgfältiger prüfen müssen. Wie fühlen Sie sich seelisch?«

Sie kreuzte die Arme vor der Brust. Eine deutliche Geste des Rückzuges.

»Ganz gut, glaube ich. Im Büro weiß ja niemand etwas, die lassen mich in Ruhe. Ich will noch bis zur Geburt arbeiten, wenn ich kann.«

»Das halte ich für sehr gut. Je normaler Ihr Leben weitergeht, desto besser. Und Herr Dreher?«

Dr. Frank wußte, daß er damit einen wunden Punkt berührte, auch ohne den Ausdruck ihrer Augen deuten zu müssen, die schmerzvoll wirkten.

»Er… spricht nicht mehr von Heirat. Ich glaube, es ist eigentlich schon vorbei. Sie halten mich für verrückt, daß ich irgendwie noch immer an ihm hänge, oder?«

»Nein, für verrückt sicher nicht. Obwohl ich zugeben muß, daß ich manchmal nicht nachvollziehen kann, wonach Frauen gehen, wenn sie sich einen Partner aussuchen«, antwortete er lächelnd, um die Spannung zu verringern.

Sie lachte kurz auf, es klang allerdings nicht sehr amüsiert.

»Wenn ich das wüßte, wäre ich wohl schon frei von ihm. Aber ich glaube, meinem Baby zuliebe werde ich es schaffen. Er wäre kein guter Vater. Das habe ich mir anfangs eingeredet, aber jetzt kann ich daran nicht mehr glauben. Irgendwie hat das Virus mir die Augen geöffnet. Ich sehe viele Dinge plötzlich viel klarer. Ich wollte noch diese Untersuchung abwarten, dann will ich meine Cousine besuchen. Sie hat drei Kinder. Wir haben uns immer sehr gut verstanden. Vielleicht nimmt sie mein Kind, wenn mir… etwas passiert.«

Stefan Frank war sehr froh, als er das hörte. Frau Kleinschmidt begann endlich handfeste Pläne zu machen – ein Zeichen, daß sie sich wirklich mit ihrer Ansteckung auseinandersetzte und versuchte, einen Weg für sich zu finden. Die Idee, eine Verwandte einzubeziehen, war sehr gut, jedenfalls sicher besser, als Holger Dreher heiraten zu wollen.

»Wann immer Sie Rat oder Hilfe brauchen, Frau Kleinschmidt, dann melden Sie sich bei mir. Ich werde mein Möglichstes versuchen«, erwiderte er herzlich.

»Vielen Dank, Herr Doktor Frank. Ohne Sie würde ich mich wirklich ziemlich mies fühlen. Sie machen einem immer soviel Hoffnung.«

Sie schüttelten sich die Hand. Der Arzt sah ihr nach, doch

dann fiel in sein Gefühl der Erleichterung die Erinnerung an Vanessa Bernhard.

Er stöhnte leise auf. Ganz sicher war, daß deren Ehemann sich kaum über eine gute Nachricht würde freuen können.

Die Vormittagssprechstunde ging vorüber. Zwei Hausbesuche standen auch noch an. Sein Mittagessen würde – wie des öfteren – vergeblich auf dem Tisch stehen. Wie gut, daß seine Haushälterin Frau Quant nicht zu der Sorte gehörte, die das als persönliche Kränkung auffaßte.

Auch die Hausbesuche waren schnell absolviert, ein hochfieberndes Masernkind, dessen Mutter er jedoch beruhigen konnte. Es steckten keine Komplikationen dahinter, wie sie befürchtet hatte, sondern handelte sich um eine besonders heftige Reaktion.

Herr Radler sah auch schon wieder ganz rosig aus, als Dr. Frank eintraf. Er hatte dem Patienten mit der Herzneurose den Hausbesuch nicht verweigern wollen, machte ihm aber auch klar, daß er ihn doch bald in eine Klinik einweisen müsse, um noch einmal genau zu klären, was es für Gründe für die Anfälle gab. Das wehrte Herr Radler wieder vehement ab.

»Wenn Sie schon Hausbesuche brauchen, Herr Radler, kann ich die Verantwortung aber nicht mehr lange übernehmen. Die Klinik wäre da der bessere Ort, um einen gründlichen Check zu machen.«

»Ich komme das nächste Mal bestimmt wieder in die Praxis«, versicherte Herr Radler eifrig, als wollte er dem Arzt eine Freude machen.

»Nun, wir werden sehen. Jetzt muß ich aber los.«

»Ich dachte, wir trinken noch einen Kaffee zusammen...«

»Ich habe leider keine Zeit, Herr Radler, es steht noch mehr auf meinem Programm heute. Und Kaffee ist vielleicht gar nicht so gut für Sie...«

»Den brauche ich, sonst werde ich gar nicht richtig wach!«

»Na schön. Wenn er Ihnen bekommt, wird er wohl auch nicht schaden. Nur nicht zu stark aufbrühen.«

Herr Radler nickte und brachte ihn noch zur Tür.

Stefan Frank nahm sich nach diesem Besuch vor, nicht mehr ganz so nachsichtig zu sein. Für Herrn Radler konnte er kaum etwas Besseres tun, als ihm Beruhigungsmittel zu verschreiben. Aber das war nicht nur unbefriedigend, sondern auch nicht ungefährlich, sobald die milden Mittel nicht mehr halfen. Herr Radler gehörte in eine Gesprächstherapie, am besten in eine Selbsthilfegruppe. Der Arzt nahm sich vor, sich danach umzuhören.

Daß er sich so an diese Gedanken klammerte, konnte ihn nicht über das hinwegtäuschen, wovor er wirklich Angst hatte. In welchem Zustand war Vanessa Bernhard?

Zunächst mußte er den Oberarzt, der für die Intensivstation zuständig war, davon überzeugen, daß er nicht etwa seine Qualifikation anzweifelte, sondern einer persönlichen Bitte des Ehemanns folgte. Der Kollege war trotzdem nicht sehr kooperativ.

»Sie ist noch gar nicht bei Bewußtsein. Wir haben die ganze Nacht operiert. Und es wird nicht die letzte Operation sein.«

»Können sie mir noch Näheres zu den Verletzungen sagen, damit ich mir auch ein Bild machen kann? Frau Bernhard ist ja auch meine Patientin«, beharrte Dr. Frank.

Das tat der Kollege dann mit brutaler Offenheit. Fast kam es Stefan Frank so vor, als gefalle es dem anderen, ihn zu schockieren. Er ließ sich zwar nichts anmerken, aber er war tatsächlich schockiert.

Man wußte noch nicht, ob das linke Bein erhalten werden konnte. Es lagen mehrere offene Brüche vor, die Knochen waren zum Teil gesplittert gewesen. Das rechte Bein war an mehreren Stellen gebrochen, Muskelfasern gerissen, Nerven durchtrennt. Aber hier bestand Aussicht auf die Erhaltung.

»Abgesehen davon hat sie natürlich noch Prellungen und Blutergüsse. Aber die sind natürlich nicht so schlimm wie die Beinverletzungen.«

»Das ist ja furchtbar! Kann ich jetzt kurz zu ihr?«

»Na gut, aber nicht lange.«

Stefan Frank zog die sterile Kleidung über und folgte Oberarzt Dr. Hermann in den im Dämmerlicht liegenden Raum. Vanessa Bernhard lag allein, angeschlossen an alle lebenserhaltenden Maschinen bis auf die künstliche Beatmung, die in ihrem Fall glücklicherweise nicht auch noch nötig war.

Von der schönen Frau war nicht mehr viel zu erkennen. Ihr Gesicht war bläulich bis schwarz verschwollen. Sie war auf das Steuerrad aufgeschlagen, wie Dr. Hermann ihm sagte, als Stefan Frank ihn fragte.

»Entweder war sie nicht angeschnallt oder der Gurt war nicht in Ordnung. Gebrochen ist aber nichts.«

»War der Ehemann schon da?«

»Ja, aber wir haben ihn nicht zu ihr gelassen. Er war halb hysterisch.«

»Wären Sie das nicht, wenn Ihre Frau in so einem Zustand wäre?«

Dr. Hermann preßte mißbilligend die Lippen aufeinander. Männer zeigten ihre Gefühle nicht auf diese Art, schien das auszudrücken.

Die Beine waren mit sterilen Tüchern abgedeckt und unförmig verschwollen. Dr. Frank hatte genug gesehen. Er mußte dringend an die frische Luft. Obwohl er als Arzt solche und ähnliche Anblicke gewohnt war, nahm es ihn doch jedesmal wieder mit.

»Ich danke Ihnen, Herr Hermann. Ich hoffe, ich darf mich weiter nach Frau Bernhard erkundigen.«

»Natürlich. Ich kann Sie nicht daran hindern.«

Sie verabschiedeten sich kühl voneinander. Stefan Frank

überlegte, ob der Arzt durch seine Arbeit auf der Intensivstation so kalt und verschlossen geworden war oder ob es von vornherein zu seinem Charakter gehört hatte. Natürlich war die Arbeit hier besonders schwer, man verlor ja ständig Patienten, die oft schon in hoffnungslosem Zustand eingeliefert wurden, aber für die Angehörigen mußte so ein Mann wie er schwer erträglich sein.

Stefan fuhr in die Praxis zurück und ging zunächst einmal in seine Wohnung hinauf. Frau Quant sah ihm an, daß er jetzt nicht reden mochte, und fragte knapp, ob sie ihm das Essen servieren solle.

Er wollte es schon ablehnen, doch dann überlegte er es sich anders. Für seine Nachmittagspatienten hatte er fit und aufmerksam zu sein. Dazu gehörte auch, daß er einigermaßen regelmäßig aß, damit der Blutzuckerspiegel stabil blieb und er nicht müde wurde.

»Ja gut, aber nur eine Kleinigkeit«, stimmte er zu und setzte sich an den Tisch.

Nach dem Essen wollte er Herrn Bernhard anrufen. Wie er ihm in schonenden Worten beibringen sollte, was zu erwarten war, wußte er allerdings noch nicht.

Ilona Kleinschmidt hatte gerade mit ihrer Cousine telefoniert und schämte sich ein bißchen, daß sie dieser nicht gleich die Wahrheit gesagt hatte. Melanie dachte nun, Ilona wolle sie einfach nur einmal wiedersehen. Für das Wochenende war sie dort eingeladen.

Nachdem sie den Hörer aufgelegt hatte, klingelte es an der Tür. Ilona zögerte. Sollte sie einfach so tun, als sei sie nicht zu Hause? Aber ihr Auto stand unten auf der Straße. Wenn es Holger wäre, hätte er den Wagen natürlich gesehen und wäre sicher sauer.

Es war Holger. Er sah jedoch ziemlich lädiert aus. Seitlich an der Stirn hatte er eine große Beule, die linke Hand war mit einer elastischen Binde umwickelt.

»Was ist passiert, um Himmels willen? Hattest du einen Unfall?« fragte sie sofort mitleidig.

»Nein. Schlägerei«, knurrte er und schob sie zur Seite, um in die Küche zu gehen.

Ihr fiel auf, daß er sie nicht anschaute. Auch als er jetzt ein Bier aus dem Kühlschrank nahm und mit den Zähnen den Verschluß der Blechbüchse öffnete, vermied er ihren Blick.

»Soll ich dir etwas zu essen machen, Holger? Willst du mir erzählen, was los ist?«

»Laß diesen Therapeutenton, wenn du mit mir sprichst, ja? Das kann ich nicht ausstehen.«

Sie machte sich nichts aus seinem Gebrüll.

Als Ilona das feststellte, freute sie sich. War sie über ihn hinweg? Der bevorstehende Besuch bei ihrer Cousine hatte ihr irgendwie Mut gemacht, obwohl sie überhaupt keine Ahnung hatte, was dabei herauskommen würde.

Holger merkte, daß sein Ton keine Wirkung erzielte. Das machte ihn noch wütender. Er brauchte dringend jemanden, an dem er seine Wut ablassen konnte. Wer bot sich da mehr an als Ilona?

»Setz dich endlich hin und hör auf, mich anzuglotzen!«

»Sprich nicht so mit mir, Holger«, antwortete sie zu ihrem eigenen Erstaunen.

Holger Dreher konnte nicht glauben, was er da hörte. Sie wagte es, sich zu beschweren?

Er holte aus und traf sie mit seiner beringten Hand an der Wange. Es gab ein häßliches Geräusch.

Ilona starrte ihn aus entsetzt aufgerissenen Augen an. Sie war noch nie geschlagen worden, nicht einmal ihre Eltern hatten ihr als Kind je einen Klaps gegeben. Die Brutalität dieser Geste machte sie sprachlos.

Blut tropfte warm über ihre Wange auf die weiße Bluse. Sie sah an sich herunter und dachte sofort daran, daß sich an diesem Blut jemand anstecken könnte. Sie war gefährlich für andere Menschen…

Der Schock über die wahre Bedeutung ihrer Infektion, die sie Holger, der sie eben geschlagen hatte, verdankte, gab ihr plötzlich eine glasklare Erkenntnis: Dieser Mann mußte sofort aus ihrer Wohnung verschwinden. Und sie wollte ihn nie, niemals wiedersehen. Das Baby würde ihr allein gehören. So einen Vater brauchte es nicht.

Sie stellte sich ihm furchtlos gegenüber. Das Blut beachtete sie nicht, aber er schaute mit einem irritierten Blick darauf, als könne er gar nicht verstehen, wie diese Verletzung zustande gekommen war.

»Du gehst sofort. Auf der Stelle. Und wage es nicht, hier noch einmal aufzutauchen.«

War das wirklich ihre Stimme? Sie klang fremd, kalt und leise. Aber gerade die Tatsache, daß sie nicht schrie oder Angst zeigte, schien ihn zu beeindrucken.

Ilona war sich im Moment keiner Gefahr bewußt. Sie glaubte daran, daß sie sich durchsetzen würde. Er mußte gehen.

»Ich komme aber garantiert nicht wieder, und wenn du auf Knien angerutscht kommst«, versuchte er noch, seinen jämmerlichen Abgang zu kaschieren.

Sie machte sich gar nicht die Mühe zu antworten, sondern sah ihn nur weiter wortlos an.

Holger trampelte in den Flur. Seine ekelhaften Stiefel klirrten. Ilona wußte, daß sie dieses Geräusch nun für immer mit ihm verbinden würde. Sie hatte es in den Ohren und ihn im Blut, im wahrsten Sinne des Wortes. Doch sie würde damit leben können – ihrem Kind zuliebe.

Ihre Sicherheit kam etwas zu früh. An der Tür drehte er sich noch einmal um. So konnte er wohl doch nicht gehen.

»Du Schlampe«, zischte er und holte noch einmal aus.

Ilona duckte sich und verlor das Gleichgewicht. Sie fiel mit dem Kopf gegen das kleine Telefontischchen mit den Metallkanten.

Holger wartete nicht ab, ob und wann sie wieder aufstand. Er hatte die Schnauze voll. Da kam man, um sich ein bißchen auszuruhen, schließlich taten ihm alle Rippen weh, und den geschäftlichen Mißerfolg zu verschmerzen, und wurde noch dumm angequatscht! Weiber!

Wie lange Ilona so gelegen hatte, wußte sie nicht. Sie wachte auf, ihr war schwindelig, vor ihren Augen wogten rote Schleier. Entsetzt griff sie sich an den Kopf. Gott sei Dank, sie war nicht an den Augen verletzt, nur ihr Blut war hineingelaufen.

Mit zitternden Knien hangelte sie sich an der Wand hoch und warf einen vorsichtigen Blick in den Spiegel.

Eine breite Wunde klaffte auf der Stirn. Ununterbrochen sickerte Blut heraus und lief ihr über das Gesicht.

Ilona wußte, daß sie zum Arzt mußte. Da half kein Pflaster. Außerdem hatte sie ziemliche Kopfschmerzen.

Mühsam suchte sie die Telefonnummer von Dr. Frank heraus. Er hatte ihr seine Privatnummer gegeben, und die wählte sie als erste. Es war ja schon fast acht Uhr, in der Praxis erreichte sie ihn bestimmt nicht mehr.

Überall, wo sie anfaßte, hinterließ sie rote Fingerabdrücke. Es sah gespenstisch aus.

»Frank.«

»Herr Dr. Frank, hier spricht Ilona Kleinschmidt. Ich habe eine Verletzung an der Stirn, ich glaube, die müßte genäht werden…«

»Soll ich Ihnen einen Unfallwagen rufen?«

»Könnten Sie das nicht machen? Ich muß ja sonst sagen, daß ich…«

»Ich verstehe schon. Bin gleich da. Aber wir werden dann in meine Praxis fahren müssen.«

»Ja, ich fühle mich auch nicht gerade schlecht. Nur selbst fahren möchte ich nicht.«

»Ich bin gleich bei Ihnen«, wiederholte er.

Ilona ging ins Badezimmer hinüber. Ihr Blut war genauso rot wie das anderer Menschen. Man sah ihm nicht an, welche tödliche Gefahr es barg.

Tränen mischten sich mit dem Blut, während sie ein Kosmetikpapier auf die Platzwunde drücke und versuchte, ihr Gesicht zu säubern.

Dr. Frank mußte geflogen sein. Er klingelte schon kurz darauf an der Tür.

Sie öffnete und war natürlich darauf gefaßt, daß er sie entsetzt ansah. »Wie ist das passiert?«

»Holger. Er war schon so komisch, als er kam. Er sagte, er habe eine Schlägerei gehabt. Er hatte eine Beule an der Stirn und eine bandagierte Hand. Aber vielleicht hatte er ja auch einen Unfall. Na ja, jedenfalls habe ich ihn gebeten zu gehen, nachdem er mir die Schramme an der Wange zugefügt hat. Und an der Tür wollte er noch einmal zuschlagen. Ich habe mich gebückt und bin mit dem Kopf an die Konsole geschlagen, als ich ausrutschte. Aber ich bin sicher, daß er nicht mehr wiederkommen wird. Das ist mir die Verletzung wert.«

Sie hatte das alles voller Hektik herausgesprudelt. Ilona wollte, daß Dr. Frank sah, wie mutig sie sein konnte. Und er verstand das richtig. Während er seine dünnen Gummihandschuhe überstreifte, um die Wunde erst einmal notdürftig zu versorgen, lächelte er.

»Sie sind also sicher, daß Sie ihn nicht mehr sehen wollen?« fragte er. Gleichzeitig tupfte er an der Wunde herum.

»Ganz sicher. Mein Baby und ich schaffen es auch so. Oder

noch viel besser. Holger hat mit irgendwelchen komischen Geschäften zu tun, glaube ich. Irgend etwas mit Autos. Ich habe nie gefragt und es regelrecht verdrängt. Aber auf Dauer wäre mir das sowieso nicht gelungen.«

›Und für diese Verdrängung hast du ja auch hart genug bezahlen müssen‹, dachte der Arzt mitfühlend.

»So, dann können wir fahren. Ich muß die Wunde tatsächlich mit zwei, drei Stichen nähen. Sonst gäbe es eine häßliche wulstige Narbe.«

Sie fuhren mit seinem Wagen. Ilona hatte sich schnell eine andere Bluse angezogen, um keine zufällig vorbeikommenden Passanten zu schocken.

Vor der Tür des Arztes stand ein elegantes Kabrio. Als sie hielten, stieg eine sehr hübsche Frau aus, machte aber ein ziemlich erschrockenes Gesicht, als sie Ilona sah. Dr. Frank war überrascht.

»Solveig! Das ist aber... ist etwas passiert?«

»Nein, nein. Ich hatte einfach Lust, dich zu sehen. Kann ich irgendwie helfen?«

Sie wollte Ilona unterhaken. Dr. Frank zog seine Patientin, die noch Blutspuren an ihren nackten Armen hatte, mit einem Ruck zur Seite. Solveig verstand nicht, warum er so reagierte.

»Das... schaffen wir schon allein, Solveig. Wenn du bitte nur aufschließen würdest.«

Es war ihm Ilona Kleinschmidt gegenüber entsetzlich peinlich, weil er völlig spontan und ohne Überlegung reagiert hatte. Aber er wollte um jeden Preis vermeiden, daß Solveig mit dem Blut der Patientin in Berührung kam, auch wenn es so gut wie ausgeschlossen war, daß sie sich auf diese Weise ansteckte. Das könnte höchstens passieren, wenn sie ebenfalls eine offene Wunde hätte.

Ilona Kleinschmidt hatte natürlich begriffen, was es bedeutete. Sie fühlte sich beschämt und schmutzig. Am liebsten hätte sie auf seine Hilfe verzichtet. Aber an so eine Behandlung würde sie sich gewöhnen müssen.

Dr. Frank führte sie in seine Praxis, während Solveig Abel nach oben ging. Sie konnte sich das Verhalten ihres Freundes nicht erklären, aber sicher würde er ihr später sagen, warum sie nicht hatte helfen dürfen.

In der Praxis vereiste Dr. Frank die Wunde und desinfizierte sie noch einmal gründlich. Dann nähte er sie mit drei feinen Stichen und klebte ein Pflaster darüber.

»Wenn es brennt oder rundherum rot wird, kommen Sie bitte morgen wieder. Sonst sehen wir uns in drei Tagen. Ich fahre Sie jetzt noch schnell nach Hause.«

»Das ist nicht nötig. Kümmern Sie sich um Ihren Besuch. Ich kann doch mit dem Taxi fahren.«

»Das kommt gar nicht in Frage. Ich mache das. Es tut mir leid, Frau Kleinschmidt – meine Reaktion eben war unverzeihlich.«

Sie lächelte traurig. »Sie sind nur ehrlich. Ich darf wohl nicht mehr so empfindlich sein.«

Er schämte sich wirklich. Das hätte einfach nicht passieren dürfen.

Als er zurückkam, saß Solveig auf dem Sofa und lauschte klassischer Klaviermusik. Sie sah nicht gerade glücklich aus.

»Stefan, was ist los?«

»Nichts weiter, Liebes. Ich darf nicht darüber sprechen, du weißt schon. Aber mach dir keine Gedanken. Erzähl mir lieber, was dich auf die tolle Idee gebracht hat, vorbeizuschauen.«

Sie schien nicht antworten zu wollen. Aber als sie merkte, wie unbehaglich er sich fühlte, zog sie ihn an der Hand neben sich auf das Sofa.

»Ich hatte einfach nur Sehnsucht nach dir. Und da es im Hotel heute recht ruhig ist, dachte ich, ich handele mal ganz spontan.«

»Gute Idee. Dann laß uns jetzt spontan essen gehen, ja? Ich brauche einfach mal fröhliche Gesichter um mich herum.«

»So schlimm?« fragte sie leise.

»Ja, ziemlich. Komm, Liebling, damit wir nachher noch Zeit für uns haben.«

Ilona Kleinschmidt war unterdessen wieder oben in ihrer Wohnung und versuchte, mit ihren widerstreitenden Gefühlen fertig zu werden. Würde es jetzt immer so sein? Würden die Leute vor ihr zurückschrecken, sich nicht trauen, sie anzufassen? Und ihr Baby? Wenn es krank wäre, wer schenkte ihm Liebe und Zärtlichkeit, falls sie nicht lange für das Kleine sorgen konnte?

Sie dachte an ihre Cousine, Melanie war nicht der Typ, der ein Kind von sich weisen würde. Aber sollte sie es doch ablehnen, für ihr Baby zu sorgen, wenn sie die Wahrheit kannte, dann müßte Ilona einen Entschluß fassen, der sie jetzt schon das Fürchten lehrte. So ein Leben mußte sie dem Kind auf jeden Fall ersparen…

Vanessa schwebte in einem Zustand zwischen Schlafen und Wachen. Sie hatte keine Erinnerung, wunderte sich nicht einmal, was dieses merkwürdige Schweben ausgelöst hatte.

Fünf Tage lag sie jetzt schon auf der Intensivstation. Bisher hatte ihr linkes Bein nicht amputiert werden müssen, doch die Gefahr eines Wundbrandes war noch nicht vorbei. Daß sie je wieder würde normal gehen können, war für die Ärzte sowieso ausgeschlossen.

Jeden Tag besuchte Gerhard Bernhard seine Frau. Nachdem Dr. Frank ihm noch einmal alles erklärt hatte, war er auf den Anblick von Vanessa vorbereitet gewesen und brach nicht gleich wieder zusammen. Obwohl zwischen Worten und Augenschein noch ein gewaltiger Unterschied bestand, denn Vanessas Gesicht war noch immer bös zugerichtet. Doch auch der Arzt auf der Intensivstation bestätigte ihm, daß in spätestens vierzehn Tagen davon nichts mehr zu sehen sein würde, was man von den Beinverletzungen leider nicht sagen konnte.

Und wie sollte es nun weitergehen? Gerhard wußte es nicht. Das Restaurant war wieder geöffnet. Die Angestellten waren alle ganz entsetzt gewesen. Gerhard hatte ihnen mit Nachdruck untersagt, Vanessa vorläufig zu besuchen.

Jetzt mußte er sich um alles selbst kümmern. Zum ersten Mal, seit sie das Restaurant führten, begriff er, wieviel Vanessa geleistet hatte. Würde sie es je wieder machen können? Wahrscheinlich nicht. Er mußte jetzt an sich denken, vorsorgen, das würde sicher jeder verstehen...

Dr. Frank versicherte ihm, daß sie wieder soweit gesund würde, um ihre Arbeit fortzuführen. Schließlich hatte sie keine Kopfverletzungen erlitten, und die Beine brauchte sie zum Rechnen und Bestellungen aufgeben nicht, so bitter das auch klang. Das wußte Gerhard auch. Aber wie würde sie seelisch damit fertig werden – und er?

Das beschäftige ihn im Moment sehr. Eigentlich hatte er mit Vanessa sprechen wollen. Lange genug hatte er es schon hinausgeschoben. Wenn sie ihre Beziehung auf die geschäftliche Ebene beschränken würden, könnte er gleich mehrere Probleme auf einmal lösen, und das dumme Versteckspiel, das seiner unwürdig war, könnte aufhören. Doch in Vanessas Zustand war das natürlich unmöglich.

Hoffentlich fand die Polizei den fahrerflüchtigen Verrückten bald! Das Auto war anhand eines besonderen Lackes und eines Schweinwerfers identifiziert worden, aber warum man so lange brauchte, um den Fahrer zur Verantwortung zu ziehen, verstand Gerhard nicht. Am liebsten hätte er sich selbst auf die Suche gemacht. Sein ganzer Haß richtete sich auf diesen Fremden, der ihm diese Suppe eingebrockt hatte. Vanessa war auf der Vorfahrtsstraße gefahren und somit unschuldig, wie eindeutig festgestellt worden war.

Auch heute stand er wieder an ihrem Bett und versuchte mit ihr zu sprechen. Er kam sich komisch vor in diesem Papierkittel und dem ganzen Zeug. Würde sie nicht einen Schreck bekommen, wenn sie ihn so sah?

Vanessa schlug die Augen auf und versuchte zu erkennen, wo sie war. Ihr Blick irrte hin und her. Plötzlich machte sich Panik in ihr breit, als sie die Schläuche und Kabel sah, die von ihrem Körper wegführten. Was hatte man ihr angetan?

»Van, ich bin's, Gerhard. Es ist alles gut, du hattest einen Unfall! Hörst du mich?«

Sie hatte die Augen schon wieder geschlossen, doch an dem Druck ihrer Finger spürte er, daß sie ihn hörte. Sie war voller Angst, wollte wahrscheinlich nicht sehen, was hier los war. Das wollte er auch nicht, aber es nützte nichts.

»Van? Mach die Augen auf! Sieh mich an! Sprich mit mir«, drängte er.

Eine Schwester kam herein, sicher hatten sich die Zacken auf dem Monitor verändert.

»Ist sie aufgewacht?«

»Ja, ich hatte den Eindruck. Sie sah sich um und hat dann die Augen schnell wieder geschlossen.«

»Frau Bernhard? Hören Sie mich? Sehen Sie mich bitte an…«, bat die Schwester, eine Hand am Puls der Patientin, obwohl sie die Frequenz viel bequemer vom Monitor ablesen konnte.

Vermutlich war sie noch von der alten Schule, dachte Gerhard.

Vanessa hörte es und öffnete gehorsam die Augen. Die Stimme der Frau klang energisch und gleichzeitig auch irgendwie vertraut.

»Da sind Sie ja, Frau Bernhard. Das ist fein, dann geht es jetzt aufwärts. Sie sind hier in der Klinik, Sie hatten einen Unfall. Erinnern Sie sich daran?«

»Nein...«

Sie dachte, daß sie laut spräche, doch die Schwester mußte sich sehr weit über sie beugen, um zu verstehen.

»Das macht nichts, die Erinnerung kommt schon wieder. Es ist nicht ungewöhnlich nach einem Unfall, daß das passiert. Ihr Kopf ist in Ordnung, keine Angst. Ich hole jetzt den Arzt. Er wird sich freuen, daß Sie wieder wach sind. Wir haben Sie ein paar Tage schlafen lassen, damit die Heilung besser vorangeht.«

Vanessa konnte der langen Erklärung nicht folgen. Sie wußte nur, daß sie beruhigt wieder einschlafen durfte, das hatte sie aus der Stimme herausgehört.

»Vanessa? Warum redest du nicht mit mir? Ich muß dich eine Menge fragen, wegen des Restaurants...«

Restaurant... Vage erinnerte sich Vanessa daran. Sie hatten ein Restaurant. Dort arbeitete sie, machte Abrechnungen, mußte nach Hause fahren... oh, nein... Sie stöhnte entsetzt auf und klammerte sich an Berhards Hand fest, so daß sich ihre Nägel tief in sein Fleisch hineinbohrten.

»Erinnerst du dich jetzt? Du warst auf der Heimfahrt, als ein anderer Wagen dich rammte.«

Sie wollte nicht... es war so furchtbar... der dunkle Schatten kam näher, ganz schnell...

»Herr Bernhard, Sie dürfen Ihre Frau nicht aufregen«, hörte Gerhard plötzlich die schroffe Stimme des Oberarztes hinter sich.

Er machte sich von Vanessas Hand los und stand auf. »Sie erinnert sich jetzt.«

»Das sehe ich an ihrem Puls. Sie hätten damit warten sollen, bis ich oder eine Schwester dabei sind.«

Dr. Hermann beugte sich über Vanessa und strich beruhigend ihre Hand. »Es ist ja alles gut, Frau Bernhard. Sie sind in Sicherheit.«

Vanessa schlug die Augen auf. Die Stimme kannte sie auch. Doch das Gesicht hatte sie noch nie gesehen. Wahrscheinlich hatte er schon viele Male mit ihr gesprochen, und es war in ihrem Unterbewußtsein gespeichert gewesen.

»Was... ist... mit mir?« artikulierte sie mühsam.

»Sie haben sich die Beine gebrochen. Aber das bekommen wir schon wieder hin«, log der Arzt, um ihr erst einmal die Angst zu nehmen.

Gerhard stieß ein Schnauben aus, doch der eisige Blick des Arztes brachte ihn sofort zum Schweigen.

»Schlafen sie jetzt, Frau Bernhard. Morgen werden Sie sich schon besserfühlen.«

Dann drehte sich Dr. Hermann zu Gerhard Bernhard um und bat ihn mit einer Geste hinaus.

»Ich wünsche nicht, daß Sie die Patientin so aufregen. Haben wir uns verstanden? Sie ist noch sehr schwach. Überlassen Sie die Aufklärung mir.«

»Sie ist meine Frau!«

»Ja, ich weiß das sehr wohl. Gerade deshalb muß es doch in Ihrem Interesse liegen, daß es ihr bald bessergeht«, antwortete der Oberarzt unbeeindruckt.

Gerhard beschloß, ins Restaurant zu fahren. Hier war er offenbar überflüssig.

Vanessa schlief wieder ein und wachte erst drei Stunden später auf. Diesmal war sie wesentlich aufnahmefähiger. Die Betäubung, hervorgerufen durch ein starkes Sedativum, begann zu weichen.

»Schwester? Was ist mit mir?« fragte sie, als sie eine weißgekleidete Gestalt an der Tür auftauchen sah.

»Ich hole den Doktor. Der kann Ihnen das ausführlich erklären, Frau Bernhard. Möchten Sie etwas trinken?«

»Ja, bitte...«

Die Pflegerin half Vanessa, die Schnabeltasse an die Lippen zu setzen. Bei jeder Bewegung schoß Vanessa ein scharfer Schmerz durch die Beine. Wer hatte ihr erzählt, daß sie gebrochen waren? Sie schaute vorsichtig an sich herunter. Die Beine waren verhüllt.

»Der Doktor kommt gleich.«

Vanessa nickte und begann mit einer Hand ihr Gesicht abzutasten. Es tat zwar ein bißchen weh, aber Verbände hatte sie dort nicht, wie sie beruhigt feststellte.

Wie lange konnten Beinbrüche brauchen, bis sie geheilt waren? Vier Wochen? Oder mehr? Sie hatte keine Ahnung. Würde Gerhard solange zurechtkommen? Aber vielleicht konnte sie die Abrechnungen und Bestellungen von hier aus durchführen, sobald es ihr besserging. Das müßte eigentlich möglich sein. Sie brauchte nur ihren Laptop mit dem kleinen Drucker, den sie zu Hause stehen hatte...

»Frau Bernhard? Es geht Ihnen besser?«

Jetzt konnte Vanessa den großen, schlaksigen Arzt richtig sehen. Er hatte ein verschlossenes Gesicht, aber seine Stimme klang freundlich. Sie beschloß, Vertrauen zu ihm zu haben, denn er sollte sie heilen.

»Ja, danke, viel besser. Was ist nun mit meinen Beinen?«

Der Arzt setzte sich umständlich auf einen Stuhl und strich an seinem Kittel herum. Vanessa fühlte, wie Panik in ihr aufstieg.

»Bitte, sagen Sie mir die Wahrheit, Herr Doktor!«

»Mein Name ist Dr. Hermann, ich bin hier der Oberarzt. Als Sie eingeliefert wurden, sah es ziemlich böse aus. Aber inzwischen gehen wir davon aus, daß Sie Ihre Beine nicht verlieren werden. Bitte, hören Sie mir erst einmal ruhig zu.«

Vanessa starrte ihn entsetzt an. Was hieß das, sie müsse ihre Beine nicht ›verlieren‹? Das klang ja fast so, als ob...

»Werde ich im Rollstuhl sitzen müssen?« hauchte sie fassungslos.

»Ich denke, Sie werden mit entsprechender Behandlung und Krankengymnastik wieder gehen können. Zumindest kleine Strecken und natürlich mit einem Stock. Frau Bernhard, glauben Sie mir, ich erzähle Ihnen das nur ungern, aber ich halte nichts davon, den Patienten die Wahrheit tröpfchenweise beizubringen. Dann ist der Schock um so größer, wenn man erst falsche Hoffnungen geweckt hatte.«

»Ich kann das nicht glauben…«

Er schaute auf den Monitor. Ihr Puls war beschleunigt, aber die anderen Werte waren in Ordnung. Sie war doch stark, wie er es vermutet hatte. Zur Not mußte sie nach dem Gespräch eine Beruhigungsspritze haben, doch das war nicht weiter schlimm.

Dr. Hermann begann, ihr die Verletzungen näher zu schildern, wobei er seine Worte nicht unnötig kraß wählte. Vanessa wurde immer blasser, bis sie schließlich die Hand hob.

»Bitte, hören Sie auf. Ich muß mich erst einmal… damit beschäftigen.«

»Sie haben mit Ihrem Mann zusammen ein Restaurant, nicht wahr? Sie werden dort wieder weiterarbeiten können, Frau Bernhard, glauben Sie mir. Sie müssen Ihr Augenmerk jetzt nur darauf richten, so viel Kraft wie möglich in die Genesung zu stecken!«

Vanessa wandte den Kopf ab. Sie wollte schlafen, wieder so tief und fest wie vorher! Nur nicht nachdenken müssen! Wie hatte Gerhard wohl auf die Eröffnungen des Arztes reagiert? Er, der nie krank war und Gejammer darüber verabscheute?

Dr. Hermann gab ihr eine Spritze. Vanessa war dankbar dafür und nahm die erneute Betäubung ihrer Sinne erleichtert an.

Schwester Martha war noch immer ganz erschüttert über das Schicksal ihrer derzeitigen Lieblingspatientin. Jeden Tag fragte sie Dr. Frank, wie es Vanessa Bernhard ging.

»Ich fahre heute abend wieder hin. Als ich das letzte Mal da war, erschien sie mir ziemlich deprimiert. Haben Sie mal etwas über Ihre Ehe verlauten hören?«

Er forderte Martha nur sehr ungern auf, ihm ›Klatschgeschichten‹ weiterzugeben. Doch im vorliegenden Fall erschien es ihm angezeigt. Einen Beweis hatte er nicht dafür, daß Gerhard Bernhard sich bereits von seiner Frau abzuwenden begann, es war wieder einmal sein Gefühl, das ihm das suggerierte.

»Nein, nischt. Soll ich mich mal umhören?«

»Nein, nein, es hätte ja sein können. Ich hoffe, die beiden schaffen es gemeinsam.«

»Wie ick die Männer kenne, macht der die Fliege, wenn es ihr nicht mehr gutgeht«, antwortete sie düster.

»Aber, Icke, warum immer gleich das Schlimmste denken? Davon ist doch noch gar keine Rede!«

»Ick weeß, wat ick weeß.«

Sie ging wieder hinaus. Obwohl Stefan Frank sonst immer über ihre Weisheiten lächeln mußte, war ihm heute nicht danach zumute. Frau Bernhard lag jetzt seit drei Wochen in der Klinik. Ein Bein würde mit Sicherheit steif bleiben, das andere, ebenso mühsam zusammengeflickt, konnte sie eventuell noch bewegen und später, nach langer Übung und unendlicher Geduld, vielleicht auch wieder so weit belasten, daß sie mit Hilfe von Krücken oder eines Stockes gehen konnte.

Es wunderte ihn nicht, daß sie kaum noch lächelte und sehr elend aussah. Schwächere Menschen hatte er schon wegen weniger bedrückender Ereignisse den Kopf verlieren sehen.

Automatisch fiel ihm Frau Kleinschmidt ein, die ihn erstaunt hatte. Gestern war sie freudestrahlend bei ihm in der Praxis erschienen.

»Stellen Sie sich vor, Herr Dr. Frank, ich habe jemanden für mein Baby gefunden, falls ich nicht mehr allein für es sorgen kann.«

Natürlich bildete er sich keinen Moment ein, es könnte Holger Dreher sein.

Sie sprach gleich weiter.

»Meine Cousine Melanie ist wunderbar! Ich war bei ihr, aber da habe ich mich einfach nicht getraut, etwas zu sagen. Ich habe so getan, als ob es nur ein ganz normaler Besuch wäre. Sie ist noch genauso nett wie früher gewesen. Aber dann... also, dann habe ich sie angerufen und ihr einfach alles erzählt. Ich habe gesagt, sie soll gleich auflegen, wenn sie jetzt nichts mehr mit mir zu tun haben will. Aber das hat sie nicht getan. Sie hat einfach zugehört und dann gesagt, daß Blut dicker sei als Wasser, und ob ich das vergessen hätte. Sie arbeitet ehrenamtlich in einer kleinen Klinik, und da hätte sie sogar schon mit einer Aids-Kranken zu tun gehabt. Sie ist sehr gläubig, müssen Sie wissen. Jedenfalls sagte sie, wenn es mir schlechter ginge, solle ich mit meinem Kind zu ihnen kommen. Die Luft dort wäre sowieso besser als hier in München!«

»Donnerwetter! Da haben Sie aber wirklich einen sehr lieben Menschen gefunden!«

»Ich bin so froh! Jetzt muß ich doch wenigstens nicht abtreiben! Und Holger hätte ich natürlich sowieso nicht geheiratet! Den will ich gar nicht mehr sehen.«

Sie faßte sich an die gerötete Narbe auf der Stirn, als müsse sie sich erinnern, wie grob er gewesen war.

»Nein, das würde ich an Ihrer Stelle auch nicht tun. Haben Sie noch mal von ihm gehört?«

»Er ist schon wieder rausgeflogen bei seinem Chef. Angeblich hat er irgendwelche krummen Geschäfte gemacht. Mit Autos, wie ich es vermutet hatte. Ich hab mich manchmal gewundert, woher immer die ganzen tollen Autos kamen, die er so fuhr. Immer ganz große Schlitten, aber verschiedene. Dabei hat er auch noch ein altes.«

Dr. Frank hatte das Gefühl, daß ihn das an etwas erinnern sollte, doch er kam nicht darauf, was es sein könnte. Nachdem er Frau Kleinschmidt noch einmal zu der Lösung der dringendsten Probleme gratuliert hatte, wartete bereits der nächste Patient.

Hoffentlich hatte Frau Bernhard auch soviel Glück. Aber nein, dann wäre ihm nicht so elend zumute, wenn er an sie denken mußte.

Frau Bernhard lag inzwischen auf einer anderen Station. Der dortige Kollege war sehr viel kommunikativer als Dr. Hermann. Als er Dr. Frank sah, kam er sofort auf ihn zu.

»Ach, Herr Frank, wenn ich Sie mal kurz sprechen könnte, bevor Sie zu Frau Bernhard hineingehen?«

»Ja, natürlich, Herr Stolte.«

Er setzte sich dem Arzt in dessen Sprechzimmer gegenüber und wartete unbehaglich auf die Eröffnung.

»Wir machen uns große Sorgen um Frau Bernhard. Sie ist völlig apathisch.«

»Aber als ich das letzte Mal hier war, erschien sie mir noch einigermaßen gefaßt«, gab Dr. Frank zurück, als ob das ein Argument sei.

Er kam sich vor wie einige seiner Patienten, die nicht wahrhaben wollten, wenn er ihnen etwas Schlimmes zu sagen hatte.

»Ja, ich weiß. Wir hatten auch gehofft, daß es jeden Tag besser werden würde. Unsere Psychologin meinte aber, daß dieses Verhalten nicht ungewöhnlich sei für manche Menschen. Frau Bernhard hat sich wohl immer über Leistung definiert, und wenn sie die nun nicht mehr bringen kann…«

»Wie verhält sich der Ehemann?«

»Nun, da schaue ich nicht so ganz durch. Er kommt drei- bis viermal in der Woche, bleibt aber immer nur kurz. Vielleicht will sie ihn ja auch nicht sehen.«

Stefan Frank schüttelte nachdenklich den Kopf. Er war sicher, daß hier das Problem lag, in der Ehe. Aber er konnte Frau Bernhard nicht zwingen, ihn als Beichtvater zu wählen.

»Ich werde versuchen, ob ich etwas herausfinden kann. Dann sage ich Ihnen noch einmal Bescheid.«

»Danke, Herr Kollege. Es ist wirklich erschütternd, nicht wahr?«

Darauf gab es nichts weiter zu sagen, also nickte Stefan nur.

Vanessa Bernhard lag flach im Bett, die Beine dick bandagiert. Wegen der zum Teil noch immer nicht ganz verheilten Wunden durfte sie noch keinen Gipsverband haben.

Sie sah wirklich sehr schlecht aus. Ihr Gesicht war blaß und natürlich ungeschminkt, die Augen tief in die Höhlen gesunken, von dunklen Schatten umgeben. Die Lippen wirkten blutleer und hoben sich kaum von der hellen Haut ab.

»Guten Abend, Frau Bernhard.«

»Guten Abend, Herr Dr. Frank.« Sogar ihre Stimme klang kraftlos.

»Wie geht es Ihnen heute?«

»Wie immer. Danke.«

»Wollen Sie mir nicht sagen, was Sie so quält? Der Arzt hat Ihnen doch erklärt, daß Sie sich durchaus wieder selbständig bewegen können, wenn Sie gut mitarbeiten…«

»Ich bin ein Krüppel, Herr Dr. Frank. So werde ich nicht arbeiten können…«

»Aber das ist doch nicht wahr! Ihre Büroarbeit werden Sie nach wie vor machen können! Und Ihre Gäste werden Sie zu Recht noch mehr bewundern, wenn sie sehen, wie tapfer Sie mit dem Schicksalsschlag umgehen!«

Sie verzog das Gesicht, als ob sie lächeln wollte, aber es wurde nur eine hoffnungslose Grimasse daraus.

»Wie steht Ihr Mann denn zu Ihnen? Darf ich das fragen?«

»Gerhard… er nimmt es sehr schwer. Ich habe ihm angeboten, sich scheiden zu lassen.«

Also doch! Dr. Frank fluchte innerlich. Wahrscheinlich hatte ihr Mann das nicht sofort energisch von sich gewiesen, wie es einer täte, der seine Frau liebt. Das konnte er sich lebhaft vorstellen.

»Aber er wird es doch nicht wollen«, antwortete er wider besseren Wissens, und zu seinem Erschrecken fehlte seiner Stimme auch jede Überzeugungskraft.

»Ich glaube schon. Unsere Ehe war schon vorher nicht mehr ganz in Ordnung. Ich habe es nur nicht wahrhaben wollen. Wissen Sie, was ich möchte? Ich möchte sterben.«

Sie sagte das mit so viel Nachdruck, daß er an dem Ernst ihrer Worte nicht zweifelte. Sie entsetzten ihn.

»Frau Bernhard, so dürfen Sie nicht denken! Sie sind eine schöne, attraktive, kluge Frau! Auch mit den verletzten Beinen! Haben Sie denn keine Freunde, die man benachrichtigen könnte, damit sie Ihnen Mut machen?«

»Meine Freundin Thekla kommt morgen. Sie wohnt in Düsseldorf. Ich habe sie jetzt erst benachrichtigt.«

»Bitte, geben Sie sich nicht auf, Vanessa! Ich weiß, daß Sie es schaffen können! Mit und ohne Ihren Mann. Wahrscheinlich steht er noch unter Schock und weiß gar nicht, was er sagt.«

Sie schüttelte müde den Kopf. Gerhard wußte sehr wohl, was er sagte. Und wenn sie ehrlich war, hatte sie sein Verhalten auch gar nicht überrascht. Natürlich mußte er längst eine Freundin haben. Vermutlich wartete diese andere schon darauf, ihren Posten zu übernehmen… Es war Vanessa egal. Sie hatte alles verloren.

Manchmal mußte sie daran denken, wie sie an dieser Kreuzung eine Woche vor dem Unfall plötzlich Angst befallen hatte. Es war wohl eine Ahnung gewesen, aber sie hatte ihr nicht helfen können, das Schlimme zu verhindern.

»Vanessa, ich möchte, daß Sie an sich glauben! Sie sollen leben, sonst hätten Sie den Unfall nicht überlebt. Haben Sie daran schon einmal gedacht?«

»Ach, das sind doch alles nur Worte, Herr Dr. Frank. Ich bin Ihnen dankbar, daß Sie sich soviel Mühe machen, aber ich habe einfach keine Kraft mehr. Es wird noch Monate dauern, bis ich auf den Füßen bin, wenn überhaupt. Der Unfallfahrer wird immer noch gesucht, so daß ich nicht einmal alles bezahlt bekommen werde.«

»Aber Sie sind doch versichert...«

»Sie wissen doch, wie die sind. Sie versuchen, irgendwie eine Mitschuld zu konstruieren, damit sie nicht alles zahlen müssen. Der Unfallwagen ist gefunden worden, doch man hatte ihn offensichtlich in der Nacht gestohlen. Der Besitzer ist ein angesehener Mann, der nachweislich nicht in München war, sondern auf den Balearen. Und er war alleinstehend und hatte niemandem den Schlüssel gegeben.«

»Der Wagen war also gestohlen worden?«

»Ja, die Nummernschilder waren bereits ausgetauscht worden.«

Wieder ging Dr. Frank eine verschwommene Erinnerung an etwas durch den Kopf, was er vor längerer Zeit gehört haben mußte. Aber er wußte nicht, was das war.

»Ihr Restaurant wirft doch sicher schon genug ab, so daß die Kosten erst einmal gedeckt sind.«

»Das war so. Aber Gerhard sagt, jetzt machen sie deutlich weniger Umsatz, weil ich mich nicht kümmern kann.«

Es klang so mutlos, daß er nicht wußte, was er noch hinzufügen sollte.

Als sie die Augen schloß und damit bekundete, lieber allein

zu sein, verabschiedete sich Dr. Frank. Er versprach ihr jedoch, in ein paar Tagen wiederzukommen.

»Und wenn Sie mich sprechen wollen, rufen Sie einfach an. Ich bin jederzeit für Sie da.«

»Danke, Herr Doktor Frank. Das ist sehr nett von Ihnen.«

Vanessa war nicht müde, wie sie ihm vorgespielt hatte. Sie ertrug nur die mitleidigen Blicke nicht mehr, die ihr jeder zuwarf.

Was sie dem Arzt gesagt hatte, war Vanessa sehr ernst. Sie sah in ihrem Leben keinen Sinn mehr. Bis sie wieder entlassen werden könnte, hätte Gerhard das Restaurant längst an sich gerissen. Natürlich würde er sie im Falle einer Scheidung abfinden müssen, doch konnte er die Umsätze so frisieren, daß kaum noch ein Gewinn übrigbleiben würde. Er hatte sie vor einem halben Jahr einmal darauf angesprochen, ob sie eigentlich immer alles so gewissenhaft abrechnen müßte. Die Finanzbehörden bekamen seiner Meinung nach sowieso schon zuviel Geld von ihnen. Vanessa hatte es abgelehnt, Gewinne verschwinden zu lassen. Doch allein hätte er wohl kaum Skrupel.

Die Villa war noch belastet und mit auf seinen Namen eingetragen. Das hatte sie gemacht, um nach der Hochzeit Geld für das Restaurant aufnehmen zu können. Man hatte ihr dazu geraten, weil der gemeinsame Besitz an der Villa der Bank sicherer erschienen war.

Sie würde also nicht nur ihren Ehemann verlieren, sondern auch das Restaurant, für das sie so geschuftet hatte, um es zu dem zu machen, was es jetzt war. Gerhard war ein exzellenter Koch, aber sie war der Kopf gewesen, hatte die Werbung betrieben, die Kunden herangebracht und für eine Kalkulation gesorgt, die den Erfolg ermöglicht hatte. Ohne ihn wäre das Restaurant sicher auch weiter erfolgreich zu führen, aber ohne sie? Vielleicht hielt sie sich aber auch nur für unfehlbar. Gerhard würde sich sicher nicht selbst das Wasser abgraben, indem er die falsche Partnerin aussuchte…

Vanessa wußte, daß ihr niemand helfen konnte. Der Unfall war das Ende ihres bisherigen Lebens. Was danach kam, konnte nur noch ein schaler Ersatz sein. Wer würde sie einstellen, wenn sie im Rollstuhl sitzen mußte? Und wie sollte eine Selbständigkeit aussehen, die einzige andere Möglichkeit? Allein konnte sie nicht viel bewirken, es wäre ja schon schwierig, aus dem Haus zu kommen. Und Geld besaß sie dann auch nicht mehr, denn selbst wenn der Unfallfahrer gefunden wurde, so war keineswegs sicher, daß er auch für die hohen Kosten aufkommen konnte.

Im Nachttisch, ganz hinten in der Ecke, hatte sie schon eine Menge Tabletten gesammelt. Sie legte die Schlaf- und Schmerztabletten immer nur unter die Zunge, bis die Schwester aus dem Zimmer gegangen war. Sobald sie genug zusammen hatte, wollte sie sie nehmen und damit alle Probleme für sich und Gerhard, dem sie nicht einmal böse sein konnte, auf diese Weise beenden.

Tränenlos starrte sie jetzt aus dem Fenster. Geweint hatte sie genug. Sie mußte ihren Blick auf die paar Tage richten, die sie noch zu leben hatte und in denen sie alle in Sicherheit wiegen wollte. Hoffentlich gelang ihr das auch bei Thekla.

Thekla von Eich war älter als Vanessa, nämlich schon zweiundvierzig. Vanessa hatte sie vor acht Jahren auf einem Seminar kennengelernt und war sehr von dieser starken Persönlichkeit angetan gewesen. Sie hatten die drei Tage zusammen verbracht und sich seither oft gesehen, telefoniert oder geschrieben.

Zuerst war sich Vanessa unsicher gewesen, ob sie Thekla überhaupt von ihrem Unfall unterrichten sollte, doch nachdem diese schon dreimal bei ihr zu Hause angerufen hatte, blieb ihr nichts anderes übrig. Thekla hatte sich schrecklich aufgeregt, daß sie jetzt erst davon erfuhr, und ihr Kommen angekündigt. Darauf freute und davor fürchtete sich Vanessa gleichermaßen. Thekla noch einmal zu sehen, war ihr Wunsch.

Zuvor hatte sie jedoch noch Gerhards Besuch zu überstehen, der für den nächsten Vormittag anstand.

Gerhard wirkte immer etwas verlegen, wenn er hereinkam. Auch diesmal brachte er wieder Obst und Zeitschriften mit.

»Danke, Gerhard. Es ist aber wirklich nicht nötig.«

»Irgend etwas bringt man doch mit.«

»Ja, wenn du dich als Besucher empfindest...«

Sie konnte es einfach nicht lassen, solche Bemerkungen zu machen. Es tat manchmal doch überraschend weh, auch wenn die tatsächliche Trennung sich schon angekündigt hatte.

»Warum sagst du so etwas immer? Ich habe deinen Unfall nicht verschuldet!« schnappte er.

»Nein, natürlich nicht. Entschuldige. Wie geht es im Restaurant?«

»Nicht toll. Seit du weg bist, fehlt einfach etwas. Es haben viele Gäste abgesagt, und ich mußte schon zwei Kellner entlassen.«

»In dieser kurzen Zeit schon? Gerhard, das kann doch nicht stimmen!«

»Oh, ich habe mir gedacht, daß du mir nicht glauben würdest. Hier, ich habe die Tageseinnahmen der letzten Zeit zusammengestellt!«

Es sah wirklich beängstigend aus. Trotzdem glaubte Vanessa irgendwie nicht daran, daß es schon so bergab gehen konnte, wenn man nicht nachhalf...

Sie sprach es nicht aus, weil es keinen Sinn haben würde.

»Wie soll es jetzt weitergehen?«

»Wir müssen darüber sprechen, wer die Villa behält.«

Sie konnte es nicht fassen, daß er es so eilig hatte. Plötzlich wurde ihr klar, daß er auch ohne ihren Unfall nicht mehr lange damit gewartet hätte, ihr endlich reinen Wein einzuschenken. Doch so fiel es ihm vermutlich leichter, denn sie hatte ihm die Scheidung ja selbst angeboten.

»Die Villa muß verkauft werden. Wir zahlen die Hypothek zurück und teilen uns das Geld.«

»Aber ich dachte, ich könnte mich für dich nach einer schönen passenden Wohnung umsehen! Du könntest ja allein in der Villa nicht wohnen, wegen des…«

Wenigstens hatte er noch soviel Anstand, rot zu werden.

»Wegen des Rollstuhls. Sprich es ruhig aus.«

»Na ja… wir müssen den Tatsachen ins Auge sehen. Sei doch froh, daß du noch am Leben bist, Vanessa.«

»Warum sollte ich das wohl sein? Ich verliere doch alles, was mir etwas bedeutet hat«, sagte sie hart.

Warum sollte sie ihn schonen, wo er so offensichtlich erleichtert war, sie loszuwerden?«

»Nein, die Villa wird verkauft. Ich rufe in den nächsten Tagen den Anwalt an und lasse mich beraten, was mir eigentlich zusteht für meine Arbeit im Restaurant und so. Wir müssen klare Vereinbarungen treffen.«

Vanessa hatte das nicht wirklich vor, weil sie in ein paar Tagen schon tot sein würde, wenn alles so ablief, wie sie es sich ausgedacht hatte. Sie wollte nur einmal sehen, ob ihr schlechtes Gefühl ihren Mann betreffend tatsächlich richtig war.

Es war richtig.

»Vanessa, wir müssen doch nun wirklich nichts überstürzen! Ich habe nicht vor, mich so schnell scheiden zu lassen oder offiziell zu trennen! Warte doch erst einmal ab, bis du gesund bist«, erwiderte er hastig.

Bis dahin konnte er genug Geld beiseite geschafft haben und das Restaurant zu Boden wirtschaften, so daß nichts mehr zum Teilen blieb. Nach einer anständigen Frist bemühte er sich dann einfach wieder oder machte irgendwo anders ein neues auf. Es war erschreckend.

»Wir werden sehen.«

»Gut, dann gehe ich erst einmal wieder. Brauchst du irgend etwas?«

»Nein, aber sag doch bitte Lotti, daß sie mal vorbeikommen soll.«

Lotti war ihre Vertraute im Restaurant. Sie war Kellnerin, Garderobiere und zur Not auch mal in der Küche zu finden, wenn es eng wurde. Gerhard würde nicht wollen, daß sie herkam. Bisher hatte Vanessa auch niemanden sehen wollen.

»Ist das nicht noch zu früh, Liebling? Ich meine, du brauchst doch noch möglichst viel Ruhe! Lotti ist immer so hektisch.«

»Bitte, richte es ihr aus. Sonst rufe ich sie selbst an«, gab Vanessa müde zurück.

Sie ertrug es plötzlich nicht mehr, daß er bei ihr im Zimmer war. Wie hatte sie sich in seinem Charakter nur so täuschen können? Hatte er sie überhaupt je geliebt?

Thekla von Eich betrat das Restaurant ›Toskana‹ und marschierte schnurstracks ins Büro, ohne daß sie jemand aufhielt. Sie wollte zuerst mit Gerhard sprechen, um sich genau zu informieren, was Vanessa fehlte – obwohl sie ihn nicht leiden konnte.

Gerhard hielt eine blonde Schönheit im Arm und fuhr ziemlich abrupt zurück, als er Thekla erkannte.

»Oh, laß dich nicht stören, mein Lieber. Kaum ist der Chef aus dem Haus, tanzen die Mäuse auf dem Tisch, oder?«

»Guten Abend, Thekla. Rita, läßt du uns einen Moment allein? Rita vertritt Vanessa«, fügte er lahm an Thekla gewandt hinzu.

»In jeder Hinsicht, wie ich sehe«, gab sie trocken zurück.

»Vanessa hat mir selbst die Scheidung angeboten. Wir haben uns schon lange nicht mehr so gut verstanden.«

»Ich bin froh, daß sie endlich zur Vernunft kommt. Ich

konnte dich noch nie leiden, wie du weißt. Jetzt will ich auch bloß wissen, was ihr genau fehlt. Dann kannst du weiterknutschen.«

Thekla konnte es sich leisten, so mit ihm zu reden. Sie war eine beeindruckende Erscheinung, groß und kräftig, etwas vollschlank und wie immer mit viel Geschmack in ein Kostüm eines Edeldesigners gekleidet. Dazu gab sie eine Menge Schmuck zu besichtigen, alles ausgesucht schöne Stücke. Wenn sie eine Geschäftsverhandlung führte, ging mancher Mann in Deckung.

»Vanessa hat ihre Beine mehrfach gebrochen gehabt. Offene und andere Brüche. Das linke Bein konnten sie gerade noch retten, fast hätte es amputiert werden müssen. Es wird aber steif bleiben. Mit dem anderen kann sie vielleicht wieder laufen. Die Krankengymnastik hat bereits begonnen, aber erst muß alles verheilt sein, bevor sie sie richtig fordern können.«

»Mein Gott, die arme Vanessa. Und wie geht sie damit um?«

»Frag mich nicht. Im Moment ist sie ziemlich down.«

Er sah sie nicht an, als er das sagte. Wahrscheinlich fürchtete Gerhard, die Verachtung in Theklas Augen zu sehen, die sie für ihn auch wirklich empfand.

»Gut. Und wie läuft es hier weiter? Ich kann mir nicht vorstellen, daß deine blonde Flamme Vanessa ersetzen kann, im Geschäft, meine ich.«

»Hierum brauchst du dich wirklich nicht zu kümmern, Thekla. Ich kann das durchaus ganz gut selbst«, antwortete er giftig. Sie begann ihn zu nerven.

»Gut. Also, ich melde mich noch mal. Kann ja sein, daß Vanessa mich bittet, hier mal ein bißchen nach dem Rechten zu sehen. Du weißt ja, daß ich diese Dinge alle aus dem Effeff beherrsche. War mein Studienfach, außerdem war ich mal Betriebsprüferin. Also ciao, mein Lieber.«

Sie ließ die Tür hinter sich offen, als sie hinausging. Ihr schweres Parfüm hing noch eine Weile in der Luft und nahm Gerhard die Lust zu weiteren amourösen Einlagen. Außerdem mußte er in die Küche.

Thekla war mit ihrem Auftritt bei Gerhard zufrieden. Ihre Meinung über ihn hatte sich bestätigt. Nun wußte sie, wie sie Vanessa helfen konnte. Zuerst einmal würde sie sie mit nach Düsseldorf nehmen und sich um sie kümmern, sobald Vanessa aus dem Krankenhaus entlassen werden konnte. Dann würde man weitersehen. Und falls Gerhard glaubte, sich Geld unter den Nagel reißen zu können, sollte er sich geirrt haben.

Trotzdem war ihr sehr beklommen zumute, als sie jetzt das Krankenhaus betrat und sich zu Vanessa durchfragte.

Als Thekla die Freundin dann endlich vor sich sah, war sie zum ersten Mal in ihrem Leben sprachlos über den Ausdruck im Gesicht der Kranken. Natürlich hatte sie nicht ein strahlendes Lächeln und Small talk erwartet, schließlich war das hier keine Cocktailparty, aber die maskenhafte Starre und die ausdruckslosen Augen waren einfach grausig anzusehen.

»Vanessa, mein Liebes, was läßt du dir nur antun!«

Sie umarmte die zarte fremde Person in dem weißen Bett so vorsichtig, als könne sie jeden Moment zwischen ihren starken Armen zerbrechen.

»Thekla, wie schön, dich zu sehen.«

Bei diesen Worten, die sicher ehrlich gemeint waren, veränderte sich ihre Mimik überhaupt nicht.

Thekla hatte plötzlich eine Vision vor Augen. Vanessa, steif ausgestreckt auf einem Bett, die Augen für immer geschlossen…

Sie stand zwar mit beiden Beinen mitten im Leben, nahm aber solche aus dem Nichts auftauchenden Bilder durchaus ernst. Sofort warf sie ihre ganzen Pläne über den Haufen und disponierte um. Sie würde Vanessa nicht von der Seite weichen, bis in ihrem Kopf ein anderes Bild erschiene.

»Ich bleibe jetzt bei dir, mein Schatz. Du wirst sehen, wenn ich dir ein bißchen von meiner Power gebe, dann geht es dir schnell besser.«

»O nein, das will ich nicht«, stieß Vanessa spontan hervor.

Thekla begriff, daß ihre Vision durchaus Wahrheitsgehalt hatte. Vanessa hatte sich bereits aufgegeben.

»Ich bin gleich wieder da. Warte einen Moment, ja?«

»Was hast du vor?«

»Erzähl ich dir gleich.«

Sie suchte die Stationsschwester und teilte ihr mit, daß sie umgehend den behandelnden Arzt zu sprechen wünsche. Die Schwester, eingeschüchtert von soviel Energie, murmelte, daß sie ihn suchen würde, und verschwand.

Gleich darauf erschien Dr. Stolte. Er schaute sich diese im wahrsten Sinne des Wortes glänzende Erscheinung genußvoll an und lächelte, als sie sich als Freundin von Vanessa Bernhard vorstellte.

»Ich bin Sebastian Stolte, der behandelnde Arzt. Was kann ich für Sie tun, gnädige Frau?«

Trotz ihrer großen Besorgnis registrierte Thekla automatisch, daß sie diesem Mann sehr gut zu gefallen schien. Er war groß und sportlich, vielleicht mit ein wenig Übergewicht, das zeigte, wie gern er aß und trank. Auch vom Alter her war er für sie nicht uninteressant. Doch für Geplänkel war jetzt keine Zeit.

»Ich habe das Gefühl, daß Vanessa sich aufgegeben hat. Hat sie hier Zugang zu Medikamenten? Könnte sie sie sammeln und versuchen, sich umzubringen?«

Ihm fiel fast der Unterkiefer herunter. Seine Gedanken waren schon ganz woanders gewesen. Und jetzt riß ihn diese tolle Frau mit einem Ruck in die böse Wirklichkeit zurück.

»Sie kann ja nicht aufstehen, insofern könnte sie sich auch nicht heimlich Tabletten aneignen. Was sie selbst bekommt, nimmt sie meines Wissens auch regelmäßig ein.«

»Ich werde versuchen, ihre Schublade zu durchsuchen. Glauben Sie mir, ich habe so meine Erfahrungen. Ich werde von jetzt an so lange wie möglich hier in der Klinik sein. Ich frage Sie nur pro forma um Ihr Einverständnis, ich würde es nämlich auf jeden Fall machen.«

Er lächelte. Wer würde wagen, ihr etwas abzuschlagen? Außerdem gab ihm das Gelegenheit, sie öfter zu sehen.

»Einverstanden. Sie werden sie also beschützen. Vielleicht braucht sie das im Moment wirklich.«

»Danke, Dr. Stolte. Ich sehe, wir verstehen uns. Ich möchte, daß Vanessa diese Klinik auf ihren zwei Beinen verläßt.«

»Oh, ich fürchte, da haben Sie sich viel vorgenommen...«, versuchte er ihren Schwung zu bremsen.

»Mein Vater hatte eine Beinamputation, direkt am Oberschenkel. Er hat Golf gespielt, ist geritten und geschwommen. Ich weiß, wovon ich rede. Er hatte einen starken Willen. Ich habe ihm damals geholfen und ihn beobachtet. Damals war ich erst fünfzehn, aber ich habe eine Menge begriffen, das kann ich Ihnen sagen.«

»Frau von Eich, ich möchte Sie zum Essen einladen.«

Sie lächelte kurz, sah ihm dabei in die Augen und schüttelte dann den Kopf.

»Wir werden noch oft zusammen essen gehen und so weiter, aber jetzt nicht. Erst kümmere ich mich um Vanessa.«

Zwischen ihnen war alles klar. Thekla ließ ihn stehen. Erst ein paar Minuten später wunderte sich die Oberschwester, warum Dr. Stolte mitten im Flur herumstand und töricht vor sich hinlächelte.

Thekla war noch nicht zu Vanessa zurückgegangen, sondern stand im Waschraum und hielt ihr Handy ans Ohr. Sie hatte ein paar wichtige Telefonate zu führen, deren Inhalt Vanessa nicht unbedingt mitbekommen mußte. Als auch das erledigt war, ging sie tief befriedigt zu ihrer Freundin zurück.

»So, mein Schatz, jetzt habe ich Zeit für dich. Was mußt du eigentlich für Übungen machen?«

»Übungen?«

»Na klar, für deine Beine? Zeig mir die mal.«

Bisher hatte sich die Gymnastik darauf beschränkt, Bauch und Beckenmuskeln zu trainieren durch Anspannung und Loslassen. Auch mit den Armen mußte Vanessa trainieren. Thekla nahm sich vor, mit der Krankengymnastin zu sprechen und sich alles genau zeigen zu lassen. Dann würde sie es übernehmen, mit Vanessa die Übungen durchzuführen. Einmal am Tag eine Viertelstunde? So würde Vanessa nie wieder auf die Beine kommen! Daß ihre Freundin in ihrem Zustand keine Lust hatte, die Übungen auch allein durchzuführen, verstand sie.

»Übrigens, ich bleibe jetzt hier bei dir, Vanessa. Meine Geschäfte laufen auch ohne mich, ich habe gute Leute. Ich brauche dein Einverständnis, in deinen Laden einen Geschäftsführer einzusetzen.«

»Wie?«

Vanessa war von dem Tempo ihrer Freundin ganz durcheinander. Irgendwie fühlte sie sich fast bedroht. Solange Thekla hier bei ihr war, würde sie ihren Plan nicht durchführen können.

»Paß auf, mein Schatz, machen wir uns nichts vor: Dein reizender Gemahl wird versuchen, den Laden still und heimlich bankrott zu machen, wenn er genug Geld beiseite geschafft hat. Er ist sicher schon kräftig dabei, wie ich ihn einschätze. Und du weißt das auch, also erzähl mir gar nicht erst etwas anderes. Die Geschäftsführerin bist du, also hast du auch das Recht, kommissarisch einen Ersatz zu bestimmen. Zufällig habe ich den richtigen Mann an der Hand. Er reist schon heute an, ich habe gerade mit ihm gesprochen. Gerhard werden die Augen tränen!«

Sie lächelte amüsiert. Vanessa fühlte sich in einem Sog, gegen den sie sich nicht wehren konnte. Es schien ihr, als bringe Thekla die Kraft der Sonne, des Lebens überhaupt mit in dieses Zimmer. Was sollte ihr geschehen, wenn sie so eine Freundin hatte?

»Ja, ich bin einverstanden«, flüsterte sie halb betäubt, weil sie so gegen ihre eigenen Pläne handelte.

»Na prima. Dann machen wir das gleich hübsch schriftlich. Ich habe meine Tasche mit Laptop und Drucker im Auto. Bin gleich wieder da.«

Schon wirbelte Thekla aus dem Zimmer. Vanessa sah ihr nach. Ihr Gesicht verzog sich. Sie lächelte schwach, aber es war ein Anfang.

Dr. Frank saß gemütlich in seinem Feierabendsessel, den Solveig immer etwas scheel betrachtete, weil er nach ihrem Geschmack etwas zu »großväterlich« war. Aber natürlich mischte sie sich nicht ein.

Er hatte heute abend Thekla von Eich kennengelernt, und wenn er nicht ganz genau wüßte, daß Solveig Abel die Liebe seines Lebens verkörperte, wäre er glatt in Gefahr, dieser Frau mit Haut und Haaren zu verfallen. Sie erinnerte ihn an eine Patientin, die er sehr gemocht hatte, die eine ähnliche Kraft gehabt hatte, aber leider schon tot war – Maria Wolfrat.

Seit vier Tagen war Thekla von Eich jetzt bei Vanessa Bernhard, doch sie hatte bereits mehrere Wunder bewirkt, wie es ihm schien.

Erstens hatte Vanessa die totale Gleichgültigkeit überwunden. Ihre Wangen bekamen schon wieder Farbe, sie führte ihre Gymnastikübungen durch, hatte wieder Interesse am Leben und war bereit, nicht kampflos aufzugeben. Zweitens erschien ihm Gerhard Bernhard ziemlich kleinlaut, was Dr. Frank persönlich ein Genuß war. Drittens hatte Thekla von Eich den guten Dr. Stolte offenbar im Sturm erobert, denn wann immer

Dr. Frank ihn traf, sprach er nur von ihr statt von seiner Patientin Vanessa Bernhard. In der kurzen Zeit wirklich eine beeindruckende Leistung.

Er schmunzelte vor sich hin und griff zur Tageszeitung, die er heute noch gar nicht gelesen hatte. Seine Patienten waren im Moment sehr besitzergreifend, wobei es sich mehr um ›seelische Blähungen‹ handelte, wie Martha es respektlos nannte, als um wirkliche, diagnostizierbare Krankheiten. Das schöne Wetter machte sie alle ein bißchen verrückt. Die Einsamen wollten in ihrer Einsamkeit getröstet werden, die Verliebten empfanden plötzlich den dringenden Wunsch nach Nachwuchs, die älteren Ehepaare hielten Ausschau nach neuen Partnern. Sie wollten noch einen Zipfel vom Glück erwischen, bevor es vielleicht zu spät war. Dazu kamen dann die üblichen Erkrankungen und die Dauerpatienten.

Ein Bild zog seinen Blick an. Es zeigte ein total zerstörtes Auto. Ein schlimmer Unfall, der am vorigen Abend irgendwo passiert war.

Plötzlich wußte er es!

Ilona Kleinschmidt hatte ihm von dem Besuch ihres Freundes erzählt, nachdem er sie so schlimm zugerichtet hatte. Das war am Tag nach Vanessas Unfall gewesen. Der Mann hätte wütend gewirkt und einige Blessuren gehabt. Später hatte sie dann erwähnt, daß sie froh sei, ihn los zu sein, denn er hätte seine Arbeit verloren, weil er irgendwelche krummen Sachen mit Autos gemacht hatte. Konnte es sein, daß er in geringem Maße oder auch mehr mit Autoschiebereien zu tun hatte?

Dr. Frank war von dem Gedanken wie elektrisiert. Er mußte sich zurückhalten, um nicht einfach bei der Polizei anzurufen und seinen Verdacht auszusprechen. Das sollte er wohl vorsichtiger anfangen.

Es paßte gut, daß Frau Kleinschmidt für morgen wieder einen Untersuchungstermin bei ihm hatte. Er würde sie ein bißchen aushorchen. Bestimmt hatte die Polizei in dem gestohlenen Fahrzeug, mit dem Vanessa verletzt worden war, Fingerabdrücke gefunden, die nicht vom Besitzer stammten. Wenn sie die dann mit denen von Holger Dreher vergleichen könnten…

Es gehörte nicht zu seinen Gepflogenheiten, andere Leute zu denunzieren. Aber in diesem Fall hatte er nicht den Hauch eines schlechten Gewissens. Holger Dreher war zwar kein Krimineller großen Stils, doch das könnte ja noch kommen, wenn ihn keiner bremste. Sollte er den Unfall verschuldet haben, mußte er zur Rechenschaft gezogen werden.

Am liebsten hätte er sofort mit Solveig darüber gesprochen, doch er war sich nicht sicher, wie sie es aufnehmen würde. Also versuchte sich Dr. Frank durch die Lektüre der Abendzeitung abzulenken, gefolgt von ein paar Fachzeitschriften, die auch schon auf einem großen Stapel darauf warteten, durchgearbeitet zu werden.

Um elf war er der Meinung, für heute genug getan zu haben, und ging zu Bett. In der Nacht träumte er von wilden Verfolgungsjagden, bei denen mal er, mal Holger Dreher das Opfer war.

Frau Kleinschmidt zierte sich nicht im geringsten, als er sie fragte, ob sie ihm noch einmal schildern könne, wo Holger Dreher sich verletzt hatte.

»Da an der Seite der Stirn hatte er eine dicke, längliche Beule. Und die linke Hand war bandagiert.«

»Ist er Links- oder Rechtshänder?«

»Rechtshänder. Ich weiß zwar nicht, warum Sie das wissen wollen, aber ich helfe Ihnen gern. Ich habe gerade einen Brief von ihm bekommen, in dem er behauptet, nicht der Vater meines Kindes sein zu können, weil er in der fraglichen Zeit eine ganz andere Freundin gehabt hätte, die auch für ihn aussagen will, falls ich ihn als Vater angebe.«

»Er fürchtet sich vor den Kosten, was? Na, das kann man heute ja fast hundertprozentig feststellen, wenn das Kind da ist.«

»Ich überlege noch, ob ich das überhaupt will. Stellen Sie sich vor, er meldet Ansprüche an! Will das Kind vielleicht später besuchen... Nein, vielleicht ist es ganz gut so, daß ich das schriftlich habe. Aber es zeigt doch einiges von seinem Charakter. Und von meinem«, fügte sie verlegen lächelnd hinzu.

»Jeder kann mal einen Fehler machen. Gut ist nur, wenn man ihn einsieht und nicht stur daran festhält. So, Frau Kleinschmidt, mit Ihrem Baby ist alles in Ordnung, und Ihr Gesundheitszustand ist hervorragend.«

»Oh, danke. Ich habe mich jetzt ganz auf Vollwertkost umgestellt. Keinen Schweinsbraten mehr für mein Kind und mich.«

»Das ist sicher gut. Obwohl... also, hin und wieder esse ich den auch gern.«

Frau Kleinschmidt versprach, ihn nach der Geburt des Babys einmal dazu einzuladen und verabschiedete sich. Dr. Frank überlegte einen Moment, griff dann aber entschlossen zum Telefonhörer und ließ sich mit dem Polizeikommissariat verbinden, das den Fall Vanessa Bernhard bearbeitete.

»Haben Sie eine Aussage zu machen?« fragte ihn der Kommissar streng.

»Wenn Sie meinen, ob ich der Unfallfahrer bin, nein. Frau Bernhard ist meine Patientin. Ich habe nur einen ganz vagen Verdacht, den ich vertraulich zu behandeln bitte. Haben Sie eigentlich Fingerabdrücke in dem Wagen gefunden?«

»Ja. Aber warum wollen Sie das wissen?«

»Können Sie jemandem die Fingerabdrücke ganz unauffällig abnehmen? Ich meine so, daß er es vielleicht gar nicht merkt, daß er verdächtigt wird?«

»Was haben Sie eigentlich für eine Vorstellung von unserem Rechtsstaat, Herr Doktor? Der wäre sofort mit einem Anwalt da. Oder informiert irgend so eine Bürgerinitiative gegen uns Bullen«, gab der andere übellaunig zurück.

»Na schön, dann müssen Sie es vielleicht offiziell machen, wenn Sie glauben, daß an meinem Verdacht etwas dran sein könnte. Ich fühle mich zwar nicht wohl dabei, aber wenn ich an Frau Bernhard denke... da gibt es wohl keine Bürgerinitiativen, oder? Für die Opfer, meine ich.«

»Bingo. So ist es. Also, wer ist der Mann?«

Dr. Frank schilderte nun, was er sich zusammengereimt hatte. Der Kommissar vergaß seine schlechte Laune. Er hätte diesen scheußlichen Fall auch gern vom Tisch, obwohl es immer schwieriger wurde, je mehr Zeit verstrich.

»Ich danke Ihnen, Herr Doktor. Das klingt doch schon mal ganz gut. Obwohl ich mir gar nicht vorstellen kann, daß dieser sympathische Zeitgenosse noch nie erkennungsdienstlich behandelt wurde. Na ja, wir können ja nicht alle schnappen, dann hätten die Kollegen Richter ja vielleicht mal Überstunden zu machen wie unsereins.«

»Also, alle sind aber nicht so. Ich habe einen guten Bekannten, einen Richter, der seinen Beruf sehr ernst nimmt.«

»Sonst wäre er wohl auch nicht Ihr Freund«, schloß der Kommissar logisch und legte auf.

Dr. Frank fühlte sich etwas erleichtert. Mal sehen, ob sein Verdacht richtig war.

Bei der Erwähnung von Bürgerinitiativen war ihm auch wieder eingefallen, daß er schon lange eine Selbsthilfegruppe für Herrn Radler suchte. Er bat Martha Giesecke, sich darum zu kümmern. Sie machte sich mit Feuereifer an die Arbeit. Es gefiel ihr, wenn sie Sonderaufgaben von ihm bekam.

Schon am nächsten Tag waren beide Dinge mit zufriedenstellendem Ergebnis erledigt. Die Selbsthilfegruppe war gefunden und nahm noch Mitglieder auf, und gegen Mittag rief der Kommissar bei Dr. Frank an.

»Bingo, Herr Doktor. Unser Vogel ist im Netz und hat vor lauter Schreck auch fast sofort gesungen. Der Fall ist geklärt.«

»Sie haben ihm doch nicht gesagt, von wem Sie den Tip haben? Nicht, daß er morgen meine Praxis demoliert.«

Stefan Frank dachte in diesem Moment weniger an seine teuren Apparate, sondern mehr an die prachtvoll blühenden Rosen. Aber das mußte er ja nicht laut sagen.

»Natürlich nicht. Außerdem sitzt er jetzt erst mal in U-Haft. Der hat eine Menge Dreck am Stecken. Die Kollegen recherchieren schon.«

Dr. Frank legte auf. Er fühlte sich einigermaßen gut bei dem Gedanken daran, daß er vielleicht sogar anderen Menschen einen ähnlichen Unfall erspart hatte. Trotzdem war er froh, Arzt zu sein und nicht beruflich mit Kriminellen und Gestrauchelten zu tun zu haben.

Es würde Frau Bernhard vielleicht nicht unbedingt weiterhelfen, doch sicher mußte seine Haftpflicht zahlen. Einen Führerschein besaß Holger Dreher ja, und ein eigenes Auto auch, wie Ilona Kleinschmidt ihm erzählt hatte.

Martha Giesecke schickte ihm den letzten Patienten herein. Danach konnte er sich auf eine gemütliche Mittagspause freuen, denn Hausbesuche standen bisher nicht an.

Vanessa konnte gar nicht glauben, was da mit ihr geschah. Thekla gab keinen Millimeter breit nach, wenn sie verlangte, daß ihre Freundin die vorgeschriebenen Übungen machte oder ihr interessante Bücher anschleppte, die von Menschen berichteten, die ebenfalls schwere Schicksalsschläge hinter sich hatten. Außerdem erzählte sie ihr ausführlich von dem Leben, das ihr Vater nach seiner Beinamputation geführt hatte.

»Und da bist du wahrhaftig noch gut dran, oder?« fügte sie dann jedesmal streng hinzu.

Mit dem Restaurant durfte sich Vanessa nicht befassen. Der

Geschäftsführer, den Thekla besorgt hatte, machte seine Sache nach ihrer Aussage hervorragend. Vanessa vertraute Thekla blind.

Jeden Tag konnte sie das rechte Bein besser bewegen. Das linke war noch immer steif, doch Thekla schwor ihr, daß sie es entgegen der Prognosen der Ärzte eines Tages auch wieder bewegen könne.

Vanessa erschrak noch immer, wenn sie die dünnen Stöcke betrachtete, die, von Narben übersät, einmal ihre hübschen Beine gewesen waren. Doch auch hier war Thekla optimistisch. Die Muskeln waren natürlich verkümmert durch das lange Liegen. Sie würden sich regenerieren, so daß die Beine mit der Zeit wieder ansehnlicher werden würden. Bei soviel geballtem Optimismus konnte Vanessa nicht anders, als nach und nach doch Zukunftspläne zu machen. Eine genaue Vorstellung hatte sie nicht, aber vielleicht war der Gedanke, Gerhard auszuzahlen und das Restaurant mit Hilfe eines neuen guten Kochs allein zu führen, gar nicht schlecht. Das würde natürlich noch eine Weile dauern, aber ausgeschlossen wäre es nicht.

Gerhard ließ sich kaum noch sehen. Als der Geschäftsführer erschienen war, hatte er wutschnaubend seine Frau aufgesucht, doch Thekla weigerte sich, das Krankenzimmer zu verlassen, und so hatte er es dann überwiegend mit ihr zu tun bekommen. Seitdem haderte er mit seinem Schicksal, durfte es sich aber nicht leisten, plötzlich die Speisen anbrennen zu lassen oder zu versalzen, denn der Geschäftsführer hatte auf alles ein Auge.

Vanessa hatte ihre Gefühle für Gerhard schon fast überwunden. Dafür dachte sie hin und wieder an seinen Freund Stefano. Doch sie kam überhaupt nicht auf die Idee, ihn einmal anzurufen oder ihm zu schreiben, denn in ihrem jetzigen Zustand würde er ihr bestimmt nicht mehr so tief in die Augen sehen wollen...

Thekla hätte ihr am liebsten auch noch einen Freund besorgt, doch von Stefano wußte sie nichts, und irgendwo zog auch sie die Grenze. Wenn Vanessa hier erst einmal heraus war, würde sie schon merken, daß ihre Schönheit keineswegs gelitten, sondern, im Gegenteil, eine neue Reife gewonnen hatte. Es gab bestimmt eine Menge Männer, die sich ein Bein ausreißen würden, um dieser zarten, so zerbrechlich wirkenden Frau alle Schwierigkeiten aus dem Weg zu räumen. Aber Vanessa sollte erst genug Selbstbewußtsein zurückgewinnen, um nicht auf den Erstbesten hereinzufallen.

Als der Tag der Entlassung näher rückte, wurde Vanessa immer ängstlicher. Thekla und ihr Freund Dr. Stolte hatten nichts anderes erwartet. Sie machten mit Vanessa jeden Tag Gehübungen auf dem Flur des Krankenhauses. Wenn sie rechts und links gestützt wurde, ging es sogar schon einigermaßen. Mit den Krücken kam sie nicht gut zurecht, weil sie sie ablehnte. Thekla schenkte ihr zur Entlassung einen wunderschönen Stock mit einem silbernen, ziselierten Knauf.

»Wenn du wieder sicherer auf den Beinen bist, wirst du mir dankbar sein, so einen schönen Stock zu haben«, erklärte sie lachend, als sie Vanessas wenig begeisterten Blick sah.

»Erst einmal muß ich im Rollstuhl sitzen.«

»Wie du sagst – erst einmal. Im Erdgeschoß kannst du dich gut allein bewegen. Ich habe schon alles vorbereitet.«

»Mein Gott, Thekla, wie soll ich das bloß je wieder gutmachen, was du alles für mich getan hast?« fragte Vanessa völlig überwältigt.

»Och, da mach dir keine Gedanken. Erstens sind wir Freunde, und zweitens hätte ich ohne dich nie meinen Doktor gefunden, oder?«

»Dann ist es also ernst?«

»Zum Heiraten bekommt mich kein Mann, aber ich könnte mir schon vorstellen, daß wir zusammen alt werden. Auf jeden Fall werde ich meine Zelte hier in München aufschlagen, wenn er nicht nach Düsseldorf kommt. Ich bin ja viel flexibler«, entschuldigte sich Thekla schnell.

Vanessa mußte lachen. Sie wußte gar nicht, wann sie sich zum letzten Mal so amüsiert hatte, und freute sich darüber zusätzlich. Thekla, der Inbegriff der Feministin, hatte endlich begriffen, daß das Leben zu zweit – mit dem richtigen Partner – viel mehr Spaß machte.

Die Villa hatte sich in ein Blumenmeer verwandelt. Überall standen Sträuße, in Vasen, Eimern und allem, was Thekla für diesen Zweck hatte nehmen können. Dr. Frank hatte einen großen Strauß zum Willkommen geschickt, viele Gäste des Restaurants und auch Nachbarn. Vanessa kam sich vor wie in einem Blumengeschäft.

Thekla dirigierte ihre Freundin in dem faltbaren Rollstuhl durch die Räume, die sie alle ein wenig umgestaltet hatte. In dem hübschen Wintergarten befand sich jetzt ein sehr bequem aussehendes Bett aus Rattan, passend zur Sitzgruppe.

»Hier wirst du schlafen, dachte ich. Da hast du den Himmel über dir und kannst in die Sterne gucken.«

»Das ist eine schöne Vorstellung, Thekla. Ich wäre nicht darauf gekommen, den Wintergarten dazu zu nehmen.«

»Wozu hast du mich? Möchtest du dich jetzt etwas hinlegen und ausruhen?«

»Ja, ich glaube schon. Es war doch alles ziemlich aufregend.«

»Warte, wenn erst die vielen Anrufe kommen. Alle haben gefragt, wann du nach Hause kommst.«

Vanessa sah etwas furchtsam aus, doch Thekla lächelte ihr aufmunternd zu.

»Ich werde nicht erlauben, daß du dich verkriechst, mein Schatz. Das Leben hat noch viele schöne Dinge zu bieten. Nimm sie an.«

Vanessa hangelte sich vom Rollstuhl ins Bett. Sie wußte, daß sie das alles allein bewältigen mußte, wenn sie auch immer noch

Schmerzen hatte und die Beine nicht so recht zu ihr zu gehören schienen. Thekla aber bestand darauf, und sie hatte recht damit.

Dann lag sie auf dem Bett und schaute durch das Glasdach in den blauen Sommerhimmel. Ihr Leben war noch nicht zu Ende. Thekla und viele andere hatten ihr bewiesen, daß es immer noch etwas gab, auf das man sich freuen konnte. Jetzt, zum Beispiel, die weißen Wolken zu beobachten, die über sie hinwegzogen... Wie unendlich der Himmel war! Und wie unwichtig das Schicksal des einzelnen angesichts dieser Dimension.

Gerhard war schon vor vier Wochen ausgezogen. Er wohnte jetzt bei seiner Freundin, von der Thekla behauptete, sie sehe aus wie eine Mischung aus Pekinese und Fotomodell. Die Scheidung hatte Vanessa inzwischen eingereicht. Vom Kopf her war alles in Ordnung. Aber als sie hier lag, in dem Wintergarten, den sie damals gemeinsam geplant hatten, fühlte sie sich doch ein wenig traurig. Nicht, daß sie Gerhard als Person vermißte, aber wer würde ihr je wieder ihr Bedürfnis nach Zärtlichkeit und Liebe erfüllen? Ach, Stefano...

Vanessa wurde wach, als Thekla sie sanft an der Schulter schüttelte.

»Schatz, da ist ein Besucher, der hartnäckig verlangt, dich zu sehen.«

»Wer ist es?«

»Ein wahnsinnig aufregender Mann. Er heißt Parsino.«

»O nein...«

Automatisch fuhr Vanessas Hand an ihr Haar, das viel zu lang war. Und wie sie aussah! Er durfte sie so nicht sehen...

»Deine Reaktionen sind ja schon wieder sehr weiblich. Ein gutes Zeichen. Kann ich ihn dann jetzt kommen lassen? Glaub' mir, du siehst wunderschön aus. Wie die Kameliendame, so hingegossen...«

»Thekla, ich kann ihn nicht sehen!«

»Doch, du kannst. Er ist genau die richtige Medizin. Warte, ich male dir noch schnell die Lippen etwas an.« Sie zog einen Lippenstift aus der Tasche, betupfte Vanessas Lippen und die Wangen, verrieb die Farbe und trat zufrieden zurück. »Perfekt. Nein, bleib ruhig liegen. Er weiß, daß du krank warst.«

»Woher…«

»Er sagt, er war im Restaurant und hat es von Gerhard erfahren. Dann ist er sofort hergekommen. Und glaub' mir, so entschlossen, wie der aussieht, läßt er sich nicht wegschikken.«

Vanessas Herz klopfte bis zum Hals. Sie wollte sich gar nicht erst Hoffnungen machen. Niemals würde sie sich auf etwas einlassen. Stefano brauchte, wenn überhaupt, eine gesunde Frau, die neben ihm repräsentieren konnte. Bestimmt keine, die sich vor kurzem noch mit Tabletten hatte umbringen wollen.

Stefano Parsino hatte keine Zeit gehabt, sich bei Gerhard und seiner Frau anzumelden, weil er diese Reise nicht geplant hatte. Doch als er nun schon einmal in München war, wollte er nicht wieder wegfahren, ohne Gerhard zu sehen. Nein, eigentlich wollte er Vanessa sehen, die er seit ihrem ersten Treffen nicht mehr hatte vergessen können.

Er fuhr ins Restaurant, weil er die beiden um diese Zeit wohl dort antreffen würde. Gerhard war auch dort, aber zu seiner Enttäuschung sah Stefano Vanessa nirgends.

»Hallo, Stefano«, begrüßte Gerhard ihn fast ein bißchen lustlos.

»Gerhard! Ich freue mich, dich zu sehen. Komme ich ungelegen? Ich bin nur heute in München, am Abend geht mein Flug zurück. Wie geht es euch?«

»Danke, es geht. Es hat sich eine Menge getan, seit wir uns das letzte Mal gesehen haben.«

»Und? Das klingt ja nicht gerade gut. Wo ist eigentlich Vanessa?«

»Wir... haben uns getrennt. Sie hatte einen schweren Autounfall und ist heute erst aus der Klinik entlassen worden.«

»Vanessa ist krank?«

Gerhard merkte sehr wohl, daß sein alter Freund ziemlich erschrocken war. Für Sekunden kam wieder die Wut hoch, die er auf Vanessa hatte. Sie war zwar krank, aber gleichzeitig knallhart geworden.

Seine Pläne waren sämtlichst ins Wasser gefallen. Und das hatte er in erster Linie dieser Thekla von Eich zu verdanken, die er inzwischen nicht nur fürchtete, sondern haßte. Der Geschäftsführer, der hier jetzt schaltete und waltete, behandelte ihn wie einen beliebigen Koch und schaute ihm gnadenlos auf die Finger. Wenn er aus der Ehe mit einem blauen Auge davonkam, hatte er noch Glück.

»Ja, sie sitzt im Rollstuhl«, sagte er deshalb schonungslos.

»Madonna«, stöhnte Stefano entsetzt.

»Sie wird wohl nie mehr laufen können. Oder höchstens an Krücken«, setzte Gerhard noch nach und machte ein bekümmertes Gesicht.

»Ist sie im Haus?«

»Ja, aber ich glaube nicht, daß sie Besuch wünscht.«

Stefano fixierte Gerhard, als sähe er ihn jetzt zum ersten Mal richtig. Dann drehte er sich um und ging, ohne sich zu verabschieden.

Er vergaß Blumen zu besorgen, weil er nur zu ihr wollte. Sie sehen, sich überzeugen, daß Gerhard, aus welchen Gründen auch immer, übertrieben hatte. Seit der ersten Begegnung war er immer wieder drauf und dran gewesen, sie anzurufen, doch eine gewisse Loyalität zu Gerhard hatte ihn daran gehindert. Zwar hatte dieser ihm damals schon erzählt, daß er eine Freundin habe, weil die Ehe nicht mehr so gut funktionierte, doch

Stefano hatte gehofft, daß Vanessa ihn richtig verstanden hatte, als er ihr damals anbot, immer für sie dazusein. Entweder hatte sie es nicht so aufgefaßt oder kein Interesse daran gehabt. Vielleicht hatten sich Gerhard und Vanessa auch wieder versöhnt. Er hatte sich nicht einmischen wollen. Jetzt sah es ganz anders aus.

Eine beeindruckende Frau öffnete ihm die Tür. Er stellte sich vor und fragte, ob er Vanessa sehen dürfe. Sie schaute ihn von oben bis unten an, lächelte dann strahlend und sagte, daß er genau der Richtige sei, um empfangen zu werden. Stefano hatte gelacht. Wenn diese Frau so viel Humor hatte, konnte es um Vanessa nicht schlechtstehen.

Schließlich kam die andere zurück. »Regen Sie sie nicht unnötig auf. Sie ist noch ein wenig schwach«, bat sie.

»Ich schwöre es bei allen Heiligen.«

»Okay, ich hoffe, Sie nehmen Ihre Heiligen ernst. Also, dann kommen Sie.«

Vanessa sah ihm entgegen. Sie war nicht mehr die Frau, die ihn mit ihrem Lachen und ihrem Charme so bezaubert hatte. An ihre Stelle war eine Vanessa getreten, die großes Leid erfahren hatte, blaß und zerbrechlich wirkte, aber entschlossen war, kein Mitleid zu dulden. Verletzlich wie eine Schnecke ohne schützendes Haus.

»Vanessa...«

»Guten Tag, Stefano«, antwortete sie mit spröder Stimme.

Er ergriff ihre Hände und zog sie abwechselnd an die Lippen, wobei seine Augen sie nicht losließen.

Vanessa wäre am liebsten in ein Mauseloch gekrochen. Warum hatte sie nicht abgelehnt, ihn zu sehen? Ihr Herz schlug schmerzhaft und laut gegen die Rippen. Eigentlich müßte er es hören können. Er hatte es zwar noch nicht ausgesprochen, aber vermutlich zerfloß er vor Mitleid.

Stefano dachte nichts dergleichen. Er wußte, daß er diese

Frau, die vor Angst und Unbehagen ganz verkrampft war, vor allem beschützen wollte. Daß er sich in seinen Gefühlen für sie nicht getäuscht hatte. Und daß er sehr, sehr vorsichtig vorgehen mußte, um ihr Mißtrauen zu zerstreuen. Vermutlich würde er die Hilfe ihrer Freundin brauchen, um es überhaupt zu schaffen.

»Es tut mir sehr leid, daß Sie einen so schlimmen Unfall hatten, Vanessa. Ich habe es gerade erst von Gerhard erfahren und mußte sofort herkommen, um zu sehen, ob ich Ihnen irgendwie helfen kann.«

Vanessa war erstaunt. Sie hatte erwartet, daß er sie mit seinem Mitleid überschütten würde, gemäß seines Temperamentes hätte sie das vermutlich nicht überstanden. Statt dessen saß er entspannt auf dem Bettrand und sah sie lächelnd an.

»Ich… habe alles, was ich brauche.«

Noch konnte sie ihm nicht entgegenkommen. Gleich würde er sicher…

»Ja, ich sehe. Und vor allem scheinen Sie eine fabelhafte Freundin zu haben, wo Gerhard so jämmerlich versagt hat.«

Sie wollte nicht über Gerhard mit ihm sprechen.

»Thekla hat mir das Leben gerettet«, hörte sie sich zu ihrem Entsetzen antworten.

»Und ich möchte Ihnen gemeinsam einen Urlaub in unserem schönen Hotel anbieten. Es ist gerade jetzt wunderbar in der Toskana, aber das wissen Sie ja. Unser Hotel ist behindertengerecht ausgebaut, darauf haben meine Eltern damals Wert gelegt, als sie es umbauten. Der Bruder meiner Mutter hatte im Krieg beide Beine verloren.«

Anscheinend hatte jeder jemanden in der Familie, dem dieses Schicksal widerfahren war. Sollte sie deshalb vielleicht noch dankbar sein, dachte Vanessa plötzlich wütend.

»Ich glaube nicht, daß ich jetzt Urlaub machen möchte«, antwortete sie zurückhaltend.

Warum war sie nur plötzlich so enttäuscht? Was hatte sie denn erwartet? Daß er schwören würde, sie ewig zu lieben, trotz der narbenübersäten Beine? Sie hatte doch kein Mitleid gewollt...

»Bleiben Sie zum Essen, Stefano?« ließ sich Thekla von der Tür her vernehmen.

Stefano sah Vanessa kurz an und schüttelte dann den Kopf.

»Tut mir leid, aber das wird leider nicht möglich sein. Ich habe noch einen Termin und fliege um sechs nach Florenz zurück. Aber ich habe Vanessa gerade vorgeschlagen, daß Sie beide meine Gäste im Hotel sind. Mögen Sie die Toskana?«

»Ob ich die Toskana mag? Das fragen Sie doch wohl nicht im Ernst«, antwortete Thekla lachend.

»Dann darf ich also hoffen, daß Sie Vanessa überzeugen können? Es würde mich sehr freuen.«

»Ich werde mein Bestes tun. Das ließe ich mir nur ungern entgehen. Außerdem habe ich jetzt lange genug Krankenhausluft geschnuppert, da wären toskanische Nächte genau das richtige Gegengift.«

Vanessa fühlte sich völlig ausgeschlossen. Und als Stefano sich nach einer Viertelstunde, die Thekla mit ihnen verbracht und die ganze Zeit mit ihm geschäkert hatte, wieder verabschiedete, fühlte sie sich plötzlich regelrecht betrogen.

Thekla und Stefano standen an der Tür. Er hielt ihre Hand in der seinen und sah sie ernst an.

»Thekla, ich liebe Vanessa. Ich habe sie bisher nur zweimal gesehen, aber ich bin ganz sicher. Bitte, helfen Sie uns.«

»Das tue ich, darauf können Sie sich verlassen. Ich habe gemerkt, wie Vanessa reagiert hat, als ich ihr sagte, daß Sie gekommen sind. Sie sind ihr alles andere als gleichgültig. Sie haben sich sehr geschickt verhalten. Ich wußte gar nicht, daß Männer so ein Feeling haben.«

»Ich bin Italiener, Signora! Wer sollte es sonst haben, wenn nicht wir?«

Sie lachten sich an wie zwei Verschwörer, dann ging Stefano. Thekla sah ihm noch einen Moment nach, bevor sie zu Vanessa zurückging, die gerade mühsam versuchte, sich in den Rollstuhl zu setzen.

»Das ist ja wirklich ein netter Mann, dein Stefano«, sagte Thekla und schaute Vanessa ruhig zu.

»Er ist nicht mein Stefano! Und schlag dir aus dem Kopf, daß ich in die Toskana fahre!«

Thekla grinste, antwortete aber nichts. Sie war sicher, daß sie fahren würden. Wenn nicht diese, dann nächste Woche. Und sie hatte auch schon eine Idee, wen sie sich als Verbündeten holen würde…

Stefan Frank hörte sich an, was Thekla von Eich ihm auseinandersetzte. Er schmunzelte, als sie begeistert die Vorzüge des Mannes schilderte, mit dem sie ihre Freundin verkuppeln wollte.

»Wenn ich Sie recht verstehe, dann kennen sich die beiden kaum, oder?«

»Ach, nun sehen Sie das doch nicht so eng! Haben Sie sich noch nie auf den ersten Blick verliebt?« wischte Thekla diesen Einwand vom Tisch.

O doch, dachte er vergnügt, und wenn ich nicht meine fabelhafte Solveig hätte, wärest du Opfer. Laut sagte er das natürlich nicht.

»Ich vertraue Ihrem Instinkt, Thekla. Was soll ich also tun?«

»Na, ich dachte, das wäre klar! Sie müssen ihr deutlich machen, daß eine Luftveränderung das einzige Mittel ist, das ihr helfen kann, wieder kräftiger zu werden. Und ich würde erst einmal mitfahren. Wenn Stefano sein Handwerk versteht, dann wird sie sicher länger bleiben.«

»An mir soll es nicht liegen. Zumal ich der Meinung bin, daß es ihr wirklich guttun wird nach dem langen Krankenhausaufenthalt. Liebe hin oder her.«

»Wunderbar. Ich komme heute nachmittag mit ihr zu Ihnen. Jetzt bin ich offiziell einkaufen. Ich mache zwar nicht gern etwas hinter ihrem Rücken, aber in diesem Fall, wo sie sich selbst im Wege steht, halte ich es für notwendig.«

Sie verabschiedeten sich voneinander. Dr. Frank wußte, daß Vanessa Bernhard vielleicht schon gar nicht mehr am Leben wäre, wenn es Thekla von Eich nicht gegeben hätte. Er fühlte sich ihr in gewisser Weise verpflichtet, denn bei aller Beredsamkeit wäre es ihm niemals so schnell gelungen, seine Patientin wieder zu einem lebenswerten Leben zurückzuführen.

Es war schon eigenartig, philosophierte er einen Moment vor sich hin. Oft sah es völlig aussichtslos aus, ob bei Ilona Kleinschmidt oder Vanessa Bernhard zum Beispiel, und dann fand sich doch ein Weg aus dem tiefen Tal heraus. Und manchmal wurde das Leben dann sogar noch besser als vorher.

Davon konnte er sich auch bei Herrn Radler überzeugen, der inzwischen voller Eifer seine Selbsthilfegruppe besuchte. Die Leidensgenossen hatten ihn freundlich aufgenommen und sich seine Beschwerden sehr geduldig angehört. Nach und nach waren die Anfälle immer seltener aufgetreten, weil er jetzt bemüht war, anderen zu helfen, denen es noch viel schlechter ging als ihm. Da war zum Beispiel eine Dame, zwei Jahre älter als er und ebenfalls Witwe, die es ihm offenbar sehr angetan hatte. Jedenfalls sprach er mehr von ihr als von sich, wenn er einmal im Monat zu Dr. Frank kam. Der Arzt war sehr gespannt, wie es weitergehen würde mit den beiden…

Ilona Kleinschmidt ging es weiterhin gut. Ihr Baby war sehr munter, bisher verlief die Schwangerschaft völlig normal. Er hatte auch keine Bedenken, daß es sich ändern könnte, denn Frau Kleinschmidt war ausgeglichen und sehr zufrieden. Sie verbrachte jetzt jedes Wochenende bei ihrer Cousine, die Ilona bereits eine kleine Wohnung in ihrer Nähe suchte. Sobald das Baby geboren war, wollte Ilona Kleinschmidt umziehen.

Die Verhaftung von Holger Dreher, der auf seinen Prozeß wartete, hatte sie ruhig zur Kenntnis genommen. Sie sprach inzwischen nicht mehr über ihn.

Als nun am Nachmittag Vanessa Bernhard vor ihm saß, war Dr. Frank sehr motiviert, auch ihr noch zu dem Quentchen Glück zu verhelfen, das jeder Mensch doch irgendwie brauchte.

»Ich bin mit Ihren Fortschritten sehr zufrieden, Vanessa. Ich glaube, Ihre Freundin hat Ihnen nicht zuviel versprochen. Sie werden sicher wieder laufen können. Mit einem Stock.«

»Ich trainiere jeden Tag. Thekla gibt sowieso keine Ruhe. Aber ich werde das auch weitermachen, wenn sie wieder weg ist.«

»Jetzt möchte ich aber eine Kur für Sie beantragen. Sie brauchen dringend mal eine andere Umgebung. So etwas wirkt Wunder, wie ich von anderen Patienten weiß.«

Vanessa sah ihn mißtrauisch an. Dr. Frank machte sein Pokerface.

»Hat Thekla mit Ihnen gesprochen?«

»Wann meinen Sie? Wir haben ja des öfteren zusammen gesprochen«, antwortete er harmlos.

»Schon gut. Muß eine Kur wirklich sein?«

»Ich verstehe, daß Sie so einen Kurbetrieb nicht besonders schätzen. Er erinnert ja auch wieder ein wenig an Krankenhaus. Aber Sie brauchen Ihre Gymnastik und eine Umgebung, die dem Rollstuhl angemessen ist.«

»Könnte ich sonst auch so verreisen, wenn ich ein Quartier finde?«

»Aber natürlich. Nur möglichst nicht allein.«

»Wenn Thekla mitkommt…«

»Das wäre besser als jede Kur. Da ist der Spaß sicher garantiert.«

»Ich denke darüber nach.«

»Aber nicht zu lange. Es sollte schon bald sein. Wenn Sie erst wieder kräftig sind, wird es auch mit dem Gehen schneller klappen. Und Sie könnten wieder arbeiten.«

Sie beugte sich vor und reichte ihm die Hand. Dann setzte sie den Rollstuhl in Bewegung und kam auch schon recht geschickt durch die Tür.

Kaum hatte sie mit Thekla von Eich die Praxis verlassen, kam Martha zu ihm herein.

»Ick kann det jar nich' mitansehen! Wie sie so klein und schmal in dem Ding sitzt…«

»Vielleicht braucht sie den ja bald nicht mehr. Drücken Sie die Daumen, daß sie mich bald anruft und ein Rezept für den Urlaub bestellt.«

»Urlaub?«

»Ja, richtig. Ich habe ihr einen Urlaub empfohlen. Und wer weiß, ob sie dann nicht bald gute Nachrichten für uns hat.«

»Wat brüten Sie da aus, Chef?«

»Ich? Ich doch nicht, Martha! Das ist doch eigentlich Ihr Ressort«, antwortete er lachend.

»Eben«, brummte sie und warf ihm einen strengen Blick zu.

Er dachte nicht daran, mehr zu verraten. Wenn man zuviel über eine Sache redete, ging sie vielleicht doch noch schief.

Zwei Wochen brauchte Vanessa noch, um sich zu entscheiden. Ihre Freundin hatte sie in dieser Zeit nach Düsseldorf zurückgeschickt, wo Thekla sich um ihr Geschäft kümmern mußte. Ihr Geschäftsführer war zwar immens tüchtig, aber hin und wieder wollte sie schon einmal sehen, ob noch alles lief.

Vanessa brauchte das Alleinsein. Es stellte für sie eine Art Herausforderung dar. Inzwischen waren die Schmerzen nicht mehr schlimm, so daß sie immer öfter mit den Krücken herumlief und den Rollstuhl in der Ecke stehen ließ.

Als sie das erste Mal den ganzen Tag alles geschafft hatte, ohne fremde Hilfe zu benötigen und ohne herumzurollen, war sie sehr stolz. Und dann faßte sie den Entschluß, Stefanos Einladung anzunehmen…

Sie hatte seit seinem Besuch vor kurzem stündlich an ihn gedacht. Offenbar hatte sie sich in seinen Gefühlen für sie getäuscht. Er war lediglich ein Freund, und Freunde konnte man besuchen, auch wenn man krank war. Und ihre dumme Verliebtheit überwand sie sicher am schnellsten, wenn sie ihn in seiner häuslichen Umgebung erlebte, mit Mama und Papa und wer noch alles dazugehörte. Wahrscheinlich gab es auch irgendwo eine Frau, die ihm viel bedeutete. Sie würden sich nett unterhalten, vielleicht sogar ein bißchen flirten, und dann später vielleicht von Zeit zu Zeit miteinander telefonieren. Man konnte schließlich nicht genug Freunde haben, also war gar nichts dabei, in die Toskana zu fahren.

Nachdem sie sich erfolgreich eingeredet hatte, daß sie ihm gelassen gegenübertreten könnte, rief sie Thekla an und teilte ihr ihren Entschluß mit.

»Ich komme morgen mit zwei Schrankkoffern voller Kleider zurück. Und dann geht es los«, erwiderte diese begeistert.

»Um Himmels willen! Mach nur keinen Staatsbesuch daraus! Das Hotel ist wahrscheinlich gar nichts Besonderes. Wie ich Gerhard kenne, hat er wahrscheinlich ziemlich übertrieben.«

»Man weiß nie. Bereit sein ist alles. Ich freue mich jedenfalls. Hast du Stefano schon Bescheid gegeben?«

»Nein, ich wollte erst mit dir sprechen.«

»Dann ruf gleich an, damit er auch zwei Zimmer frei hat. Hoffentlich kann mein Doc mal über ein Wochenende herüberfliegen.«

Wie immer riß Thekla Vanessa mit. Sie rief also brav bei Stefano an und fragte ihn, wann sie kommen könnten.

Er antwortete, daß er jederzeit mit ihrem Eintreffen einverstanden sei. Vanessa machte ihre Ankunft für das Wochenende aus. Dann legte sie den Hörer auf und wischte sich den Schweiß von der Stirn. Komisch, so warm war es heute gar nicht…

Thekla war aufgeregt wie ein Teenager beim ersten Rendezvous und machte ihre Freundin damit ganz verrückt. Schließlich war aber doch alles vorbereitet, die Koffer gepackt, und sie konnten starten. Vanessa würde auch wieder Auto fahren können, doch das traute sie sich im Moment noch nicht zu. Thekla hatte jedoch darauf bestanden, nicht zu fliegen, damit sie in der herrlichen Landschaft beweglicher wären, und saß nun am Steuer ihres großen Kombi, in dem auch der Rollstuhl Platz gefunden hatte.

Die Fahrt verlief völlig problemlos. Vanessa vergaß sogar ihre Angst vor dem Auto. Sie sah keine Schatten auf sich zusausen, wie sie befürchtet hatte, sondern konnte die Fahrt genießen. Thekla war eine gute Fahrerin, wenn sie auch gern viel Gas gab.

Am Gardasee legten sie einen Zwischenstopp ein. Vanessa fieberte ihrem Ziel entgegen, doch sie war recht erschöpft und wollte Stefano einen frischen Anblick bieten. Sie war mit der Übernachtung einverstanden.

Am nächsten Nachmittag verließen sie bei Florenz die Autobahn und folgten der Beschreibung, die Stefano Vanessa gegeben hatte. Das Hotel lag zwischen Florenz und Siena inmitten der herrlichen toskanischen Landschaft. Als sie es erreicht hatten, waren beide für einen Moment sprachlos.

»Das ist ja ein richtiger Landsitz«, staunte Thekla.

»So riesig habe ich es mir auch nicht vorgestellt. Er hatte doch gesagt, seine Eltern hätten es gebaut.«

»Das ist nicht neu, das ist ein ganz alter Besitz. Wahrscheinlich hat er gesagt ›umgebaut‹.«

Sie wurden von einem Bediensteten empfangen, der sie mit

großem Respekt behandelte. Dann erschien Stefano in der marmorgefliesten Halle.

»Ich heiße Sie herzlich willkommen, Vanessa... Thekla! Ich freue mich sehr, daß Sie uns die Ehre erweisen, unsere Gäste zu sein.«

Er küßte beiden die Hand und schenkte Vanessa nicht mehr Aufmerksamkeit als auch Thekla. Die amüsierte sich über den leicht enttäuschten Blick ihrer Freundin, der ihr sicher gar nicht bewußt war.

»Ich möchte Sie gern selbst auf Ihre Zimmer führen, wenn Sie erlauben. Um fünf würde meine Mutter Sie gern zu einem Cappuccino begrüßen.«

»Ja, gern...«

Vanessa legte sich auf das breite Bett, das in ihrem großen, wunderbar eingerichteten Zimmer stand. Vom Fenster aus konnte sie den Park mit den Zitronenbäumen in den großen Terrakottakübeln bewundern.

Thekla packte die Koffer aus und schwärmte von dem schönen Besitz.

»Mein Gott, es muß der Himmel sein, hier zu leben! Findest du nicht auch?«

»Ja, es ist wirklich sehr schön«, antwortete Vanessa lahm.

»Was willst du anziehen, wenn wir seine Mutter kennenlernen? Das rote Seidenkleid oder lieber das schwarze Leinendings?«

»Ich bitte dich! Es ist doch nicht die Königin-Mutter!«

Thekla achtete gar nicht auf Vanessa. Sie wußte schon etwas mehr als ihre Freundin. Die würde sich wundern...

Vanessa bestand darauf, nur mit dem Stock zu gehen. Thekla hakte sie auf der anderen Seite unter. Stefano erwartete sie wieder in der Halle und zog anerkennend die Augenbrauen hoch, als er sie beide sah.

»Sie sehen wunderbar aus. Darf ich vorgehen?«

Seine Eltern wohnten direkt im Haupthaus und besaßen dort ein geräumiges Appartement, wie er ihnen erzählte.

Er klingelte. Eine grauhaarige, sehr elegante Dame öffnete und lächelte herzlich. Vanessa hatte sich eine echt italienische Mama vorgestellt und war einigermaßen irritiert.

»Darf ich vorstellen? Vanessa Bernhard, Thekla von Eich – meine Mutter, Contessa Alicia de Parsino.«

Sie reichte ihren Gästen die Hand, fand für jede von ihnen ein nettes, persönliches Wort und übersah diskret, wie verblüfft Vanessa war.

Stefano mußte demzufolge ein Conte sein! Vanessa war wütend, daß er ihr das nie erzählt hatte. War sie ihm denn so gleichgültig?

Nach einer halben Stunde, in der die Contessa Vanessas Italienischkenntnisse rühmte, sich von München erzählen ließ und von ihrem Sohn sprach, den sie sehr liebte, war die Audienz beendet. Vanessa war froh, wieder in ihr Zimmer zurückzukommen.

»Na, was sagst du? Ist sie nicht wunderbar? Ich bin gespannt auf seinen Vater. Ich habe eine Schwäche für vornehme alte Herren.«

»Thekla, kannst du mich für eine Stunde allein lassen? Ich möchte etwas schlafen.«

»Aber natürlich, mein Schatz. Du mußt ja völlig erschlagen sein. Ich hole dich dann zum Abendessen ab. Um acht?«

»Gut.«

Vanessa streckte sich auf dem Bett aus. Sie konnte die Tränen nicht länger zurückhalten. Ihre ganzen schönen Pläne, mit Stefano befreundet zu sein und von Zeit zu Zeit miteinander zu telefonieren, waren Seifenblasen! Sie fühlte sich so zu ihm hingezogen, daß sie am liebsten sofort wieder abgereist wäre. Wie sollte sie es aushalten, vierzehn Tage oder länger Tag für Tag neben ihm zu leben und seine Freundlichkeit aushalten zu müssen, die bar jeder romantischen Anwandlung war?

Thekla kannte Vanessa so gut wie sich selbst. Deshalb hatte sie auch nichts Eiligeres zu tun, als Stefano aufzusuchen, nachdem sie Vanessa allein gelassen hatte.

»Wie geht es ihr?« fragte er sofort besorgt.

»Es geht. Ich glaube, sie ist enttäuscht, weil Sie so zurückhaltend sind.«

»Sie meinen, ich darf schon ein wenig mehr von meinen Gefühlen zeigen?« fragte er unsicher.

»Ein bißchen schon. Sonst reist sie noch wieder ab!«

»O nein, das darf sie nicht. Meine Mutter hat sofort verstanden, warum ich Vanessa liebe. Sie hat Stil und ist... einfach wunderbar.«

»Ich werde mich von Zeit zu Zeit überzeugen, ob Sie sie auch gut behandeln! Sonst...«

Er hob lachend die Hände. »Ich fürchte mich zu Tode, Thekla. Nein, aber ich werde sie auf Händen tragen, das verspreche ich.«

»Lieber nicht. Sie soll jeden Tag laufen, je mehr, desto besser«, gab Thekla trocken zurück.

Beim Abendessen in dem Speisesaal, der ebenfalls wunderbar proportioniert und eingerichtet war, ließ sich Stefano gar nicht blicken. Vanessas Blicke gingen immer wieder suchend zur Tür.

Doch danach, Thekla und Vanessa saßen auf der weinumrankten Terrasse und atmeten den Duft von Geranien, Bougainvillea und Zitronenbäumchen ein, kam er dann mit einer Flasche Champagner und setzte sich zu ihnen. Nachdem Thekla mit ihm angestoßen hatte, fiel ihr ein, daß sie dringend ihren Doktor anrufen mußte.

Vanessa fühlte sich extrem unbehaglich mit Stefano allein.

»Ich bin so glücklich, daß Sie hier sind. Am liebsten würde ich Sie gar nicht mehr abreisen lassen.«

Sie glaubte, sich verhört zu haben. Seine Stimme war wie Samt und gar nicht mehr unverbindlich.

»Aber ich…«

»Ja? Was dachten Sie, Vanessa? Wissen Sie nicht, warum ich mir unbedingt wünschte, daß Sie das alles sehen?«

»Nein«, antwortete sie so leise, daß er es kaum verstehen konnte.

»Ich wollte Ihnen alles zeigen und hoffte, daß Sie es ebenso lieben könnten wie ich. Ich möchte, daß Sie hierbleiben, hier bei mir…«

»Aber meine Beine…«

»Sie werden wieder gesund, Vanessa. Ich verspreche es Ihnen. Liebe versetzt Berge!«

Liebe? Hatte er Liebe gesagt? Sie sah ihm in die Augen und fand die Bestätigung seiner Worte. Bevor sie noch einen klaren Gedanken fassen konnte, nahm er sie in die Arme und küßte sie.

Thekla, die gerade die Terrasse betreten wollte, weil sie nicht nach Deutschland durchkam, blieb an der Tür stehen und schaute sich das Paar an.

Donnerwetter! Wenn Stefano das unter einem Flirt verstand und dabei so ein Tempo vorlegte, wie war er dann wohl als Liebhaber?

Sie verbot sich diesen Gedanken sofort. Ihr Doktor war auch nicht ohne.

Acht Wochen später verlangte Vanessa einen Termin bei ihrem Arzt. Martha Giesecke, die die Patientin schon schmerzlich vermißt hatte, teilte es Dr. Frank triumphierend mit.

»Seh'n Se, ich wußte doch, det se wiederkommt.«

»Daran habe ich nicht gezweifelt, Icke. Ich bin nur sehr zufrieden, daß sie so lange weg war.«

»Komisch, det vastehe ick nich'.«

»Das werden Sie schon, wenn Sie sie sehen.«

Er hüllte sich in ein geheimnisvolles Lächeln, das Schwester Martha schrecklich ärgerte. Sie schloß die Tür ein bißchen lauter als üblich hinter sich.

Stefan Frank hatte seine Informationen direkt von Thekla von Eich, die ihren Wohnsitz inzwischen nach München verlegt hatte und mit ihrem Doktor zusammenlebte. Sie suchte noch ein repräsentables Haus, ahnte aber schon, daß sie es bald gefunden haben würde.

Jetzt wartete er gespannt auf Vanessas Auftauchen. Hatte Thekla zuviel versprochen? Sie war sehr begeisterungsfähig, vielleicht hatte das ihren Blick getrübt.

Doch als sie dann tatsächlich eintraf, konnte er verstehen, warum Martha so verzückt aussah, als sie Vanessa und Stefano Parsino hereinbegleitete.

Die größte Überraschung für Dr. Frank war, daß Vanessa Bernhard lediglich den eleganten Stock bei sich hatte, den ihre Freundin ihr damals geschenkt hatte.

»Guten Tag, Herr Dr. Frank! Darf ich Ihnen Stefano Parsino vorstellen?«

»Ich freue mich, erst einmal Sie zu begrüßen, Vanessa! Mein Gott, sehen Sie fabelhaft aus!«

Sie lachte. Auch ihr Begleiter stimmte ein. Die Männer schüttelten sich die Hände.

Nachdem sich Vanessa und Stefano gesetzt hatten, untersuchte Dr. Frank kurz die Beine. Sie waren gebräunt, die Narben nur als feine weiße Streifen zu sehen. Die Muskeln waren gut ausgebildet, und die Beine hatten bereits fast wieder ihre alte Form. Mehr war sicher nicht zu erreichen.

»Gratuliere, Vanessa. Es sieht alles sehr, sehr gut aus.«

»Ich hatte auch die beste Pflege. Den ganzen Tag wunderbare Spaziergänge im Park, bestes Essen und nur nette Gesellschaft.«

»Nur nett?« fragte Stefano lächelnd und sah Vanessa verliebt an.

»Nicht nur nett, stimmt. Es ist wirklich unglaublich, wie sich mein Leben verändert hat. Ihre Idee, mich auf Reisen zu schicken, war wunderbar, Herr Dr. Frank. Das wollte ich Ihnen persönlich sagen, und gleichzeitig möchte ich mich verabschieden.«

»Verabschieden? Sie wollen nicht mehr zu mir kommen?« fragte Stefan Frank, der genau wußte, was jetzt kam.

»Es ist ein bißchen weit von Florenz aus. Oder machen Sie auch dort Hausbesuche? Ich würde es Ihnen glatt zutrauen, so, wie Sie sich für Ihre Patienten einsetzen.«

»Ich glaube, das wäre selbst mir etwas zu weit! Aber ich freue mich sehr, da ich daraus entnehme, daß Sie bei Herrn Parsino bleiben werden.«

»Ja, wir wollen heiraten, sobald ich geschieden bin. Ich arbeite jetzt schon ein wenig mit im Hotel. Seine Eltern wollen sich ganz zurückziehen. Die Villa hier in München kaufen Thekla und ihr Doktor, und das Restaurant übernimmt... Gerhard mit seiner Freundin.«

»Das klingt ja alles sehr gut. Ich freue mich wirklich sehr für Sie beide.«

»Sagen Sie, Herr Doktor Frank, wollen Sie mir wirklich weismachen, daß Thekla Ihnen das noch nicht erzählt hat?« fragte sie lachend.

Er hob beschwörend die Hände. »Kein Wort kommt über meine Lippen. Das fällt alles unter meine Schweigepflicht!«

Wieder lachten sie. Dr. Frank konnte sich gar nicht sattsehen an dem schönen, glücklichen Gesichtsausdruck seiner Patientin.

Sie luden ihn für den Abend aus Dankbarkeit für eine unermüdliche Zuwendung während ihrer schlimmsten Zeit zum Essen ein. Dr. Frank bat darum, das Essen im Waldhotel abzuhalten. Solveig sollte sie sehen, seine Patientin, die sich schon zum Sterben entschlossen hatte und jetzt die reine Lebensfreude ausstrahlte.

Martha kam sofort zu ihm herein, nachdem Vanessa und ihr Freund wieder gegangen waren.

»Det war es also, Chef? Und Sie haben det jewußt!«

»Nein, gewußt nicht, nur gehofft, Icke. Und das ist natürlich ein Unterschied, oder? Ich kann doch keine Gerüchte in die Welt setzen!«

»Daran werde ick Sie erinnern, Chef. Wenn ick mal wat weeß... meine Lippen werden versiegelt sein!«

»Ach, Martha, freuen wir uns doch, daß es so ist. Und ohne Ihre Ahnungen würde ich gar nicht klarkommen. Nun seien Sie friedlich. Wir gehen nach der Geburt von Ilona Kleinschmidts Baby auch mal wieder alle zusammen zum Essen, einverstanden?«

»Det dauert ja noch«, antwortete sie, mußte aber schon wieder schmunzeln.

Dr. Frank lehnte sich erleichtert zurück. Wieder einmal war ein komplizierter Fall abgeschlossen. Doch eines war sicher, die Arbeit würde ihm nicht ausgehen...

Dr. STEFAN FRANK

Das Gewissen einer Mutter

Starre Verwunderung trat auf das Gesicht der Frau, die bereits in Dr. Franks Wartezimmer saß, als Ute mit ihrem Sohn hereinkam und freundlich grüßte. Die wartende Patientin bekam jedoch keinen Ton heraus. Sie konnte den Blick nicht von Ralf wenden, der ebenfalls mit krächzender Stimme »Grüß Gott« sagte.

Mutter und Sohn nahmen Platz. Der Junge nahm seine Mütze vom fast haarlosen Kopf. Er war klein. Viel zu klein für seine dreizehn Jahre. Sein raubvogelartiges Gesicht mit der schnabelförmigen Nase und der großen Brille mit den dicken Gläsern sank auf die Brust. Er hustete. Danach fiel ihm das Luftholen schwer.

Ute strich ihm mit einem Taschentuch über die welke, runzelige Haut und flüsterte ihm etwas ins Ohr. Das Kind mit dem uralten Gesicht nickte und nahm von seiner Mutter ein Comicheft entgegen.

Die Frau starrte ihn immer noch an. Sie schien sich ihrer aufdringlichen Blicke nicht bewußt zu sein. Ute war froh, als die andere Patientin von Schwester Martha in den Bestrahlungsraum gebeten wurde.

Eine Minute später kam Stefan Frank, der beliebte Grünwalder Arzt, herein, um seinen kleinen Besucher und dessen Mutter ins Ordinationszimmer zu bitten. »Grüß Gott, Ralf«, sagte Stefan mit einem herzlichen Lächeln. »Wie geht es dir?«

»Alles okay, Doktor«, ächzte der Junge, der schon keine Zähne mehr im Mund hatte. Die Mundpartie war eingefallen.

»Stimmt gar nicht«, mischte sich Ute ein und strich dem Kind liebevoll über den blanken Schädel. »Er hat einen schlimmen Husten, der einfach nicht wieder verschwinden will. Ich hab's schon mit allen möglichen Mitteln versucht. Jetzt sind Sie dran, Doktor.«

»Was haben Sie ihm denn schon gegeben?« erkundigte sich Stefan.

Ute nannte die Medikamente, die ihr Mann aus der Apotheke mitgebracht hatte. »Bevor wir ihn wieder ins Heim bringen, möchte ich, daß er ganz gesund ist.«

Stefan bat den Jungen, das Polohemd auszuziehen. Er untersuchte ihn gründlich. Dann schaute er in den Hals. »Es dürfte sich um eine handfeste Bronchitis handeln, Frau Heidbrink. Ich schreibe Ihnen ein Antibiotikum auf, das für Kinder gut verträglich ist. Am besten stecken sie ihn für ein paar Tage ins Bett.«

»Das habe ich ja versucht. Er hält es dort nicht lange aus.«

»Kann ich zu Schwester Martha?« fragte das Kind. Die kleinen eingefallenen Augen hinter den Brillengläsern waren kaum zu sehen.

»Aber ja, geh nur!« forderte Dr. Frank ihn auf. Dann wandte er sich an Ute. »Und wie geht es Ihnen?«

»Das ist im Augenblick nicht so wichtig, Doktor. Erst einmal muß Ralf wieder gesund werden.«

Stefan betrachtete seine langjährige Patientin. Die Frau litt seit vielen Jahren an allen möglichen Krankheiten und fiel immer wieder in depressive Zustände. Dabei hätte sie die Möglichkeit gehabt, etwas aus ihrem Leben zu machen, wie Dr. Franks Helferin Martha Giesecke gelegentlich zu bemerken pflegte, denn das finanzielle Polster war bei den Heidbrinks beachtlich.

Aber auch hier erwies sich wieder einmal, daß man Glück und Wohlbefinden nicht kaufen konnte, nicht für alle Schätze dieser Welt.

Stefan wußte von Ute selbst, daß ihre Ehe von Anfang an unter keinem guten Stern gestanden hatte. Und als dann auch noch das kranke Kind geboren worden war, das an frühzeitiger Vergreisung litt, hatten sich die beiden Ehepartner kaum noch etwas zu sagen gehabt. Ute zog sich mehr und mehr in ihr Schneckenhaus zurück. Bertram trachtete nur noch danach, soviel Geld wie möglich zu scheffeln.

Mittlerweile besaß er drei gut florierende Apotheken in München. Er hätte durchaus etwas kürzertreten können, doch er dachte nicht daran, sich auszuruhen. Sein Arbeitstag hatte sechzehn Stunden, mindestens! Die wenige Freizeit füllte er mit sportlichen Aktivitäten aus. Manchmal sahen sich die Heidbrinks in ihrer prächtigen Villa in Grünwald tagelang nicht. Wenn er das Haus verließ, schlief Ute noch, weil sie nach durchwachten Nächten erst gegen Morgen in einen unruhigen Schlaf fiel. Und abends kam sie nur noch selten aus ihrem Zimmer, um ihn zu begrüßen.

Natürlich war auch das seit seiner Geburt kranke Kind ein Grund für die Entfremdung des Paares. Ute hatte von Anfang an versucht, dem armen Würmchen alle Liebe zu geben, die sie besaß. Bertram hatte sich niemals diesem Kind zugewandt. Er war es auch, der die Heimeinweisung durchgesetzt hatte. »Wir können den Jungen nicht im Haus behalten. Ganz unmöglich, Ute«, hatte er kategorisch erklärt. »Eher lasse ich mich scheiden.«

Ralf war in einem teuren Heim untergebracht worden, wo er medizinisch betreut wurde und mit einigen anderen Kindern zusammen sein konnte, die an der gleichen Krankheit litten: Progerie. Diese Kinder erreichten selten das zwanzigste Lebensjahr. Und mit zehn sahen sie schon aus wie achtzig. Sie hatten runzelige Gesichter, welke Haut, keine Zähne mehr im Mund, und natürlich traten all die Alterskrankheiten bei ihnen schon in jungen Jahren auf. Der frühzeitig einsetzende Verfall machte sie zu Außenseitern. Andere Kinder wollten nichts mit ihnen zu tun haben.

»Sie sehen nicht mehr gesund aus«, stellte Stefan besorgt fest.

Doch Ute ließ sich heute nicht auf eine Untersuchung ein. Sie versprach lediglich, bald wiederzukommen.

Stefan brachte sie hinaus zum Empfang. Ralf saß auf Schwester Marthas Schoß. Dr. Franks Helferin kannte keine Berührungsängste. Sie hielt dem Jungen eine Zeitschrift vor die Nase, in der sie gemeinsam die Bilder betrachteten.

Als Ralf seine Mutter sah, rutschte er von Marthas Schoß herunter. Er setzte sich mit der müden Geste eines alten Mannes seine Mütze auf und schob seine verknöcherte kleine Hand in Utes Rechte. »Servus«, krächzte er und winkte.

Stefan und Martha schauten den beiden nach. Als die Praxistür zuschlug, seufzte Martha tief. »Für manche Leute ist das Leben wirklich eine harte Prüfung«, meinte sie teilnahmsvoll. »Wie lange geben Sie ihm noch?«

Der Arzt zog die Schultern hoch. »Schwer zu sagen«, sagte er. »Der Organismus ist schon ziemlich angegriffen. Im letzten Jahr war er fast nur krank. Ich fürchte, daß er nicht mehr länger als zwei Jahre leben wird.«

Barbara Waldner, die Tochter des Chefarztes der Waldner-Klinik, hakte sich bei ihrer Freundin Anne unter. »Kommst du heute abend mit? Wir wollen in die neue Diskothek, die auf der Leopoldstraße aufgemacht hat. Sascha, Uwe und Bonnie gehen auch mit.«

»Ich kann nicht«, antwortete Anne.

»Warum denn nicht?« Barbara blieb stehen und blickte die gleich große junge Frau streng an. »Wir haben eine gute Klausur geschrieben, die ganze Woche geschuftet. Und jetzt wird man sich doch wohl ein bißchen Abwechslung gönnen dürfen.«

»Ach, Babs!« seufzte Anne und schüttelte nachsichtig den Kopf. »Ich hab' dir doch schon so oft gesagt, daß ich für solche Unternehmungen kein Geld habe. Ich kann's mir einfach nicht leisten, an einem Abend fünfzig Mark für zwei Getränke auszugeben.«

»Ich bezahl' für dich mit«, erklärte sich Babs sofort bereit.

Sie schämte sich, weil sie wirklich nicht an Annes Situation gedacht hatte.

Barbara kam aus einem wohlbehüteten und wohlhabenden Elternhaus. Trotzdem bekam sie von ihren Eltern nicht jeden Wunsch erfüllt, aber von ihrem monatlichen Scheck konnte sie doch zufrieden leben. Sie wohnte ja ohnehin noch zu Hause und brauchte sich um die täglichen Grundbedürfnisse überhaupt nicht zu kümmern.

Plötzlich kam ihr eine Idee. »Du hast doch neulich gesagt, daß du gern nebenbei ein paar Stunden die Woche arbeiten willst. Soll ich meinen Vater mal fragen, ob es für dich in der Klinik was zu tun gibt?«

Anne strahlte über das ganze Gesicht. »Das wäre unheimlich lieb von dir, Babs! Ich mache alles: Kaffee verteilen, putzen und Beete harken. Vielleicht ist auch ein Platz in der Wäscherei frei. Ein paar Groschen zusätzlich könnte ich schon gebrauchen.«

Die junge Medizinstudentin studierte im dritten Semester. Sie war einundzwanzig Jahre alt und seit zwei Jahren Vollwaise. Sie bekam ein staatliches Stipendium. Glücklicherweise konnte sie in einem Studentenheim wohnen, wo die Mieten noch einigermaßen erschwinglich waren. Obwohl sie immer das billigste Essen in der Mensa wählte, kam sie mit ihrem Geld nur gerade so hin.

Gelegentlich lud ihr Freund Sven sie zu einer Pizza ein. Er bekam von seinem Vater, einem alteingesessenen Notar, jeden Monat einen stattlichen Scheck.

»Und heute abend?«

»Es bleibt beim Nein. Außerdem bin ich schon mit Sven zum Kino verabredet. Er hat mich dazu eingeladen. Und du verstehst ja wohl, daß ich das kostenlose Vergnügen vorziehe.« Anne zog eine Grimasse.

Babs lachte. Manchmal machten sie sich über Sven lustig, der ein ziemlich pedantischer junger Mann war und sich darin gefiel, seinen Freunden und Bekannten mit endlosen Monologen die Welt zu erklären. Das machte ihn nicht gerade zu einem gerngesehenen Partygast.

Doch Anne hielt trotzdem zu ihm. Er vermittelte ihr so etwas wie Sicherheit und Geborgenheit, Gefühle, die für sie sehr wichtig waren, denn außer einem alten Onkel in Münster besaß sie keine Verwandten mehr. Sie wußte noch nicht einmal, wer ihre leiblichen Eltern waren, denn Walter und Irene Langenberg hatten Anne als drei Monate altes Baby adoptiert.

Aus der Adoption hatten sie nie ein Geheimnis gemacht. Aber erst als heranwachsende junge Frau konnte sie fassen, was es bedeutete, seine wahren Wurzeln nicht zu kennen.

Sven bewohnte eine kleine Mansardenwohnung in Haidhausen. Annes Studentenheim befand sich in Giesing. Er hatte ihr schon vorgeschlagen, das Zimmer dort aufzugeben und zu ihm zu ziehen, doch sie konnte sich zu diesem Schritt noch nicht durchringen. Möglicherweise kamen sie sich in der kleinen Wohnung ins Gehege, vor allem weil Sven gewisse Eigenheiten an den Tag legte, über die Anne jetzt noch lachen konnte.

Wenn sie aber unmittelbar damit konfrontiert würde, könnte es sein, daß ihr das Lachen rasch vergehen würde. Sven war sehr ordnungsliebend, während Anne eher lässig mit der Ordnung umging. Außerdem war in ihrem kleinen Zimmer so wenig Platz, daß sie gar nicht alles wegräumen und unterbringen konnte. So kam es, daß immer Bücher, Zeitschriften und Anziehsachen herumlagen, ein Zustand, über den sich der Freund immer ärgerte, wenn er sie im Wohnheim abholte.

Gleich von der Universität aus fuhr sie zu Sven, der sie schon erwartete. »Ich habe eigentlich schon früher mit dir gerechnet«, sagte er etwas vorwurfsvoll. »Wo hast du bloß gesteckt?«

»Ich war mit Barbara noch einen Kaffee trinken.«

»Hast du dir die Schuhe draußen abgewischt?« erkundigte

sich der Jura-Student. Diese Frage stellte er bei jedem Wetter.

Am Vormittag hatte noch die Sonne geschienen, doch gegen Mittag war eine dichte Bewölkung vom Aprilwind zusammengetrieben worden.

»Ja«, erwiderte Anne und unterdrückte einen Seufzer. Er behandelte sie manchmal wie ein kleines Mädchen, das sich beim Spielen schmutzig gemacht hatte.

»Setz dich! Ich muß nur noch schnell ein paar Sätze an meinem Strafrechtsgutachten schreiben. Wenn du willst, kannst du uns einen Tee kochen.«

Anne verschwand in der winzigen Küche, Sven hinter seinem Computer. Sie setzte Wasser auf und nahm die Teedose vom Regal. Hier war alles peinlich sauber aufgeräumt.

Sie holte zwei Teetassen aus dem Schrank, die Zuckerdose und etwas Milch. Dann deckte sie den kleinen Tisch im Wohnraum.

»Ich bin gleich soweit.« Sven schaltete endlich seinen Computer aus und setzte sich neben Anne. Besitzergreifend legte er einen Arm um ihre schmalen Schultern. »Und du?« fragte er. »Warst du heute auch fleißig oder hast du wieder gebummelt?«

»Ich war selbstverständlich fleißig«, erwiderte Anne entschieden und goß den Tee ein. »Ich habe eine gute Klausur geschrieben und bin nach Vorlesungsschluß mit Babs Waldner Kaffee trinken gegangen. Vielleicht kann ich in der Klinik ihres Vaters irgendeinen Aushilfsjob bekommen.«

»Laß dich aber bloß nicht mit einem mickrigen Stundenlohn abspeisen! Die Herren Chefärzte versuchen immer, Arbeitskräfte so billig wie möglich zu bekommen, während sie selbst das große Geld scheffeln.«

»Warum hast du nicht auch Medizin studiert?«

»Weil mich dieses Fach nicht interessiert. Die Rechtswissenschaften sind viel interessanter.« Er drückte ihren Arm.

»Außerdem haben wir jetzt ja schon eine Ärztin in der Familie. Wir werden uns wunderbar ergänzen, du und ich. Vielleicht können wir unsere Praxen im gleichen Haus betreiben.«

»Ja, vielleicht«, meinte Anne gleichmütig. Sie verspürte jetzt nicht viel Lust, mit Sven über die Zukunft zu sprechen, die noch in weiter Ferne lag. Erst einmal wollte sie ihr Studium abschließen. Dann erst würde sie darüber nachdenken, mit welchem Mann sie eine Familie gründen würde.

Als sie ihren Tee getrunken hatten, verließen sie die Wohnung und brachen in Richung Innenstadt auf. Anne hakte sich bei Sven ein. Sie freute sich auf den Film, der in den Zeitungen nur gute Kritiken bekommen hatte.

Barbara Waldner fühlte sich geschmeichelt. Der berühmte Fotograf Marc Alberti, der schon mit weltberühmten Models gearbeitet hatte, wich ihr nicht mehr von den Fersen. Zunächst hatte Babs gar nicht gewußt, wer dieser Mann mit Bart und Sonnenbrille war. Freunde hatten sie dann aufgeklärt.

Ein paarmal tanzte sie mit Alberti auf Gunnars Party. Glücklicherweise gehörte der Mann nicht zu der Sorte, die gleich zudringlich wurden. Man konnte sich sogar ganz gut mit ihm unterhalten.

»Was machst du? Beruflich, meine ich?«

»Noch gar nichts. Ich studiere noch, Medizin.«

»Ach, Gottchen, da hast du dir aber was vorgenommen!« Marc blickte die hübsche Frau mitleidig an.

»Wieso?« Babs schaute kühl zurück.

»Das Studium dauert doch ewig, soviel ich weiß. Und anschließend bekommt man ein mageres Assistentengehalt. Die Herren Chefärzte und Professoren lassen den Nachwuchs doch gar nicht mehr hochkommen, weil sie fürchten, den großen Kuchen teilen zu müssen.«

»Wenn ich eines Tages soweit bin, werde ich schon was finden«, gab Babs selbstbewußt zurück. Sie verspürte keine Lust, dem Fotografen auf die Nase zu binden, daß ihr Vater eine eigene Klinik besaß.

»Ich kenne eine Menge Mädchen, die ihr Studium abgebrochen haben und Models geworden sind. Und ausnahmslos alle sind glücklich in ihrem neuen Job. Du könntest es auch zu was bringen. Du hast genau das Gesicht, das jetzt sehr gefragt ist. Natürlichkeit ist nämlich wieder Trumpf.«

»Ich?« Wider Willen fühlte sich die Arzttochter geschmeichelt.

»Wenn du willst, mache ich ein paar Probeaufnahmen von dir, damit du siehst, was man aus dir machen könnte.«

»Ich glaube nicht, daß ich für einen solchen Job geeignet wäre. Außerdem ist das doch nichts für immer. Mit spätestens Ende Zwanzig kann man doch schon in ›Rente‹ gehen.«

»Ja, aber bis dahin hast du auch schon das dicke Geld gemacht. Mit Ende Zwanzig schon Millionär zu sein, ist doch nicht das Schlechteste, oder?«

»Ach, weißt du, ich mach' mir eigentlich nicht viel aus Geld. Ich hab' alles, was ich brauche.«

»Steht dir gut, diese Bescheidenheit.« Marc Alberti grinste freundlich. »Es war ja auch nur ein Vorschlag. Ich halte mein Angebot jedenfalls aufrecht.« Er fingerte ein Kärtchen aus seiner Jeansjacke. »Hier sind Anschrift und Telefonnummer von meinem Atelier. Ruf an, wann immer du Lust hast.«

Später am Abend verlor sie ihn aus den Augen. Das Haus füllte sich. Es wurde lauter und lauter. Babs schaute sich nach einem bekannten Gesicht um, konnte aber keines entdecken. So beschloß sie, sich erst einmal am kalten Buffet zu stärken. Sie holte sich ein frisches Glas Orangensaft.

Ihrem Vater hatte sie ihr großes Ehrenwort geben müssen, daß sie niemals Alkohol trank, wenn sie mit dem Wagen unterwegs war. Ulrich Waldner wußte, warum er das von seiner

Tochter forderte. In seiner Klinik hatte er schon unzählige Male versucht, Menschen wieder zusammenzuflicken, die aufgrund von zuviel Alkohol verunglückt waren.

Erst nach Mitternacht fuhr Babs heim. Sie dachte nicht mehr an das Gespräch mit Marc Alberti. Nachdem sie in ihr Bett gekrochen war, schlief sie augenblicklich ein.

Die erste Woche machte Anne Langenberg Nachtdienst auf der Wöchnerinnenstation. Das war ein recht angenehmer Job. Sie saß im Schwesternzimmer, vor sich auf dem Schreibtisch ein aufgeschlagenes Lehrbuch. Nur, wenn eine der jungen Mütter klingelte, mußte sie aufstehen und fragen, was sie brauchten.

Aber meistens schliefen die Frauen, die sich nur von ihrer Entbindung erholten und nicht wirklich im medizinischen Sinne krank waren.

Von vornherein hatte sich Anne bereit erklärt, auch Nachtdienst zu machen, weil sie dabei auf ihren Stundenlohn noch einen Aufschlag bekam.

Wenn sie sich erst etwas eingearbeitet hatte, würde sie auch Nachtwachen bei Schwerkranken übernehmen können. Natürlich durfte sie über all dem ihr Studium nicht vernachlässigen. Das hatte sie auch nicht vor, aber möglicherweise würde sie später ein oder zwei Semester anhängen müssen, was auch gar nicht tragisch war.

Gegen sieben wurde sie von Schwester Margarete abgelöst.

»Keine besonderen Vorkommnisse«, erklärte Anne.

»Das hört man gern.« Margarete seufzte. »Bei mir gab es aber welche. Ich hab' mich wieder mal mit meinem Verlobten gestritten. Und diesmal ist es wohl für immer aus.«

»Oh, das tut mir leid!« sagte Anne höflich, die sich jedoch in Wirklichkeit nicht für Margaretes Liebesleben interessierte. Wenn diese über ihr Privatleben sprach, drehte sich das Gespräch immer um Reiner, der für ihr Glück, für ihre Trauer und ihre schlechte Laune verantwortlich war.

Reiner war – schenkte man Margaretes Worten Glauben – ein unverbesserlicher Schürzenjäger, der fast zwanghaft hinter jeder anderen Frau herlief, dann aber auftretende Konflikte nicht ertragen konnte und wieder zu seiner Dauerverlobten floh.

Die Kolleginnen machten sich schon lustig über die duldsame Margarete, die sich zwar ständig über sein Verhalten beklagte, andererseits aber alles mit sich machen ließ.

»Du hast es geschafft.« Margarete seufzte ein wenig neidisch. »Ich wünschte, ich hätte auch schon Dienstschluß.«

»Ich geh' jetzt erst mal frühstücken. Mir knurrt der Magen«, erklärte Anne und verabschiedete sich.

Unterwegs begegnete ihr Dr. Buchholz, ein junger Arzt, der das obligatorische praktische Jahr in der Waldner-Klinik absolvierte.

Anne hatte sich schon zweimal kurz mit ihm unterhalten, nachts bei einer Tasse Kaffee und der Notbeleuchtung auf der Station.

»Frühstück?« fragte Dirk Buchholz.

»Ja. Ein ganz besonders reichhaltiges muß es heute morgen sein. Ich hab' einen Mordshunger!«

Anne ging an die Selbstbedienungstheke, nahm sich zwei weichgekochte Eier, Toast, Butter, Marmelade, eine Scheibe Käse und ein Vollkornbrötchen. Als Getränk wählte sie einen Kakao.

Dirk belud sein Tablett ebenfalls reichlich. Dann steuerte er auf einen Tisch zu, an dem schon jemand saß, der ihnen erwartungsvoll entgegenlächelte.

Anne wußte, daß es sich um Dr. Stefan Frank handelte, einen Grünwalder Arzt, der in der Waldner-Klinik über eine bestimmte Anzahl von Belegbetten verfügte. Außerdem sollte er ein guter Freund des Chefarztes sein.

»Guten Morgen«, sagte Stefan aufgeräumt. Auch er hatte sein Frühstück noch nicht beendet. Vor einer halben Stunde hatte er einen prächtigen Jungen auf die Welt geholt, der gerade von einem Kinderarzt gründlich untersucht wurde. Stefan wollte sich zwischendurch stärken, denn bald würde es im Kreißsaal weitergehen.

Noch eine Geburt stand an diesem Vormittag an. So, wie es aussah, könnte das Kind bis neun geboren sein, so daß er pünktlich seine Praxis würde öffnen können. Aber da einige Babies sich sehr viel Zeit damit ließen, auf die Welt zu kommen, hatte Stefan seine Helferin schon mal im voraus benachrichtigt, daß er eventuell etwas später kommen würde.

Anne stellte ihr Tablett ab und begrüßte Dr. Frank mit Handschlag.

Stefan ließ über die beiden jungen Leute wohlwollende Blicke gleiten. Anne kannte er vom Sehen. Er wußte, daß sie eine Studienfreundin von Barbara Waldner war. Mit Dirk Buchholz hatte er sich schon einige Male sehr angeregt unterhalten. Er schien ein intelligenter junger Mann zu sein, der sich über seinen Beruf keine Illusionen machte und sich trotzdem darauf freute, anderen Menschen helfen zu können. Er war frisch von der Uni gekommen und seine Kenntnisse waren eher theoretischer Natur.

Dirk wußte selbst, daß er noch viel lernen mußte, um ein vollwertiger Arzt zu werden. Aber das schreckte ihn nicht ab.

Stefan Frank, ein gutaussehender, sehr attraktiver Mittvierziger, verfügte natürlich über viel mehr Erfahrung als sein junger Kollege.

Doch in diesem Augenblick erinnerte er sich daran, wie er vor zwanzig Jahren seine erste Diagnose hatte stellen müssen – unter den strengen Augen des berühmten Professors Rehberg, der ihn testen wollte.

Rehberg war damals ein sehr gefürchteter Hochschullehrer

gewesen, der nicht gerade sanft mit den frischgebackenen Ärzten umging.

Aber Stefan hatte nicht nur eine treffende Diagnose gestellt. Er hatte sie auch gegen andere Krankheitsbilder abgrenzen und seine Meinung durch fundiertes Grundwissen untermauern können. Das hatte dem strengen Professor Rehberg sogar ein Lob abgerungen, eine Äußerung, die man höchstens einmal im Jahr von ihm vernehmen konnte.

Somit war Stefans Selbstbewußtsein nicht beschädigt, sondern gestärkt worden. Heute dachte er manchmal im nachhinein, daß diese im Grunde banale Begebenheit prägend für seine ganze Berufslaufbahn gewesen war.

Die beiden jungen Leute aßen mit großem Appetit. Eine leichte Unterhaltung kam in Gang. Anne konnte so anschaulich von den Professoren in der Universität erzählen, daß sowohl Stefan als auch Dirk herzlich lachen mußten.

»Grüßen Sie Babs von mir, wenn Sie sie sehen!« bat Stefan die junge Medizinstudentin. »Sie scheint sehr fleißig zu sein. Man bekommt sie kaum noch zu Gesicht.«

»Babs will ihr Studium so schnell wie möglich abschließen«, bestätigte Anne. »Und wenn eine es schafft, dann ist sie es.«

»Nun tu mal nicht so bescheiden!« mischte sich jetzt Dirk ein. Die jungen Leute in der Waldner-Klinik duzten sich ausnahmslos alle. »Du bist auch sehr fleißig. Und nebenbei gehst du noch arbeiten. Das hat Babs Waldner nicht nötig.«

Stefan verließ die nette Gesellschaft. »Das hättest du nicht so laut sagen sollen«, meinte Anne. »Dr. Frank ist doch mit den Waldners befreundet. Babs könnte deine Worte als Kritik auffassen.«

»Findest du? So waren sie gar nicht gemeint. Und wenn schon, ich werde das schon richtigstellen, wenn sie mich daraufhin anspricht. Man wird doch wohl noch seine Meinung sagen dürfen, auch wenn die Kommilitonin Tochter des Chefs ist.«

»Babs ist überhaupt nicht eingebildet. Sie ist sehr nett. Ich mag sie.«

»Ich auch«, sagte Dirk Buchholz mit einem frechen Seitenblick. »Aber dich mag ich mehr. Hast du schon einen festen Freund?«

»Ich finde, das geht dich überhaupt nichts an, mein Lieber«, lautete die schlagfertige Antwort. »Warum willst du das wissen?«

Dirk Buchholz seufzte. »Weil mich interessiert, wie andere Leute ihre Beziehungsprobleme bewältigen. Ich jedenfalls schaff' es nicht. Meine Freundin Silke will nichts mehr von mir wissen, egal, was ich anstelle. Ich habe keine Chance mehr bei ihr.«

»Manchmal geht's so zu im Leben«, meinte Anne tröstend. »Aber mach dir nichts draus! Anderen geht es auch nicht besser. Ich habe mit meinem Freund auch oft Streit. Welches Problem hast du denn mit deiner Silke?«

»Ein sehr ernstes. Das erzähle ich dir irgendwann mal. Jetzt reicht die Zeit dazu nicht.«

Nachdem Anne sich gestärkt hatte, fuhr sie gleich in die Uni. Zwar fühlte sie sich ein wenig müde, aber sie hoffte, daß der tote Punkt am späten Vormittag überwunden sein würde. Heute abend jedenfalls hatte sie erst einmal dienstfrei. Und sie brauchte diese Verschnaufpause dringend.

Müde und erschöpft kehrte Ute Heidbrink nach Hause zurück. Sie hatte ihren Sohn persönlich ins Heim zurückgebracht und danach auf der Autobahn über eine Stunde im Stau gestanden. Wieder verspürte sie die diffusen Leibschmerzen, die nicht so schlimm waren, um sich beunruhigt zu fühlen, andererseits aber auch nicht so unbedeutend, daß man sie ignorieren konnte.

Sie ließ ihre Jacke achtlos über eine Sessellehne gleiten und ging zum Wohnzimmertisch hinüber, auf den Erika die Post gelegt hatte. Erika war eine tüchtige Putzfrau, die dreimal die Woche kam, um sich um den Haushalt zu kümmern.

Die beiden Frauen verstanden sich sehr gut. Ute hätte sich sogar vorstellen können, mit der Hilfskraft befreundet zu sein.

Doch Erika Meyers hatte schon genug damit zu tun, sich und ihre zwei Kinder durchzubringen, nachdem der Ehemann vor einigen Jahren vom Zigarettenholen nicht mehr nach Hause gekommen war. Seitdem fehlte jede Spur von ihm. Schon drei tote Männer hatte Erika sich anschauen müssen, aber nie war es ihr Max gewesen.

Sie hatte auch eine sehr liebe Art mit dem vergreisten Jungen umzugehen. Und Ralf ließ sich gern von der mütterlichen Erika verhätscheln. Sie kümmerte sich rührend um ihn. Auch das rechnete Ute ihrer Putzfrau hoch an.

Als die Apothekersfrau ein Geräusch hinter sich hörte, wandte sie sich um. Bertram war nach Hause gekommen. »Grüß Gott«, sagte er beim Eintreten. »Wieder da?«

»Ja. Ralf hat beim Abschied sehr geweint. Warum hast du ihm heute morgen nicht ›auf Wiedersehen‹ gesagt?«

»Weil ich schnell weg mußte. Und weil mir Sentimentalitäten ein Greuel sind. Das weißt du sehr gut.«

»Aber Ralf ist auch dein Sohn. Er hat ein Anrecht auf deine Zuneigung…«

»Aber wenn ich doch keine für ihn empfinde!« Dr. rer. nat. Bertram Heidbrink, Chemiker und Apotheker, zog nur lässig die Schultern hoch. »Ich kann ja schon mit gesunden Kindern nichts anfangen und mit behinderten schon gar nicht.«

»Wie grausam du sein kannst!« schluchzte Ute auf und schlug die Hände vors Gesicht. »Der Junge kann doch nichts für seine schreckliche Krankheit.«

»Nein, das habe ich ja auch nicht behauptet.«

Ute ließ sich weinend in einen Sessel fallen. Sie fühlte sich so erschöpft, daß sie glaubte, nie mehr einen Finger rühren zu können. »Das ist die Strafe des Schicksals«, stieß sie abgehackt hervor.

»Warum Frauen nur so abergläubisch sein müssen?« mokierte sich Bertram Heidbrink. »Dem Schicksal ist es völlig egal, was es für Kreaturen hervorbringt. Wofür, bitte schön, sollten wir auch bestraft werden?«

»Das weißt du ganz genau«, schluchzte sie.

Bertram schüttelte nur verweisend den Kopf, dann erhob er sich aus seinem Sessel. »Ich geh' in den Club«, erklärte er unbarmherzig. »Eine Frau wie du ist kein schöner Anblick für einen Mann. Den ganzen Tag habe ich mich auf mein gemütliches Zuhause gefreut. Und dann erwartet mich nur Streit.«

Zehn Minuten später ging die Haustür. Ute lauschte. Sie hörte den Motor anspringen, dann fuhr sein Wagen davon. Tiefe Erleichterung erfaßte sie. Immer, wenn sie ihn an die Vergangenheit erinnerte, reagierte er so ungehalten. Er wollte nicht akzeptieren, daß er sich schuldig gemacht hatte.

Ja, es war eine Strafe des Schicksals! Das wußte Ute ganz genau. Damals, mit knapp achtzehn, war sie schwanger gewesen von dem Studenten Bertram Heidbrink. Er hatte von ihr gefordert, das Kind abzutreiben. Aber sie war zu unerfahren gewesen, um rechtzeitig im ersten Schwangerschaftsdrittel die unangenehme Prozedur hinter sich zu bringen. Vielleicht hatte sie auch unbewußt die Entscheidung so lange hinausgezögert, bis der Abbruch unmöglich geworden war.

Sie erinnerte sich noch genau an Bertrams wütende Äußerung. Er hatte ihr vorgeworfen, seine Karriere zerstören zu wollen. Und dann hatte er gefordert, daß sie das Kind zur Adoption freigab. Nur dann würde er bei ihr bleiben.

Damals hatte Ute eine unglaubliche Angst gehabt, diesen Mann zu verlieren. Eine Angst, die sie heute gar nicht mehr verstand. Heute dachte sie oft ironisch, daß sie besser Bertram abgegeben hätte als ihr Baby.

Kurz nach der Geburt hatte man es ihr weggenommen. Lange Zeit hatte sie gebraucht, um über dieses traumatische Erlebnis hinwegzukommen.

Bertram hatte Wort gehalten. Er war bei ihr geblieben. Und vier Jahre danach hatten sie geheiratet. Bertram hatte ihr ein »neues« Kind versprochen. Doch erst sechs Jahre nach der Heirat hatte sich Nachwuchs angemeldet.

Nach einer völlig normalen Schwangerschaft war Ralf auf die Welt gekommen. Progeria infantilis hieß die schreckliche Krankheit, eine greisenhafte Zwergwüchsigkeit mit schweren kindlichen Entwicklungsstörungen.

Ute hatte es zunächst nicht glauben wollen, doch dann hatte sie mit eigenen Augen ansehen müssen, wie unerbittlich schon im frühesten Kindesalter die hochgradige Vergreisung eingesetzt hatte.

Ihr Sohn, der sechsundzwanzig Jahre jünger war als sie selbst, alterte mit atemberaubender Geschwindigkeit. Und er würde aller Wahrscheinlichkeit nach vor ihr sterben.

Anfangs hatte sie dieser Gedanke entsetzt, doch mittlerweile fand sie es besser so, als wenn Ralf sie überleben würde. Denn dann würde er niemanden mehr von seiner Familie haben, der sich um ihn kümmerte. Seinen Vater würde er dann wohl niemals mehr zu Gesicht bekommen. Bertram würde pünktlich die Heim- und Pflegekosten zahlen, und damit wäre er seinen Vaterpflichten nachgekommen.

Ute schaltete das Fernsehgerät ein, um sich ein wenig von ihren quälenden Erinnerungen abzulenken. Als ihre Schmerzen stärker wurden, schluckte sie ein paar Tabletten. Relativ früh ging sie schlafen.

Marc Alberti betrachtete Barbara Waldner mit Kennerblick. »Ich kann dich groß rausbringen«, erklärte er nun schon zum dritten Mal.

Betont gelangweilt winkte Babs ab. »Das sagtest du schon. Vielleicht kannst du mal etwas ins Detail gehen.«

Der Fotograf grinste anerkennend. »Die junge Dame ist also interessiert«, stellte er fest.

»Ich würde schon gern wissen, wie so eine Karriere aussieht«, räumte Babs widerwillig ein. »Obwohl ich natürlich nicht im Traum daran denke, mein Studium aufzugeben.«

»Das brauchst du auch nicht. Vorerst kannst du die beiden Jobs parallel laufen lassen. Also, hör gut zu, ich mach' ein paar tolle Fotos von dir. Die schicke ich dann an diverse Agenturen. Dann sehen wir weiter. Du kannst sicher sein, daß man sich meine Bilder sehr genau anguckt. Ich habe nämlich einen guten Ruf. Man weiß in der Branche einfach, daß Alberti keine Mädchen rausbringt, die nach nichts aussehen.«

»Und welche Bilder sollen das sein?« forschte Babs.

»Brave und weniger brave...«

»Also, ich weiß nicht... Ich zieh' mich jedenfalls nicht vor der Kamera aus.«

»Das verlangt niemand von dir. Aber ein bißchen frivol müssen wir dich schon ablichten. Nur so, daß man etwas ahnen könnte.«

Marc zog sein abgewetztes Notizbuch aus seiner Jeansjacke. Er sah nicht sonderlich elegant aus, aber tatsächlich war er einer der Größten in der Branche.

Probeaufnahmen schaden niemandem, dachte Babs schnell, bevor sie mit ihm einen Termin vereinbarte. Sie wollte selbst wissen, wie sie auf Fotos wirkte.

»Alles klar, Mädchen«, sagte Alberti zufrieden. »Ich bestelle Jo ebenfalls zu dem Termin.«

»Wer ist das?«

»Ein genialer Stylist. Ein bißchen schwul, aber sonst ganz nett. Der wird dich etwas rausputzen. Deine eigene Mutter wird dich nicht wiedererkennen. Du wirst sehen.«

Babs war nun wirklich gespannt. »Und sonst steckt nichts dahinter?« forschte sie mit einem abschätzenden Blick. »Oder verlangst du sonst noch etwas?«

»Nee.« Alberti grinste ganz breit. »Wenn sich das eine oder andere Mädchen zu mir legt, um ein bißchen Spaß zu haben, bin ich völlig einverstanden. Aber keine muß mir irgendeinen Gefallen tun, nur damit ich sie groß rausbringe. Mir geht's einzig und allein um die Arbeit. Und natürlich um das große Geld, das wir beide uns dann teilen.«

Barbara war froh, daß er Klartext mit ihr sprach. Sie war fest entschlossen, diesen Versuch zu wagen. Bis jetzt hatte sie noch nicht mit ihren Eltern darüber gesprochen, aber sie fand auch, daß sie damit noch warten konnte. Erst einmal wollte sie wissen, ob überhaupt irgendeine Chance für sie bestand.

Es wäre ja doch ganz schön, ein wenig nebenbei zu verdienen! Und die Vorstellung, auf einem Titelblatt zu erscheinen, gefiel ihr eigentlich auch immer besser, je öfter sie sich in Gedanken mit dieser Möglichkeit befaßte.

Erst kürzlich hatte sie einen Bericht in einer Frauenzeitschrift über berühmte Models gelesen. Diese schönen jungen Frauen führten ein anstrengendes, dafür aber auch sehr aufregendes Leben. Sie kannten die großen Metropolen dieser Welt, waren mit Prominenten bekannt und überall dort zu sehen, wo sich die feine Gesellschaft ein Stelldichein gab.

Babs machte Anstalten, sich von dem Fotografen zu verabschieden. Sie hatten sich in einem Münchner Szene-Café getroffen. Sie kramte nach Geld.

»Laß nur, ich zahle für dich«, sagte Alberti.

Doch die Arzttochter winkte ab.

Alberti schaute ihr wohlwollend nach. Ein Mädchen mit Prinzipien, dachte er ein wenig amüsiert. Aber die wird sie schon noch ablegen.

Seit einer halben Stunde wartete Dirk Buchholz in seinem Wagen vor der Villa, in der seine Freundin Silke mit ihren Eltern lebte. Der junge Arzt fröstelte. Schwere Regentropfen klatschten jetzt wieder auf das Autodach. Der Lärm war geradezu ohrenbetäubend. Doch nach zehn Minuten war das Unwetter schon weitergezogen.

Mißmutig beschloß er, seinen Beobachtungsposten hier im vornehmen Bogenhausen aufzugeben. Aber er mußte noch einmal mit Silke sprechen! Sie ließ sich am Telefon verleugnen. Seine Briefe kamen ungeöffnet zurück. So blieb ihm nichts anderes übrig, als sie vor dem Haus abzufangen. Hineingehen wollte er nicht. Nach der letzten großen Auseinandersetzung mit Silkes Eltern hatte er sich geschworen, die Villa nicht mehr zu betreten.

Manchmal konnte er selbst noch nicht fassen, daß seine schönen Zukunftsträume geplatzt waren – nur weil Silke und ihre Eltern ihm unberechtigte Vorwürfe machten.

Silke war schwanger gewesen, die Hochzeit schon fest eingeplant, da hatte Silkes Frauenärztin eine schreckliche Entdeckung machen müssen. In Silkes Bauch wuchs ein Kind ohne Großhirn heran, ein Baby, das nicht lebensfähig sein würde. »Anenzephalie« nannte man diese schwere Fehlbildung, die bei eins zu tausend Geburten auftrat. Die Schwangerschaft war sofort abgebrochen worden.

Auch Dirk Buchholz war sehr erschrocken gewesen. Er hatte versucht, seine unglückliche Freundin zu trösten, doch leider nur mit dem Erfolg, daß sich ihre Trauer in Haß verwandelte und sie ihm vorwarf, der Urheber ihres Unglücks zu sein. Ihre Eltern hatten sie dabei wortreich unterstützt. Ihnen war der mittellose, junge Arzt ohnehin nicht gut genug für ihre einzige Tochter. Die von Murnaus waren recht dünkelhafte und wohlhabende Leute, die erleichtert waren, als Silke sich von Dr. Buchholz abwandte.

Doch Dirk wollte noch nicht aufgeben. Er konnte nicht fassen, daß eine große Liebe so sang- und klanglos im Sande verlief. Silkes Worten, sie empfände nichts mehr für ihn, schenkte er keinen Glauben, jedenfalls noch nicht. Er schrieb diese Reaktion dem traumatischen Abbruch zu, denn Silke hatte sich so sehr auf das Kind gefreut.

Es klärte sich auf. Dirk gab sich noch fünf Minuten. Wenn sie bis dahin nicht gekommen war, würde er nach Hause fahren.

Er wollte gerade den Motor starten, als er im Rückspiegel ihren Wagen sah. Sofort stieg er aus und hielt ihr die Tür auf. »Hallo, Silke! Ich möchte gern mit dir reden.«

»Ich habe keine Zeit«, erklärte sie schnippisch. »Das habe ich dir doch auch schon hundertmal am Telefon gesagt. Ich wäre sehr froh, wenn du mich in Ruhe lassen würdest.«

»Aber du wirst mir doch wenigstens noch eine Aussprache zugestehen.« In seiner Stimme schwang Verzweiflung mit.

»Nein. Ich habe keine Lust mehr, über all diese Dinge zu sprechen. Es kommt ja doch nichts dabei heraus. Ich werde dich niemals heiraten, Dirk!«

»Aber es wäre trotzdem sinnvoll, sich über das Vergangene zu unterhalten…«

»Nein!« sagte sie noch einmal. Wütend funkelte sie ihn an, dann stieß sie ihn zur Seite und ging zum großen schmiedeeisernen Tor, das sich sofort öffnete, als sie auf einem kleinen, in der Wand eingelassenen Nummerntäfelchen den Code eingab.

Dirk fühlte sich hilflos und beschämt. Verständnislos schüttelte er den Kopf. Doch dann erkannte er schlagartig, daß er sie für immer verloren hatte.

Traurig und verärgert zugleich wandte er sich ab und ging zu seinem Wagen zurück. Den Abend verbrachte er in einer Kneipe, in die er schon als Student oft gegangen war.

Mit einem alten Bekannten spielte er einige Runden am Automaten, doch auch hierbei hatte er kein Glück. Der andere gewann haushoch. Dirk war noch deprimierter als vorher. Zur Zeit schien wirklich alles schiefzugehen!

Nach Mitternacht ging er nach Hause. Er schlief sofort ein. Gegen sechs klingelte der Wecker. Mit einem Brummschädel saß der junge Arzt wenig später in der kleinen Küche und trank zwei Tassen schwarzen Kaffee. Danach ging es ihm etwas besser.

»Grüß dich«, sagte Anne Langenberg zu ihm. »Du siehst heute aber nicht unbedingt vital aus.«

»Ich fühl' mich auch nicht so«, gab Dirk Buchholz zurück.

»Hast du Ärger mit der Freundin?«

»Es ist endgültig aus«, sagte er mürrisch. »Ich habe lange gebraucht, das zu begreifen. Aber nun hab' ich's endlich kapiert.«

»Soll ich dich trösten?« Anne lächelte ihn so lieb an, daß es ihm gleich etwas besserging. »Wir könnten in der Mittagspause einen langen Spaziergang durch den Englischen Garten machen. Die frische Luft wird dich beleben.«

»Ich glaub's zwar nicht, aber ich komme trotzdem mit.« Dr. Buchholz hob die Hand und bog ab. Zur Zeit tat er Dienst auf der Inneren Station, wo es ihm ganz gut gefiel. Aber auch in der Unfallambulanz hatte er gern gearbeitet. Man lernte dort rasche Entscheidungen zu treffen.

Der Tag verlief ziemlich ereignislos. Dirk geriet immer wieder in die Gefahr, sich in Gedanken mit Silke auseinanderzusetzen. Wenn er es merkte, ärgerte er sich, denn er wußte, daß die Erinnerung nur quälte, aber keine Erleichterung brachte.

Mittags schien die Sonne. Gemeinsam mit Anne marschierte er los. Sie hatte sich im Kasino eine belegte Semmel besorgt, in die sie nun kräftig hineinbiß. Die linke Hand hielt einen Apfel.

»Ist das dein ganzes Mittagessen?« fragte Dr. Buchholz.

»Ja. Das genügt mir völlig. Und was ißt du?«

»Gar nichts«, brummte er. »Mir ist der Appetit vergangen.

Gestern habe ich noch mal versucht, mit Silke zu sprechen. Aussichtslos.« Und dann erzählte er Anne die Geschichte seiner Liebe, die so hoffnungsvoll begonnen und so abrupt geendet hatte.

»Die Eltern sagen einfach, ich sei schuld an dem mißgebildeten Kind. Natürlich habe ich mich dagegen gewehrt, aber genausogut hätte ich den Wänden predigen können. Sie haben sich ihr Vorurteil zurechtgelegt – und dabei bleibt es. Was mich aber am meisten kränkt, ist die Tatsache, daß Silke sich diese blöde Ansicht ebenfalls zu eigen gemacht hat.«

»Sie liebt dich eben nicht«, erklärte Anne ungerührt. »Sonst hätte sie sich gegen ihre Eltern gestellt. Wahrscheinlich ist sie sogar froh, daß sie jetzt endlich einen Vorwand hat, dich loszuwerden.«

»Na, hör mal!« Dr. Buchholz war richtig empört. »Ich dachte, du hättest ein bißchen Verständnis für mich...«

»Hab' ich ja auch! Aber man darf sich vor den Tatsachen nicht verschließen. Ich sage nur, was ich denke. Ich jedenfalls würde mir von meinen Eltern so was nicht einreden lassen. Ein anenzephales Kind ist zwar eine Tragödie, aber dafür kann niemand etwas, weder die Frau noch der Mann. Deine Silke hätte sich ja einfach nur ein Lehrbuch von dir ausleihen können, um sich zu informieren. Aber sie will's ja gar nicht wissen.«

Dirk warf Anne einen anerkennenden Blick zu. »Vielleicht hast du recht«, meinte er zögernd. »Traurig bin ich trotzdem. Ich dachte immer, unsere Liebe übersteht auch große Schwierigkeiten.«

»Tröste dich, Dirk! Anderen geht's genauso. Und manchmal muß Altes eben verschwinden, um Neuem Platz zu machen.«

Jetzt grinste er breit über das ganze Gesicht. »Wo hast du nur all die vielen Lebensweisheiten her?«

Doch Anne zuckte nur mit den Schultern. Sie knabberte den Apfel bis zum Stiel ab. Dann schaute sie auf die Uhr. »Ich glaube, wir müssen umkehren«, stellte sie bedauernd fest. »Schade!«

Obwohl das Wetter verrückt spielte, ließ sich der Frühling nicht mehr leugnen. Er lag in der Luft und zeigte sich in jeder Knospe, in jedem sprießenden Blatt.

»Und du bist mit deinem Freund vollkommen glücklich?«

Anne zog die Schultern hoch. »Ich weiß gar nicht, was das ist, Glück...«

Überrascht blieb er stehen. »Warst du denn noch nie verliebt?«

»Doch«, erwiderte sie. »Aber trotzdem glaube ich nicht so recht an das Glück. Außerdem versteht jeder etwas anderes darunter. Ob ich mit Sven zusammenbleibe...« Wieder zuckte sie die Schultern. »Woher soll ich das wissen?«

»Du bist ein komisches Mädchen, Anne«, stellte Dirk fest. Doch seine Worte klangen ausgesprochen anerkennend.

Stefan Frank bat seine Patientin, in einem bequemen Sessel Platz zu nehmen. »Wie geht's Ralf?« erkundigte er sich.

»Nicht gut«, erwiderte die unglückliche Mutter mit einem todtraurigen Seufzer. »Er ist im Heim untersucht worden. Dort hat man jetzt schon eine beginnende Arterienverkalkung festgestellt.«

Stefan nahm Utes Hand. »Sie wissen ja, daß ein Kind mit dieser Krankheit nicht alt werden kann. Und trotzdem wird es irgendwann überraschend für Sie kommen.«

»Ich rechne schon seit zwei Jahren mit Ralfs Tod«, murmelte Ute Heidbrink mit starrer Miene. »Und schon oft habe ich Gott angeboten, mich sterben zu lassen, damit mein Sohn gesund werden und weiterleben kann. Aber Gott läßt nicht mit sich handeln.«

Der Grünwalder Arzt drückte nur stumm den Arm der Frau.

Behutsam lenkte er nach einer Weile das Gespräch auf den Grund ihres heutigen Besuchs.

»Ach ja, richtig! Ich fühle mich sehr unwohl in der letzten Zeit. Und seit gestern ist mein Hals angeschwollen.« Sie tastete mit den Fingerspitzen über die Stelle.

»Ziehen Sie bitte die Bluse aus und legen Sie sich dort drüben hin, damit ich mir das besser anschauen kann!« bat Stefan.

Er tastete den Rachenring ab. Nicht nur die Lymphknoten im Halsbereich waren geschwollen, sondern auch der obere Brustbereich.

»Haben Sie noch andere Beschwerden?« erkundigte sich der Arzt.

»Antriebsschwäche«, erwiderte Ute. Sie lag da mit geschlossenen Augen. »Aber das ist bei mir ja keine Seltenheit.«

»Haben Sie in der letzten Zeit abgenommen?«

»Ein wenig. Manchmal habe ich Fieber. Und nachts schwitze ich ziemlich stark. Vielleicht sind das schon die Wechseljahre.«

»Dazu sind Sie noch etwas zu jung, Frau Heidbrink«, erklärte Dr. Frank der Achtunddreißigjährigen.

»In den letzten Tagen befällt mich auch oft ein unerklärlicher Juckreiz«, erinnerte sich Ute. »Aber das kann doch nichts mit der Schwellung am Hals zu tun haben.«

»Das werden wir herausfinden müssen«, meinte Dr. Frank. Er richtete sich auf und schaute Ute ernst an. »Ich möchte Sie in der Waldner-Klinik untersuchen lassen«, schlug er vor. »Computertomographie, Röntgen- und Ultraschalldiagnostik. Eventuell weitergehende Laboruntersuchungen.«

»Haben Sie einen bestimmten Verdacht?«

»Nein.« Stefan hielt mit seiner Vermutung vorerst hinterm Berg, weil die Anhaltspunkte nicht eindeutig waren. Auf keinen Fall wollte er seine Patientin beunruhigen, ohne das Krankheitsbild genau abgeklärt zu haben. Aber die großen, grauweißen Lymphknoten waren Grund genug zur Sorge. »Erst einmal wollen wir den Befund abwarten. Soll ich schon gleich einen Termin für Sie vereinbaren?«

»Das wäre nett von Ihnen, Doktor.«

Stefan telefonierte. Dann machte er mit Ulrich Waldner einen Termin am kommenden Montag fest. »Ich ruf' später noch mal zurück«, sagte Dr. Frank, bevor er auflegte.

»Bekomme ich kein Rezept?« erkundigte sich Ute beim Abschied.

»Nein«, erwiderte Stefan. »Ich hoffe, Sie halten mich deswegen nicht für einen schlechten Arzt.«

Ute betrachtete ihn ein Weilchen prüfend. »Nein«, erwiderte sie leise. »Ganz im Gegenteil, Herr Doktor!«

Den Nachmittag verbrachte sie im Haus. Sie kramte alte Fotos heraus und schaute sie durch. Ein süßes Baby war Ralf gewesen! Kaum zu glauben, daß seine Geburt erst dreizehn Jahre zurücklag. Das früh vergreiste Kind vermittelte seiner Mutter gelegentlich die Vorstellung, selbst auch schon alt zu sein, das Leben hinter sich zu haben.

Bertram kam erst gegen elf nach Hause. Er begrüßte seine Frau flüchtig.

»Ich muß nächste Woche für ein oder zwei Tage in die Waldner-Klinik«, sagte Ute und musterte ihn mit ihren schönen dunklen Augen.

»Warum?«

Immerhin fragt er nach dem Grund, dachte sie bei sich. »Eine Frauengeschichte. Nichts Besonderes.«

»Na, du schaffst das schon«, gab er gelassen von sich. Er genehmigte sich noch ein Glas Wein, dann ging er ins Bett.

Ute saß noch lange Zeit im Dunkeln. Sie ließ ihr Leben Revue passieren und fragte sich, ob sie heute alles besser machen würde. Sie konnte keine Antwort auf diese Frage finden.

Um ein Uhr früh ging sie ins Bett. Sie fürchtete sich vor dem Rest der Nacht, weil sie immer schlecht schlief, sich von einer

Seite auf die andere wälzte und von ihren Grübeleien innerlich zerfressen wurde.

Im milden Schein ihrer Nachttischlampe betrachtete sie im Spiegel ihr schmal gewordenes Gesicht. Früher einmal war sie ausgesprochen hübsch gewesen. Jetzt sah sie aus wie eine Frau, die in ihrem Leben nur Kummer und Sorgen kannte. Der Mund war von kleinen Falten umgeben. Die Haut wirkte fahl und unrein, obwohl sie ständig versuchte, mit teuren Cremes den Alterungsprozeß aufzuhalten. Ohne sichtbaren Erfolg. Es stimmte nicht, was die Kosmetikhersteller in ihren teuer aufgemachten Anzeigen versprachen.

Seit kurzem litt sie außerdem noch an Haarausfall. Allmählich gab sie es auf, sich zu pflegen. War es nicht besser, den Dingen einfach ihren Lauf zu lassen?

Sven griff nach Annes Strickjacke, legte sie gerade säuberlich zusammen, als Anne der Kragen platzte. Sie riß ihm das Kleidungsstück aus der Hand und warf es auf das Sofa, wo es als dunkelgrauer Wollberg liegenblieb.

»Sag mal, was ist denn in dich gefahren?« Verblüfft schaute er sie an.

»Ich kann deine Ordnungsliebe nicht leiden«, erklärte Anne offen. »Gerade wollte ich die Jacke wieder anziehen. Es bestand also überhaupt kein Grund für dich, meine Sachen zu glätten.«

»Bist du heute schlecht gelaunt oder was?« blaffte er los. »Ich habe einfach keine Lust mehr, mir von dir alles gefallen zu lassen. Und außerdem…«, bei diesen Worten hob er streng den Zeigefinger, »…außerdem ist das meine Wohnung. Hier bestimme immer noch ich, wieviel Ordnung angebracht ist.«

»Wenn du mich als so unordentlich empfindest, solltest du mich hier gar nicht mehr reinlassen«, schlug sie ihm spöttisch vor. »Damit wären doch viele Probleme auf einen Schlag gelöst.« Sie stand auf, griff nach der Jacke und schlüpfte hinein. »Ich hau' jetzt ab...«

»Aber wir wollten doch zusammen die Sportschau im Fernsehen...«

»Ohne mich! Die Sportschau interessiert mich überhaupt nicht. Guck sie doch allein! Servus, Sven!«

»Anne!« rief er aufgebracht.

An der Tür wandte sie sich um.

»Wenn du jetzt gehst, brauchst du nicht mehr wiederzukommen«, brüllte er zornig. »Überhaupt solltest du dir endlich mal bessere Manieren angewöhnen.«

»Ich finde, an meinem Benehmen ist nichts auszusetzen«, gab sie wütend zurück.

»So kann man seine Wunder erleben«, fuhr Sven mit dramatischen Gebärden fort. »Vielleicht ließe sich alles besser erklären, wenn man mehr über deine Herkunft wüßte. Wer weiß, wo deine Wurzeln liegen...«

Das klang in Annes Ohren so abfällig und gemein, daß sie ihn am liebsten geohrfeigt hätte. Doch sie beschränkte sich auf einen verächtlichen Blick. »Mit uns ist es aus, Sven«, fauchte sie. »Ich habe es satt, mich von dir erziehen zu lassen.«

Laut und vorwurfsvoll knallte sie die Tür hinter sich zu.

Sven fluchte. Hoffentlich gab das nicht wieder Ärger mit dem Vermieter, der im Erdgeschoß wohnte und sich schon mehrfach darüber beschwert hatte, daß Anne ihr Fahrrad einfach unten in den Hausflur gestellt hatte!

Anne sprang die Treppe hinunter. Je weiter sie von ihm wegkam, um so befreiter fühlte sie sich. Aufgeblasener Kerl! dachte sie grimmig, als sie sich auf ihr Rad schwang. Pedantischer Geizhals, arroganter Besserwisser!

Nach diesen stummen Beschimpfungen ging es ihr etwas besser. Sie trat kräftig in die Pedale. Der Aprilwind färbte ihre zarten Wangen rot. Als sie im Studentenheim ankam, tat es ihr schon wieder ein bißchen leid, so ausfallend geworden zu sein. Aber er hatte sich auch unmöglich verhalten. Anne beschloß, ein paar Tage Funkstille walten zu lassen, danach wollte sie weitersehen.

Ute ließ sich mit einem Taxi in die Waldner-Klinik bringen. Dr. Frank hatte versprochen, heute nach ihr zu schauen.

Eine halbe Stunde später befand sie sich bereits in ihrem Zimmer auf der Privatstation Dr. Waldners. Ute kleidete sich nicht aus, sondern rückte sich ihren Stuhl ans Fenster, um hinaus in den Englischen Garten zu schauen. Viele Menschen waren unterwegs und suchten in dieser großen Grünanlage ein wenig Erholung vom Lärm der Stadt. Kinder tollten über die Rasenflächen.

Wehmut beschlich sie. Alles würde sie darum geben, auch Ralf so übermütig spielen zu sehen. Aber das war ausgeschlossen.

Wenn sie ihn an der Hand führte, setzte er unsicher einen Fuß vor den anderen. Sein Kopf wackelte, die Schultern hingen nach vorn. Und doch liebte sie den kleinen alten Mann, der ihr Sohn war. Wenn ihn die Leute neugierig und sensationslüstern anstarrten, hätte sie anfangs am liebsten jede einzelne Person zur Rede gestellt. Doch auch dieses Aufbegehren gegen das Schicksal hatte sich im Laufe der Jahre gelegt.

Man muß die Last annehmen, die für einen bestimmt war, hatte sie sich von da an immer häufiger gesagt. Sie konnte ja doch nichts gegen seinen steten Verfall tun, sondern nur hilflos zuschauen.

»Frau Heidbrink?« Sie fuhr herum.

Ein großer, gutaussehender Mann stand in der Tür. »Willkommen bei uns! Waldner ist mein Name. Doktor Frank hat Sie geschickt, nicht wahr?«

»Ja.« Ute reichte dem Klinikchef die Hand. »Grüß Gott,

Doktor! Mein Hausarzt meinte, ich müßte gründlich untersucht werden.« Sie zog die Schultern hoch, als wollte sie für die überbetriebene Vorsicht Dr. Franks um Verzeihung bitten. »Ich möchte Ihnen keine Umstände machen.«

»Aber ich bitte Sie, Frau Heidbrink! Wir sind für unsere Patienten da. Sie machen uns keine Umstände.« Ulrich setzte sich. Dann besprach er mit der neuen Patientin die Vorgehensweise. Noch am Vormittag wollte man mit den ersten Tests beginnen.

»Haben Sie schon eine Vermutung?« erkundigte sich Ute, obwohl sie eigentlich gar nicht sonderlich an einer Antwort interessiert war. Es war ihr ziemlich gleichgültig, was mit ihr sein könnte. Ob schwerkrank oder gesund – das Leben barg so oder so keine Freude für sie.

»Nein. Aber morgen werden wir schon mehr wissen.« Ulrich schaute auf die Uhr. »Gleich wird Sie Doktor Buchholz abholen, ein junger Mitarbeiter. Wir beginnen mit den Röntgenaufnahmen.«

Obwohl Ute nur mit halbem Ohr zuhörte, nickte sie zwischendurch, um Interesse vorzutäuschen. Schließlich ließ der Chefarzt die Frau wieder allein. Es war gleich Mittag. Er hatte seiner Frau versprochen, auf einen kleinen Imbiß nach Hause zu kommen.

Die Familie des Klinkchefs wohnte in einer geräumigen Terrassenwohnung über der Klinik. Außer Ruth und Tochter Barbara gehörten noch Sohn Kai, sechzehn Jahre, und die sechsundsechzigjährige urbayerische Poldi, die Haushälterin, dazu.

Der Junge war noch in der Schule, als sich Ulrich an den gedeckten Tisch setzte, seiner Frau gegenüber.

»Babs ist da«, erklärte Ruth. Sie war ein dunkler, aber sehr sanft wirkender Typ. Jetzt schien sie allerdings etwas beunruhigt. »Sie hat uns etwas mitzuteilen.«

»Und du ahnst schon etwas?« Das war mehr eine Feststellung als eine Frage.

Doch Ruth hüllte sich in Schweigen. Sie wollte den Dingen nicht vorgreifen und versuchte, so objektiv wie möglich zu sein. Dennoch befürchtete sie, daß es an diesem Mittag hoch hergehen könnte.

Babs erschien. Sie trug enge Jeans, einen weiten Pulli. Die Haare waren zu einem Pferdeschwanz zusammengebunden. Der Papa bekam erst mal einen hörbaren Kuß, was ihm offensichtlich sehr behagte.

»Schön, daß du mit uns ißt, Kind! Schmeckt dir das Mensaessen nicht mehr?«

»Ich werde nicht mit euch essen«, erklärte Babs. »Es gibt nämlich Gulasch.«

»Was ist daran verkehrt?« Ulrich zog erstaunt die Brauen hoch.

»Ich esse ab sofort kein Fleisch mehr.« Demonstrativ zog sie die Folie von einem Becher Biojoghurt ab. »Das hier genügt mir.«

»Bist du unter die Ernährungsapostel gegangen?« erkundigte sich Ulrich mit einem breiten Grinsen. »Das legt sich wieder. Davon bin ich fest überzeugt.«

»Salat, Joghurt, etwas Obst, hin und wieder etwas Naturreis. Ich will nämlich abnehmen.«

»Was willst du?« Ulrich mußte sein Besteck hinlegen. Fassungslos glitt sein Blick über die gertenschlanke Figur seiner Tochter. In seinem Kopf klingelten schon die Alarmglocken: Magersucht! »Machst du Witze?«

»Keineswegs.« Babs behielt ihren überheblichen Gesichtsausdruck bei, obwohl ihr Herz heftig klopfte. »Keine Angst, Paps, ich bin nicht magersüchtig! Aber es müssen wirklich ein paar Kilo runter, wegen der Karriere.«

»Karriere?« Ulrich warf Ruth einen hilflosen Blick zu.

»Babs hat sich fotografieren lassen«, erklärte Ruth nun mit betont sachlicher Stimme. »Die Bilder sind bei einigen Agenturen gut angekommen. Eins ist sogar schon verkauft. Demnächst werden wir unsere Tochter auf einem Titelbild sehen.

»Herzlichen Glückwunsch!« sagte der stolze Vater. »Aber das ist doch eine gute Nachricht.«

Ruth schaute zur Seite, und Babs schluckte. Soeben trug Poldi eine große Terrine herein, aus der es appetitlich duftete.

»Laß nur, Poldi, ich leg' schon auf!« sagte Ruth.

Die Haushälterin zog sich zurück.

»Natürlich kannst du das nur machen, wenn das Studium nicht darunter leidet.«

»Papa!« stöhnte Barbara Waldner nach einem tiefen Atemzug. »Ich gebe das Studium auf, um Fotomodell zu werden.«

Dem Klinikchef gefror das wohlwollende Lächeln auf dem Gesicht. »Sag das noch mal!«

Langsam, Wort für Wort betonend, kam Babs der väterlichen Aufforderung nach. »Nun halte mir bloß keinen Vortrag über die sittlichen Gefahren, denen ich in diesem Beruf ausgesetzt bin.«

»Ich dachte, du wolltest Ärztin werden und mir später bei der Arbeit helfen!« Ulrich trank einen großen Schluck Wasser. »Ich hab' fest damit gerechnet, daß du irgendwann die Klinik übernimmst. Chefärztin Barbara Waldner! Frauen nach vorn, das ist immer meine Devise gewesen. Und nun machst du diesen Schritt zurück.«

»Wieso denn das? Ich werde viel Geld verdienen und unabhängig sein.«

»In der Modebranche bestimmen doch fast nur die Männer. Ich brauche wohl nicht zu betonen, daß mir dein Sinneswandel überhaupt nicht gefällt.«

»Aber du kannst mich nicht daran hindern!« rief Babs aus. »Ich bin volljährig und kann allein entscheiden, was...«

»Geschenkt!« Mit einer barschen Handbewegung unterbrach er sie. »Aber ich darf doch wenigstens noch meine Argumente vortragen, oder willst du mir einen Maulkorb anlegen?«

»Nein, natürlich darfst du deine Meinung sagen«, gestattete Babs großzügig. »Aber ich weiß, was ich will.«

»Mit anderen Worten, dein Entschluß steht unumstößlich fest?«

»So ungefähr.« Babs löffelte ihr Joghurt aus. Sie trank einen Schluck Wasser, dann schaute sie auf ihre Armbanduhr, ein Weihnachtsgeschenk ihres Papas. »So, jetzt muß ich aber los! Ich bin mit Marc Alberti verabredet.«

»Wer ist das? Oder habe ich kein Recht, das zu erfahren?« Ulrich spielte sehr überzeugend den verständnisvollen Vater.

»Mein Fotograf.«

»Und dein neuer Freund?«

»Nein, ganz und gar nicht! Privatleben und Beruf sind streng voneinander getrennt.«

»Da bin ich ja beruhigt.« Ulrich stieß die Luft aus. Babs hauchte ihren Eltern ein paar Kußhändchen zu, dann war sie verschwunden.

»Ist unsere Tochter verrückt geworden?« erkundigte sich Ulrich mit gedämpfter Stimme. Er schob seinen gefüllten Teller von sich fort. Der Appetit war ihm gründlich vergangen.

»Ich fürchte, ja«, erwiderte Ruth kummervoll. »Sie ist wie besessen von der Idee, ein großer Star zu werden.«

»Ich könnte mir diesen Alberti ja mal vorknöpfen…«

Ruth schüttelte den Kopf. »Das wäre verkehrt, Ulrich. Wir müssen wirklich versuchen, sie mit Argumenten zu überzeugen. Alles andere würde sie nur in ihrem Vorsatz bestärken.«

Ganz in Gedanken kehrte Ulrich in sein Chefarztbüro zurück, in dem schon sein Freund Stefan Frank auf ihn wartete.

»Was ist los, mein Alter? Ist dir die Petersilie verhagelt?«

»So kann man es auch nennen, Stefan. Babs will das Studium

schmeißen und ein weltberühmtes Model werden. Vielleicht kannst du dir denken, daß mir das nicht gefällt.«

Stefan lächelte vor sich hin. Im Gegensatz zu Ulrich machte er sich viel weniger Sorgen um die junge Frau, denn er wußte, daß sie intelligent genug war, um keine voreiligen Entscheidungen zu treffen. »Babs hat schon immer ihren eigenen Kopf durchgesetzt. Übrigens genau wie du, Ulrich.«

»Setz dich!« Ulrich bat seine Sekretärin um Kaffee. Dann streckte er erst einmal die Beine unter seinem Schreibtisch aus und seufzte tief. »Es wird mich aber viel Überzeugungsarbeit kosten, sie von dieser Idee abzubringen, Stefan, ich hoffe auf deine tatkräftige Mithilfe.«

Eine Untersuchung schloß sich an die nächste an, doch Ute protestierte nicht. Sie stellte auch keine Fragen. Ruhig und geduldig ließ sie alles über sich ergehen: Röntgenaufnahmen, Ultraschalldiagnostik, Computertomographie, Differentialblutbild, Knochenmarkspunktion und eine für sie recht schmerzhafte Mediastinoskopie.

Die Lymphknotenuntersuchung im Labor ergab dann eine für die Ärztin erschreckende Diagnose: Lymphogranulomatose, auch ›Morbus Hodgkin‹ genannt.

Stefan Frank starrte auf den seitenlangen Befund. Seine bösen Befürchtungen hatten sich bestätigt. »Entsetzlich!« stöhnte er auf. »Wie soll ich das beibringen?«

»Zuerst sollten wir mit dem Ehemann reden.« Ulrich wählte eine Telefonnummer. Etwas später hatte er Bertram Heidbrink in der Leitung. Er bat um ein baldiges Gespräch. »Am besten noch heute nachmittag. Doktor Frank, der Hausarzt Ihrer Frau, ist auch hier. Gegen vier? Okay. Ich erwarte Sie.«

Dr. Bertram Heidbrink kam fünf Minuten nach vier. Ganz außer Atem bat er um Entschuldigung.

»Setzen Sie sich!« bat Ulrich den Apotheker. »Die Untersuchungen bei Ihrer Frau sind abgeschlossen. Leider haben sie eine hochgradig bösartige Krankheit ergeben.«

Bertram hörte sich an, was Dr. Waldner vortrug. Er hatte schon mehrfach über diese Krankheit gelesen, so daß er einige fundierte Fragen stellen konnte. »Wie lautet Ihre Prognose?« wollte er abschließend wissen.

»Das hängt vom Stadium ab. Die Krankheit ist schon sehr fortgeschritten. Gelegentlich treten Spontanrückbildungen auf, aber sie sind nur vorübergehend, darum will ich mich jetzt noch nicht festlegen. Auf jeden Fall sollten wir sofort mit der Therapie beginnen. Ist Ihre Frau in der Lage, die Wahrheit zu ertragen?«

»Ich denke schon«, erwiderte Bertram. »Aber bitte, sagen Sie es ihr während meiner Abwesenheit!«

Ulrich schaute erstaunt auf. Heidbrink sah auf seine teure Rolex. »Ich muß in die Firma zurück. Sie verstehen?« Er nickte auch Dr. Frank zu. »Wiedersehen, die Herren. Und tun Sie Ihr Bestes!«

»Na, das ist aber ein Eisberg!« stellte Dr. Waldner fest, als Heidbrink gegangen war. »Ist der immer so?«

»Ich kenne ihn hauptsächlich nur aus den Erzählungen seiner Frau. Sie scheint nicht sehr glücklich mit ihm zu sein.«

»Die beiden haben ja auch den kranken Sohn. Erst gestern habe ich mit der Patientin darüber gesprochen. Ihr Mann lehnt den Jungen vollkommen ab, worüber sie natürlich sehr verbittert ist.« Ulrich schüttelte den Kopf. »Ich würde ihr so gern helfen, aber ich fürchte, wir werden den Kampf verlieren.«

»Ja, das fürchte ich auch«, pflichtete ihm Stefan Frank bei.

Ute wurde eine hochdotierte Röntgenbestrahlung der Lymphknoten und der Milz verordnet. Von der Wegnahme der Milz versprachen sich die Ärzte nichts. Dafür begann man mit einer aggressiven Chemotherapie, die Ute schwer zu schaffen machte.

Sie wartete sehnsüchtig auf den Tag, an dem diese Prozedur vorüber wäre. Aber Ute wußte ja, daß alles nur zu ihrem Besten geschah. Man hatte sie über die Bösartigkeit ihrer Krankheit aufgeklärt.

Gelegentlich kam Bertram zu Besuch. Jeden Abend gegen sieben rief er kurz an, um sich in sachlich-knappem Ton nach ihren Fortschritten zu erkundigen. Leider konnte sie ihm nichts Positives berichten.

Tatsächlich war Bertram nicht so gefühllos, wie er sich immer gab. Für ihn war seine Kälte eine Art Selbstschutz, um traurige Empfindungen erst gar nicht an sich heranzulassen. Er stürzte sich noch mehr in die Arbeit, wollte von Krankheit und schleichendem Verfall sowenig wie möglich sehen.

Ute litt nicht darunter, daß ihr Mann sie selten besuchte. Sie war froh, ihm ihren Anblick ersparen zu können. Hier in der Waldner-Klinik fühlte sie sich wie auf einer Insel der Aussätzigen. Die einzige Verbindung nach draußen war das Fernsehgerät, das sie aber kaum einschaltete.

Nach einer zweiwöchigen Behandlung ging es Ute so schlecht, daß abends eine junge Frau bei ihr erschien, die sich mit Anne Langenberg vorstellte. »Ich werde die Nacht über bei Ihnen bleiben, Frau Heidbrink«, sagte sie mit einem Lächeln, das Ute seltsam schmerzlich berührte.

»Aber das ist wirklich nicht nötig«, brachte die Patientin mühsam hervor, obwohl sie sich über dieses Angebot freute. »Wenn die Schmerzen zu groß werden, kann ich doch klingeln.«

Doch Anne ließ sich nicht wieder wegschicken. Sie nahm in einem Sessel Platz. Neben sich auf den kleinen Beistelltisch legte sie ein Lehrbuch.

Ute seufzte mit geschlossenen Augen. Anne bewegte sich

sowenig wie möglich, um die Patientin nicht am Einschlafen zu hindern. Sie griff nach ihrem Buch und schlug es auf.

»Was lesen Sie da?« ertönte die gepreßte Stimme der kranken Frau.

»Ein Lehrbuch für Medizinstudenten«, erwiderte Anne. »Internistische Differentialdiagnostik. Es ist ziemlich langweilig.«

»Sie studieren Medizin?«

»Ja. Aber das Stipendium reicht vorn und hinten nicht«, gab Anne etwas burschikos zu. »Darum muß ich mir noch etwas dazuverdienen.«

»Und Ihre Eltern?«

»Die sind beide tot.« Anne schwieg eine Weile. »Ich bin Vollwaise.«

»Armes Kind!« murmelte Ute.

»Ich bin gar nicht unglücklich, Frau Heidbrink. Ich habe mich längst daran gewöhnt, ohne Eltern zu leben. Mir ist auch gar nichts anderes übriggeblieben. Aber dafür habe ich liebe Freundinnen und Freunde.«

Es kam keine Reaktion mehr. Anne merkte an den jetzt regelmäßig gewordenen Atemzügen, daß die Patientin eingeschlafen war. Die Studentin nahm das Lehrbuch wieder zur Hand und gähnte verstohlen. Aber so langweilig ihr der Stoff auch vorkam, sie mußte sich durcharbeiten!

Inzwischen war es Mai geworden. Die Temperaturen kletterten rasch auf über dreißig Grad. Man fühlte sich regelrecht in den Hochsommer versetzt.

Anne verließ die Universität schon am Vormittag. Heute hatte sie nichts in der Waldner-Klinik zu tun. Das Wetter war so verlockend schön, daß sie gern ein wenig hinausgefahren wäre in die üppige Natur, doch allein konnte sie sich nicht aufraffen. Zwar hatte sie sich mit Sven wieder versöhnt, aber es war eigentlich mehr ein halbherziger Friedensschluß gewesen.

Sie sahen sich in der letzten Zeit noch seltener als vorher. Sven begründete das mit den umfangreichen Arbeiten für sein bevorstehendes Staatsexamen, das er mit allerbesten Noten zu absolvieren gedachte. Danach würde für ihn eine zweijährige Referendarzeit beginnen. Sven wollte seinen Dr. jur. während des Referendariats machen, dann eine Anwaltskanzlei eröffnen. »Und danach könnten wir heiraten, Anne«, hatte er schon mal vorgeschlagen.

Die junge Medizinstudentin war bei diesem Vorschlag stumm geblieben. Sven als Ehemann – das war für sie immer noch eine sehr komische Vorstellung.

Sie bog in die Straße zum Studentenwohnheim ein und brachte das Rad in den dafür vorgesehenen Abstellraum im Keller. Als sie auf ihr Zimmer zumarschierte, vertrat ihr ein Mann den Weg. Es war Dirk Buchholz.

»Nanu«, sagte Anne überrascht. »Was machst du denn hier? Hast du dich verlaufen?«

»Ich wollte dich abholen«, erklärte Dirk. »Ich habe auch frei. Und da kam mir die tolle Idee, mit dir raus ins Grüne zu fahren.«

»Wie komme ich zu der Ehre?« staunte Anne. »Tatsächlich habe ich auch daran gedacht. Aber mit dem Fahrrad ist es doch zu weit…«

»Na, dann komm! Ich hab' sogar einen Picknickkorb im Auto.«

»Mensch, du bist klasse!« Obwohl Ironie in ihrer Stimme mitschwang, freute sich Anne über Dirks Vorschlag. »Ich hab' mir ein paar Stunden Erholung wirklich verdient.«

Sie verschwand in ihrem Zimmer, das so klein war, daß sie Dirk keinen Platz anbieten konnte. Wenig später war sie wieder da, über dem Arm eine prall gefüllte Korbtasche. »Ich habe meinen Badeanzug eingepackt. Falls wir an einem See vorbeikommen…«

Es dauerte ein Weilchen, bis sie das Verkehrsgewühl der Stadt hinter sich lassen konnten. Eine Stunde später aber fuhren sie bereits durch eine schöne Landschaft im Süden der bayerischen Landeshauptstadt.

Anne ließ ihre Augen schweifen. Die Luft war gut, das spürte sie schon durch das offene Wagenfenster, sie fühlte sich wundervoll beschwingt. »Man sollte viel öfter aus der Stadt rausfahren«, stellte sie fest. »Ich hatte ganz vergessen, was für eine schöne Umgebung München hat.«

»Wollen wir erst ein Bad nehmen? Gleich hier in der Nähe ist ein Freibad am See.«

Natürlich war Anne einverstanden. Bei ihr kam Urlaubsstimmung auf. Wie gern hätte sie diesen Sommer Ferien im Süden gemacht. Aber es war sehr fraglich, ob sie sich das bei ihren knappen Finanzen erlauben konnte.

Wenig später planschten sie bereits vergnügt im Seewasser, das doch noch ziemlich kühl war.

Anschließend gab es kaltes Huhn, eingelegte Gurken und Cola. Anne aß mit großem Appetit. »Das war eine prima Idee von dir, Dirk«, sagte sie. Das halblange Haar hing ihr in Strähnen herab. Nach dem Essen rubbelte sie es trocken und fuhr dann mit einem groben Kamm hindurch.

Dirk betrachtete sie wohlwollend. »Hübsch bist du«, stellte er fest.

»Ach was, das merkst du erst jetzt?« lautete ihre Rückfrage.

Dirk registrierte erstaunt eine etwas raschere Herzschlagfolge. Er räusperte sich. »Was hast du denn da?« erkundigte er sich sachlich und deutete auf das dunkelrote Mal auf der Innenseite ihres linken Oberarms. Es war größer als ein Fünfmarkstück.

»Das ist angeboren. Ein Naevus flammeus. Sieht aus wie ein Weinfleck, nicht?«

»Solche Male können sich spontan zurückbilden«, meinte Dr. Buchholz.

»Das ist bei mir leider nicht der Fall. Aber es stört mich auch nicht sonderlich. Man sieht es ja kaum. Und gefährlich ist es auch nicht.«

Dirk angelte sich einen Apfel aus dem Korb, in den er herzhaft hineinbiß. »Wollen wir noch etwas weiterfahren? Oder was schlägst du vor?«

»Weiterfahren«, entschied Anne nach kurzer Überlegung. Sie genoß diesen unerwarteten Urlaubstag in vollen Zügen.

Abends kehrten sie nach München zurück. Dirk lud sie noch in eine Pizzeria ein. Und als sie kurz vor Mitternacht nach Hause zurückkehrte, fiel sie müde und zufrieden ins Bett. Plötzlich fiel ihr ein, daß sie Sven versprochen hatte, heute bei ihm anzurufen. Doch bevor sie sich noch länger in Gedanken mit dem Freund beschäftigte, schlief sie ein.

»Ich fürchte, Sie müssen sich auf Schlimmes gefaßt machen, Herr Heidbrink«, sagte Dr. Frank zu dem nervös wirkenden Mann. Bis jetzt jedenfalls zeigen die Therapien keine nennenswerte Wirkung.

»Ich begreife das alles nicht«, murmelte Bertram. »Meine Frau war immer etwas kränklich, das wissen Sie ja selbst, Doktor. Aber daß sie nun so schlimm krank sein soll...«

»Die Ursache für die Erkrankung des lymphatischen Systems ist ungeklärt. Wir wissen einfach noch zu wenig darüber.«

»Aber ich muß doch irgendeinen Anhaltspunkt haben, wie lange...«

»Das ist abhängig vom Krankheitsstadium, das bei Ihrer Frau schon weit fortgeschritten ist. Außerdem ist die Prognose beim Hodgkin-Sarkom schlechter als beim Paragranulom.«

»Warum operieren Sie nicht?«

»Erstens bietet ein Eingriff keine Vorteile. Zweitens ist Ihre Frau dafür viel zu schwach.«

»Mein Gott, als wenn ich nicht schon genug am Hals hätte!« klagte der Mann. »Von meinem Sohn höre ich auch nur schlechte Nachrichten. Er leidet jetzt schon an Verengungen der Herzkranzgefäße. Wo man hinschaut, nur Siechtum und Verfall!«

»Tut mir leid, daß Ihnen keine schöneren Bilder geboten werden«, sagte Stefan sarkastisch. »Einen schönen Nachmittag noch, Herr Doktor Heidbrink.«

Bertram zog es vor, auf diese Bemerkung nicht zu reagieren. Er ging zu seiner Frau hinein, hielt es jedoch nicht länger als eine Viertelstunde bei ihr aus. Der Anblick ihres wachsbleichen Gesichts, den tief in den Höhlen liegenden Augen machte ihm schwer zu schaffen.

Beim Abschied tätschelte er Utes Hand, murmelte rasch, daß schon alles gut werden würde, dann verdrückte er sich. Im Laufschritt verließ er die Waldner-Klinik. Erst als er in der warmen Luft stand, konnte er wieder voll durchatmen.

Wenn Ute schon sterben mußte, dann sollte sie es bald tun, damit er nicht länger in dieser nervenaufreibenden Ungewißheit leben mußte.

»Sie strahlen ja so, Anne«, sagte Ute leise, als die junge Frau den Raum betrat.

»Ich freue mich, weil heute mein Geburtstag ist.«

»Und wie alt werden Sie?«

»Zweiundzwanzig«, lautete die vergnügte Antwort.

Ute starrte das Mädchen mit ihren fiebrig glänzenden Augen an. »Zweiundzwanzig«, flüsterte sie. »Na, so was!«

»Was ist daran so bemerkenswert?« wollte Anne wissen. »Hätten Sie mich für älter gehalten? Oder für jünger?«

»Nein, es ist, weil… es ist nichts. Meinen herzlichen Glückwunsch, Anne!«

»Danke, Frau Heidbrink! Das ist für Sie abgegeben worden.«

Anne legte den obligatorischen Blumenstrauß vorerst auf die Fensterbank. Er kam von Bertram, der nach außen hin natürlich als treusorgender Ehemann erscheinen wollte, auch wenn er sich selten am Bett seiner todkranken Frau sehen ließ.

Aber immerhin denkt er an mich, überlegte Ute. Sie konnte allerdings nicht wissen, daß Bertram im nächstgelegenen Blumengeschäft so etwas wie ein Abonnement ausgehandelt hatte. Alle zwei Tage schickte man einen Strauß im Werte von fünfzig Mark. Abgerechnet wurde am Ende des Monats. Das war für ihn sehr bequem.

»Ich schau' später noch mal nach Ihnen, Frau Heidbrink.«

»Übernehmen Sie heute die Nachtwache?«

»Nein, das macht Britta. Ich feier nämlich mit ein paar Freunden.«

»Dann wünsche ich Ihnen schon jetzt viel Spaß.«

Ute schloß die Augen, als sie wieder allein war. Auf den Tag genau vor zweiundzwanzig Jahren war ihr kleines Mädchen geboren worden. Was für ein Zufall! Schon mehrfach hatte sie daran gedacht, daß ihr Baby heute ungefähr Annes Alter haben mußte.

Doch dann ermahnte sich Ute, endlich diese dummen Gedanken zu verscheuchen. An jenem Tag waren hier in München gewiß viele kleine Mädchen geboren worden. Doch so sehr sie sich auch bemühte, sie kam von ihren quälenden Gedanken nicht los.

Ute wußte, daß sie nicht mehr lange leben würde. Um so mehr beschäftigte sie die Vergangenheit. Wenn sie doch wenigstens wüßte, daß es ihrer Tochter gutging! Aber es gab keine Möglichkeit, das herauszufinden. Die Behörden weigerten sich, ihr den Namen der Adoptiveltern mitzuteilen. Und das zu Recht, da solche Aufdeckungen im Leben der betroffenen Menschen sehr viel Schaden anrichten konnte.

Sie klingelte. Schwester Mathilde erschien. Ute bat die Pflegerin, ihr ein teures französisches Parfum zu besorgen, außerdem einen bunten Frühlingsstrauß. Als Anne dann wiederkam, bat Ute die junge Frau, näher zu treten. »Das ist für Sie, Anne!«

Vor lauter Überraschung brachte Anne zunächst kein Wort hervor. »Oh, vielen Dank, Frau Heidbrink! Aber ich weiß gar nicht, ob ich das annehmen darf.«

Ute legte einen Zeigefinger über die Lippen. »Sie dürfen nicht nur, Sie müssen sogar. Denn damit machen Sie mir eine ganz große Freude.«

Anne wickelte das Päckchen aus und schnupperte an dem edlen Duft. »Ich bin ganz gerührt. Ich habe noch nie so ein kostbares Parfum gehabt.«

Sie setzte sich auf den Stuhl. Zwar hatte sie gleich frei, doch es drängte sie, noch ein paar Minuten mit der Patientin zu reden. Natürlich wußte auch die junge Aushilfskraft, daß es um Frau Heidbrink sehr schlechtstand.

»Ich wünsche Ihnen alles Gute für das neue Lebensjahr...« Ute brach ab. Fast hätte sie von dem Kind erzählt, das damals am gleichen Tag wie Anne geboren worden war. »Ich bewundere Sie, wie fest Sie mit beiden Beinen mitten im Leben stehen.«

»Manchmal fehlen mir meine Eltern schon.« Anne seufzte. »Es ist schon traurig, gar keine Familie mehr zu haben. Darum möchte ich später mindestens drei Kinder haben.«

»Haben Sie keine Geschwister?«

»Nein.« Anne biß sich auf die Lippen. »Ich bin ein Einzelkind. Meine Mutter... sie konnte keine eigenen Kinder haben. Ich bin von meinen Eltern adoptiert worden.« Seufzend brach Anne ab. »Nie werde ich wissen, wer meine leiblichen Eltern waren und warum sie mich nicht wollten. Aber was haben Sie denn, Frau Heidbrink?«

Ute war zurückgesunken. Die Atmung verschlechterte sich.

Anne betätigte sofort den Alarmknopf. Dr. Joachim Schlüter erschien.

Während er mit einer Untersuchung der Kranken begann, verließ Anne traurig mit ihrem Geschenk den Raum. Sie hätte Frau Heidbrink von ganzem Herzen gewünscht, bald wieder gesund zu sein. Aber nach menschlichem Ermessen würde sich dieser Wunsch nicht erfüllen. Dr. Waldner hatte neulich davon gesprochen, daß die Tage der Frau gezählt waren. Dabei war Ute Heidbrink noch so jung!

Draußen auf dem Parkplatz wartete Sven auf sie. Er hielt ein bunt eingewickeltes Päckchen in den Händen.

Anne ließ sich gnädig von ihm küssen. Dann schaute sie auf die Uhr. »Wir müssen los«, sagte sie. »Sonst sind die ersten Gäste schon vor mir da.«

Ihre Geburtstagsfeier wurde bei ihrer Freundin Fee gefeiert. Fee wohnte noch bei ihren Eltern, die zur Zeit verreist waren. So konnten die jungen Leute Haus und Garten nutzen.

Natürlich war auch Dirk eingeladen. Babs Waldner und einige Leute aus Annes Semester. Es gab Bier vom Faß, einen großen Topf Gulasch, Landbrot, Wurst und Käse. Das Bier hatte Dirk gespendet.

»Was hast du denn da?« fragte Sven.

»Ein Parfum. Eine Patientin hat es mir geschenkt.«

»Eine Patientin oder ein Patient?« forschte er in einem Anflug von Eifersucht. Er hatte sich nämlich nur zu zwei Stück Seife hinreißen lassen können, die neben dem Parfum völlig verblaßten.

»Eine Patientin«, antwortete Anne spitz.

»Es ist nicht zufällig von diesem Dirk Buchholz?«

»Nein. Aber wenn du mir nicht glaubst, kannst du ihn nachher fragen. Er ist nämlich auch eingeladen.«

»Das hättest du mir vorher sagen sollen, dann wäre ich nämlich gar nicht gekommen.«

»Was ist bloß mit dir los? Warum darf ich denn nicht alle meine Freunde zu meinem Geburtstag einladen?«

»Weil dieser Typ hinter dir her ist.«

»Ach ja? Woher weißt du das? Und wenn es so wäre? Was stört dich daran? Du bist letztes Wochenende auch mit dieser Marita ins Theater gegangen und nicht mit mir.«

»Sie ist in meiner Arbeitsgemeinschaft. Wir haben zusammen an der Seminararbeit gesessen.«

Anne horchte in sich hinein. Sie brauchte die Überlegene gar nicht zu spielen, sie fühlte sich wirklich so. Nicht ein Hauch von Eifersucht wehte an sie. Nachdenklich runzelte sie die Stirn. Bedeutete das nicht gleichzeitig auch, daß ihr Sven herzlich gleichgültig war?

Die Ankunft verhinderte, daß sie sich noch länger über das unerfreuliche Thema unterhielten. Fee erwartete sie schon am Garteneingang. Gemeinsam luden sie Svens Kofferraum aus. Dann zog sich Anne rasch um – und legte ein paar Tropfen von diesem betörenden Duft auf.

Nach und nach trafen die Gäste ein. Babs drückte ihrer Freundin ein weiches Päckchen in die Hand, in dem sich eine ganz süße Bluse befand.

»Sie müßte dir passen«, erklärte die Kommilitonin. »Ich hab' sie anprobiert. Wir haben ja die gleiche Größe.«

Sie bekam einen gerührten Dankeskuß. Dirk erschien erst gegen neun. Auch er brachte Anne noch etwas mit.

»Aber du hast doch schon das Bier bezahlt«, schimpfte Anne liebevoll.

»Es macht Spaß, dir was zu schenken, weil deine Augen dann immer so strahlen«, verteidigte sich der junge Arzt.

Bald hielt Anne eine hübsche kleine Ledertasche in der Hand. So eine Tasche hatte sie sich immer gewünscht. »Wie hast du gewußt, daß ich genau so etwas haben wollte?«

»Ich bin eben ein Hellseher«, verkündete Dirk fröhlich. »Ich hab' einfach einen Blick in dein Herz getan. Da wußte ich Bescheid.«

Sven hörte die letzten Worte des Rivalen. Wütend schoben sich seine Brauen zusammen. Am liebsten hätte er den anderen angepflaumt. Er beherrschte sich nur, weil er Anne nicht das Fest verderben wollte. Aber er nahm sich vor, mit ihr später mal ein ernstes Wörtchen zu reden.

»Was machen Sie für Geschichten, Frau Heidbrink?« Stefan Frank saß am Bett seiner Patientin. Nach einem unerklärlichen Hochschnellen des Fiebers ging es ihr jetzt wieder etwas besser.

»Bitte, geben Sir mir das Glas dort drüben!« Ute befeuchtete ihre Lippen, dann stellte sie es wieder ab. »Ich möchte Sie um einen Gefallen bitten, Doktor.«

»Sagen Sie mir nur, was ich für Sie tun kann!«

Die Patientin berichtete mit stockender Stimme von ihrer Vermutung. Stefan hörte geduldig zu. »Das ist natürlich ein merkwürdiger Zufall«, gab er zu. »Aber ein Beweis ist das nicht.«

»Ich bin fest davon überzeugt, daß Anne mein Kind ist.« Utes Augen brannten, als sie diese Worte hervorstieß. »Das Schicksal meint es doch noch gut mit mir. Es will, daß ich meine Tochter kennenlerne, bevor ich diese Welt verlasse.«

Stefan brachte es nicht fertig, ihre diese fixe Idee auszureden.

»Sie müssen mir helfen, Doktor. Ich möchte meinen Sohn noch einmal bei mir haben. Vielleicht könnte man es einrichten, daß auch Anne dabei wäre...«

Stefan griff nach Utes Hand. »Aber wie können Sie sich denn so sicher sein, daß sie es wirklich ist?«

»Ich fühle es«, antwortete Ute mit fast verklärtem Blick. »Eine Mutter merkt so etwas.«

Der Arzt hütete sich zu widersprechen, obwohl er ganz anderer Meinung war. Ute Heidbrink redete sich da etwas ein, wofür sie nicht den kleinsten Beweis hatte, außer dem übereinstimmenden Geburtsdatum und der Tatsache, daß Anne Langenberg ein Adoptivkind war.

»Wenn sie meine Tochter ist, dann werde ich alles in meinen Kräften stehende tun, um ihr wenigstens eine gesicherte Zukunft zu hinterlassen. Das ist das Mindeste, was ich noch für Sie tun kann.«

»Beruhigen Sie sich erst einmal, Frau Heidbrink! Die Aufregung bekommt Ihnen gar nicht gut. Sie müssen zuallererst an sich selbst und an Ihre Gesundheit denken.«

»Bitte, holen Sie Ralf aus dem Heim!« Utes Augen füllten sich mit Tränen. »Mein Mann wird mir diese Bitte nicht erfüllen. Ich habe schon eine Absage bekommen. Angeblich ginge es Ralf besser, wenn man ihn aus seiner gewohnten Umgebung nicht herausholt. Aber ich möchte ihn sehen. Vielleicht zum letzten Mal.«

»Ich werde es übernehmen«, versprach Stefan Frank. »Sie werden mir allerdings eine Vollmacht ausstellen müssen.«

»Und noch etwas Wichtiges. Bitte, rufen Sie meinen Notar an! Hier habe ich die Nummer aufgeschrieben. Er soll zu mir kommen, sobald er Zeit hat. Sagen Sie ihm, daß mir nicht mehr allzuviel Zeit bleibt, denn Dr. Martens ist ständig ausgebucht. Aber in diesem Fall wird er vielleicht eine Ausnahme machen.«

Die Klarsicht dieser Frau, die womöglich tatsächlich ihr Ende kommen sah, berührte Stefan tief. Er versprach Ute, alles in ihrem Sinne zu regeln, bat sie aber auch, sich keinen voreiligen Schlüssen hinzugeben.

Sie legte verschwörerisch den Zeigefinger auf den Mund, wobei sie sogar ein kleines Lächeln zustande brachte, das an die Ute Heidbrink von früher erinnerte. »Und kein Wort zu meinem Mann. Das müssen Sie mir in die Hand versprechen.«

Dr. Frank tat es. Dann verabschiedete er sich von seiner Patientin, nachdem er ihr gute Besserung gewünscht hatte. Es war zwar unwahrscheinlich, daß ein solcher Zustand noch einmal eintreten würde, aber als Arzt hoffte er bis zum allerletzten Augenblick. Es gab immer wieder Patienten, die ihren Ärzten große Rätsel aufgaben, indem sie wie durch ein Wunder wieder gesundeten. Das wünschte Stefan auch Ute Heidbrink.

Als Dirk Buchholz in der Zeitung die Heiratsanzeige seiner ehemaligen Freundin Silke von Murnau mit einem gewissen Hans-Peter Gerschke las, blieb ihm die Frühstückssemmel fast im Hals stecken. Zwar war der Trennungsschmerz längst verflogen, aber daß sie so schnell einem anderen ihr Jawort geben würde, hätte er nun doch nicht gedacht.

»He, was ist los?« Anne stieß ihn sanft in die Rippen. Sie hatte seine großen Augen und die kleinen bitteren Falten um den Mund sehr wohl bemerkt. Sie saßen im Kasino.

»Soeben hat eine Episode ihr Ende gefunden«, erklärte Dirk betont dramatisch. »Silke hat einen anderen geheiratet.«

»Und nun bist du am Boden zerstört?«

»Na ja, es geht«, erklärte er, jetzt schon wieder spöttisch lächelnd. »Es war nur der erste Schreck. Aber traurig ist es doch, wie die Liebe kommt und geht. Niemals kann man sich eines Menschen sicher sein.«

Anne schaute jetzt ganz nachdenklich vor sich hin. »Ich weiß nicht, ob du recht hast«, bemerkte sie schließlich. »Vielleicht darf man seine Erwartungen nicht zu hoch stecken. Denn wenn man das tut, ist die Enttäuschung schon vorprogrammiert.«

»Du würdest eine perfekte Eheberaterin abgeben. Nein, ganz im Ernst! Für dein Alter bist du unwahrscheinlich klug.«

»Paß nur auf, daß ich dir nicht deine Ohren langziehe! Ich mag es nicht, wenn man sich über mich lustig macht.«

»Tu' ich gar nicht, wirklich nicht!« rief er beschwichtigend.

Dann faltete er energisch die Zeitung zusammen. »Ich schaue nicht zurück, nur nach vorn und werde schon noch eine Frau finden, mit der es sich lohnt, was Gemeinsames aufzubauen. Ober meinst du, es will mich keine?«

»Weiß ich nicht«, gab Anne etwas einsilbig zurück. »Ich muß auf die Station zurück. Frau Heidbrink bekommt heute vormittag wieder Chemotherapie. Anschließend geht es ihr immer so schlecht, daß unbedingt jemand bei ihr sein muß. Wußtest du übrigens, daß sie einen Sohn mit einer schrecklichen Krankheit hat?«

»Ja, ich hab's gehört.« Dirk verzog den Mund. »Er leidet an vorzeitiger Vergreisung.«

Anne stand auf.

»Gehst du heute abend mit mir ins Kino?« wollte Dirk wissen.

»Eigentlich muß ich noch was für die Uni tun«, erwiderte Anne zögernd, obwohl sie schon Lust verspürte, mit ihm auszugehen. Sie war gern mit ihm zusammen. Ihr Verhältnis hatte etwas Unkompliziert-Fröhliches, auch wenn sie sich gegenseitig ihr Herz ausschütteten.

»Du kannst es dir ja noch überlegen«, schlug der junge Arzt vor. »Ich bin bis fünf in der Klinik.«

»Ich sag' dir Bescheid.« Anne winkte und ging auf die Privatstation zurück. Sie meldete sich im Schwesternzimmer, zog einen frischen grünen Kittel an, dann hielt sie sich in Bereitschaft.

Als Dr. Schlüter und Schwester Hilde aus Utes Zimmer kamen, baten sie die junge Aushilfskraft, hineinzugehen und jede Änderung im Zustand der Patientin sofort zu melden.

»Guten Tag, Frau Heidbrink«, sagte Anne. Als sie die Kranke anschaute, blieb ihr jedoch der zur Schau getragene Optimismus im Hals stecken. Die heutige Therapie hatte Ute wirklich entsetzlich mitgenommen. Sie war ganz wächsern im Gesicht und wirkte alt und verhärmt. Ein Teil ihres schönen Haares war bereits ausgefallen. Auf den Zähnen hatte sich ein gelblicher Belag festgesetzt.

»Ich sehe furchtbar aus, nicht wahr?« murmelte Ute.

»Sie sind krank, Frau Heidbrink. Krankheit ist nie schön. Aber wenn Sie erst wieder gesund sind...«

»Ich glaube nicht daran.« Sie richtete sich erschöpft auf.

»Warten Sie, ich werde Ihnen das Kopfkissen etwas aufschütteln, damit Sie höher liegen.« Anne wirbelte es einmal durch die Luft und wandte sich dann der Patientin wieder zu.

Ute starrte die junge Frau mit großen Augen an. Beim Schütteln des Kissens waren die Ärmel ein wenig zurückgerutscht – und sie hatte das Muttermal gesehen.

»Ihr Baby hat einen Weinfleck am Arm«, hatte damals die Hebamme gesagt.

Nur ganz kurze Zeit hatte sie das kleine Wesen bei sich behalten, da das Kind Körperkontakt nötig gehabt hatte. Dennoch hatte ihr die Hebamme geraten, so zu tun, als wäre es ein fremdes Baby. Die Leute hatten gut reden – als wenn das so einfach gewesen wäre!

Sie erinnerte sich noch genau, wie sie staunend die winzigen Händchen gestreichelt und sich das Muttermal angeschaut hatte, das sich an der linken Innenseite des Oberarms befunden hatte. Und nun hatte Anne an der gleichen Stelle ein solches Mal!

Ute glaubte nicht mehr an einen Zufall. Sie wußte, daß ihre leibhaftige Tochter vor ihr stand. Das Schicksal zeigte ihr am Ende ihres Lebens noch einmal seine Gnade.

Sie griff nach Annes Hand und hielt sie so lange fest, daß es der jungen Frau schon ganz unbehaglich wurde. »Ich mag dich sehr, Anne. Ich darf doch du zu dir sagen? Du bist ein sehr liebes Mädchen. Und wenn du bei mir bist, geht's mir immer gut. Kommt, sooft du kannst! Ich würde mich sehr freuen.«

Anne drückte die Hand der Patientin. »Nach Ihrer Entlassung…«

»Ich werde hier sterben«, fuhr Ute mit weicher Stimme fort. »Ich hätte gern noch gelebt, jetzt erst recht. Aber es scheint nun mal Gottes unerforschlicher Wille zu sein…«

Anne schwieg erschüttert. Die Patientin wußte also genau Bescheid über sich. »Soll ich Ihren Mann anrufen?«

»Nein. Ich will ihn nicht belästigen. Er hat sich kopfüber in seine Arbeit gestürzt, um mein Leiden nicht mit anschauen zu müssen. Vielleicht hätte ich genauso reagiert.«

Ute fragte sich, warum sie Bertram vor anderen immer noch in Schutz nahm. Sie fand keine Antwort. Fest stand für sie jedenfalls, daß es ihr gar nicht wichtig war, ihn um sich zu haben. Innerlich waren sie schon weit voneinander entfernt. »Morgen kommt Doktor Frank mit Ralf. Wenn Sie mögen, schauen Sie doch auch vorbei, dann können Sie meinen Sohn kennenlernen! Aber Sie dürfen nicht erschrecken.«

»Ich weiß, Frau Heidbrink. Ich werde mich nicht erschrecken, das verspreche ich Ihnen.«

Aber das tat Anne am nächsten Tag dann doch, als sie das eingefallene Vogelgesicht mit den unzähligen Falten sah. So schlimm hatte sie sich diese Krankheit nicht vorgestellt.

Ralf gab ihr seine kleine knochige Hand, lächelte sein zahnloses Lächeln und sprach mit dünner Greisenstimme.

Die Studentin war von diesem Kind fasziniert. Sie sprach ganz natürlich mit ihm.

Ute betrachtete die beiden mit feuchten Augen. Wie würde Anne reagieren, wenn sie wüßte, daß Ralf ihr leiblicher Bruder war? Sie war fest davon überzeugt, daß diese liebenswürdige, erfrischende junge Frau dem kranken Kind nur Liebe und Herzlichkeit entgegenbringen würde.

»Wenn Sie möchten, gehe ich ein wenig mit ihm im Englischen Garten spazieren«, schlug Anne vor.

Ute nickte ihr zu. Denn sie wollte noch gern mit Dr. Frank unter vier Augen sprechen. Und als sie ihm endlich ihre letzte Beobachtung mitteilte, da begann auch der Doktor aus Grünwald daran zu glauben, daß Anne Langenberg wirklich Utes Tochter war.

»Wir sollten dieses Angebot nicht ausschlagen.« Marc Alberti breitete generös die Arme aus. »Es handelt sich um ein sehr angesehenes Herrenmagazin. Hier, schau dir die letzte Nummer an! Die Aktbilder sind sehr geschmackvoll. Das hat überhaupt nichts mit Pornografie zu tun.«

Babs wurde der Hals eng, als sie sich die Fotos ansah. Es stimmte, was Alberti sagte, dennoch war die amerikanische Schauspielerin nackt bis auf einen albernen Strumpfgürtel. Und man konnte *alles* sehen!

»Denk an das Geld! Du wirst mit einem Schlag über Nacht berühmt sein.«

»Ja, aber auf eine unangenehme Art. So habe ich mir das aber nicht vorgestellt, Marc. Außerdem könnte es doch sein, daß ich mir mit solchen Bildern eine Karriere in der Modebranche verderbe.«

»Aber nein!« Er riß die Arme hoch und schaute in gespielter Verzweiflung an die Decke. »Heutzutage doch nicht mehr. Nacktheit ist längst gesellschaftsfähig.«

»Meinen Eltern würde das überhaupt nicht gefallen«, seufzte Babs, die nun doch schwankend geworden war.

»Die werden sich schon damit abfinden. Die meisten Väter sind stolz auf ihre schönen Töchter. Dazu haben sie ja auch allen Grund. Deiner wird es auch sein.«

Das konnte sich Babs nun beim besten Willen nicht vorstellen. »Nee, Marc,« sagte sie. »Das kann ich nicht machen. Ich hab' dazu keine Lust. Schon die Vorstellung, vor dem ganzen Team nackt rumzuliegen, paßt mir nicht.«

»Prüdes Puttchen!« rief er, jetzt schon leicht wütend, weil er sowohl seine Felle als auch das schöne Honorar davonschwimmen sah. »In welchem Jahrhundert lebst du eigentlich? Du gehörst doch zur modernen, aufgeklärten Jugend, sollte man meinen. Habe ich mich denn so in dir getäuscht?«

»Möglich«, erwiderte Barbara kühl, die ihre Fassung wiedergefunden hatte. »Ich halte Scham durchaus nicht für altmodisch. Und ich schäme mich, so was zu machen.«

»Dann kriegt Mimi den Zuschlag.«

»Meinetwegen.« Die Chefarzttochter angelte nach ihrer Umhängetasche. »Wenn du noch mal was Seriöseres anzubieten hast, kannst du dich ja wieder bei mir melden. Ich gönne Mimi den Job. Sie wartet ja schon lange auf ihre Chance.«

Alberti unterdrückte ein Aufstöhnen. Mimis barocke Figur war viel weniger gefragt als Babs' ästhetische und makellose Schlankheit. Aber das wollte er dem Mädchen nicht auf die Nase binden, weil sie dann nur noch eingebildeter durch die Welt laufen würde.

»So, hör doch, Barbara!«

»Nein. Dabei bleibt's, Marc! Und jetzt muß ich nach Hause. Meine Familie wartet mit dem Essen auf mich.«

»Ich habe Vorauskasse für dich geleistet, meine Liebe. Meine Unkosten wirst du mir erstatten müssen, wenn du mich jetzt hängen läßt.«

»Schick mir die Rechnung!« versetzte sie schnippisch und war auch schon zur Tür hinaus.

Ute hatte lange überlegt, ob sie mit Bertram über ihre Entdeckung sprechen sollte, doch dann tat sie es nicht. Sie würde schweigen. Ein anderer sollte dann nach ihr die wahren Verhältnisse bekanntgeben. Zu diesem Zeitpunkt aber würde Anne schon abgesichert sein.

Der Notar war nicht erstaunt gewesen, als sie eine Neufassung ihres Testaments verlangt hatte. Jedenfalls hatte er sich nichts anmerken lassen.

Ute und Bertram Heidbrink lebten seit der Eheschließung in Gütertrennung. Ute hatte einen Teil ihrer damaligen Erbschaft dazu verwandt, eine Apotheke zu kaufen, als deren alleinige Eigentümerin sie auch eingetragen war. Außerdem besaß sie ein ansehnliches Vermögen auf der Bank. Die Villa gehörte ihr ebenfalls.

Sie war Dr. Frank so dankbar, daß er sich die Zeit genommen hatte, Ralf aus dem Heim abzuholen und wieder zurückzubringen. Stefan Frank war ihr Mitwisser. Er allein wußte, daß sie diesen Nachmittag mit ihren beiden Kindern in tiefer Seelenruhe verbracht hatte.

»Nun kann ich in Frieden sterben, Doktor«, hatte sie am nächsten Tag zu ihm gesagt. »Kümmern Sie sich ein bißchen um Anne, obwohl ich weiß, daß sie gut allein zurechtkommen wird. Darüber bin ich sehr glücklich.«

»Ich werden an Annes Entwicklung teilnehmen, so lange mir das möglich ist.« Stefan unterbrach sich kurz, doch dann entschloß er sich, seiner Patientin eine Beobachtung weiterzugeben. »Sie ist übrigens mit einem jungen Arzt befreundet. Ich habe den Eindruck, daß die beiden sich gut verstehen. Vielleicht wird ja eines Tages mal ein Paar aus ihnen.«

»Das wäre schön. Ich habe noch einen großen Wunsch auf Erden: daß meine Tochter glücklicher wird als ich es war. Und Ralf… er wird mir wohl bald folgen.«

Drei Tage nach diesem Gespräch wurde die Chemotherapie vorzeitig eingestellt, weil die Ärzte nichts mehr von ihr erhofften.

An ihrem letzten Lebenstag war Anne bei ihr.

Ute Heidbrink starb in der Nacht von Samstag auf Sonntag, ohne ihren Mann noch einmal gesehen zu haben.

Anne war von dem Vorgang des Sterbens tief berührt. Noch

lange hielt sie die Hand der Toten, während Dr. Schlüter die Todeszeichen feststellte.

»Gute Reise«, flüsterte die junge Frau und ging erschüttert hinaus. Natürlich war ihr klar gewesen, daß Ute sterben mußte. Und trotzdem hatten alle hier auf der Station doch noch auf ein Wunder gehofft – bis auf die Patientin selbst.

Nachtschwester Ingrid rief bei Bertram Heidbrink an, doch dort meldete sich nur der automatische Anrufbeantworter. »Bitte melden Sie sich sofort in der Waldner-Klinik!« preßte die Pflegerin hervor, bevor sie auflegte. Anne stand neben ihr. »Manche Leute sind unmöglich«, schimpfte Ingrid. »Die lassen sich durch nichts in ihrer Nachtruhe stören, noch nicht einmal vom Tod eines nahen Angehörigen.«

Schweigend ging Anne zum Kaffeeautomaten. Der Tag dämmerte herauf. Es sollte wieder schön werden. Ute Heidbrink konnte diesen sonnigen Tag nicht mehr erleben.

»Sei nicht so traurig, Anne!« bat Dirk leise. Und plötzlich zog er sie an sich, nahm sie in seine Arme und hielt sie ganz fest.

Die Studentin machte keine Anstalten, sich von ihm zu lösen. Sie waren an die Isar gefahren, um dort ein bißchen spazierenzugehen. Anne hätte schlafen sollen, aber das war ihr nicht gelungen. Sie konnte die Gedanken nicht von Ute Heidbrink lösen.

Etwas verwundert lauschte sie Dirks Herzschlag. Ganz langsam hob sie das Gesicht, um zu ihm aufzuschauen. Das Strahlen in seinen Augen überraschte sie eigentlich nicht. Sie selbst empfand ja auch in der letzten Zeit eine heillose Verwirrung, wenn sie mit ihm zusammen war, was sie dann immer mit spöttischen Bemerkungen zu überspielen suchte.

»Nanu«, sagte Dirk und lächelte etwas verlegen. »Jetzt sind wir uns doch plötzlich ganz nahe gekommen.«

Anne lachte. Damit war die erotische Spannung zwischen ihnen erst einmal wieder gebannt. Eine Tatsache, die sie im stillen ein wenig bedauerte. Sie hätte ganz gern gewußt, wie es mit ihnen weitergegangen wäre.

Ehrlich gesagt, empfand sie Neugier. Sehnsucht und den Drang, Dirk von dieser Seite unbedingt kennenlernen zu wollen. Als Freund und Kumpel kannte sie ihn ja nun schon. Aber wie mochte er als Liebhaber sein? Die Frage beschäftigte sie nachhaltig.

»Worüber denkst du nach?« erkundigte sich Dirk, nachdem er eine Weile ihr Gesicht betrachtet hatte, dessen Ausdruck er nicht zu deuten wußte.

»Über alles mögliche«, erklärte sie ausweichend. »Ute Heidbrink geht mir nicht mehr aus dem Sinn. In ihren letzten Stunden war sie allein.«

»Aber du warst doch bei ihr.«

»Schon. Eigentlich hätte ihr Mann bei ihr sitzen müssen. Ich war doch eine Fremde für sie. Aber es sah nicht so aus, als wenn sie ihn vermißt hätte. Die Heidbrinks waren wohl nicht sonderlich glücklich miteinander. Wenn alle Ehen mehr oder weniger so verlaufen, dann sollte man sich die Sache mit der Heirat noch mal gut überlegen.«

»Es gibt ja auch positive Beispiele, an die man sich halten kann«, meinte Dirk Buchholz. »Und man kann sich doch immer vornehmen, es besser zu machen als die anderen.«

Die beiden jungen Leute hatten ihren Spaziergang längst wieder aufgenommen. Jetzt spürte Anne doch, daß sie die ganze letzte Nacht nicht geschlafen hatte, aber sie wollte auch nicht in ihrem winzigen Studentenzimmer allein sein.

»Fahren wir zu mir!« schlug Dirk vor, der eine hübsche Wohnung besaß. »Ich mache uns etwas zu essen. Wir trinken ein Gläschen Wein dazu, hören Musik oder sehen fern – ganz wie du willst.«

Anne nahm den Vorschlag an. Dirk bestand darauf, daß sie

sich in dem gemütlichen Wohnzimmer ausruhte. Ihr gefiel es, so verwöhnt zu werden. Sven wäre so etwas nicht im Traum eingefallen. Im Gegenteil! Insgeheim schien er immer noch der Ansicht zu sein, daß solche Arbeiten viel besser zu Frauen als zu Männern paßten.

Auch den Abwasch überließ er meistens ihr, wenngleich er es sich nicht nehmen ließ, hinterher Stichproben zu machen, ob auch wirklich alles so sauber geworden war, wie es seinen Vorstellungen entsprach.

Dirk zauberte in einer Viertelstunde einen schmackhaften Tomatensalat, Spiegeleier mit Speck und eine Flasche Wein auf den gedeckten Tisch. Das einfache Essen schmeckte Anne hervorragend.

Anschließend machte sie es sich auf der Couch bequem. Dirk legte leise Gitarrenmusik auf. Wenig später war Anne eingeschlafen.

So fand er Muße genug, sie verliebt zu betrachten. Er streichelte sie sanft. Sie schien es nicht zu merken. Er war froh, sie bei sich zu haben. Irgendwann trug er sie ins Schlafzimmer hinüber, zog ihr den Rock aus, wobei sie ihm verschlafen half. Doch kaum lag sie wieder lang, schlief sie weiter.

Behutsam kroch er auf der anderen Seite unter die Decke und genoß noch ein wenig ihre Nähe, bevor auch ihm die Augen zufielen.

»Grüß dich, Stefan!« Barbara winkte dem Freund, der soeben seinen Wagen auf dem Parkplatz der Waldner-Klinik abstellte. Sie wartete, bis er ausgestiegen war, um ihn dann mit zwei Küßchen zu begrüßen.

Stefan legte einen Arm um die Schultern der jungen Frau. »Wie geht's dir, Babs?«

»Ganz prima«, erwiderte sie mit gerunzelter Stirn. »Hast du einen Moment Zeit für mich?«

»Aber klar, sogar länger. Gehen wir ein Stück zusammen?« Stefan hakte sich bei Babs unter, die fast so groß war wie er. Aus dem schlaksigen Mädchen war eine attraktive Frau geworden. Das merkte er an den Blicken der männlichen Passanten, die mehr oder weniger verstohlen Babs streiften.

Dem Grünwalder Arzt fiel ein, daß er Ulrichs ausdrücklichem Wunsch noch nicht entsprochen hatte, auf die Tochter einzuwirken, um ihr die Fotomodell-Karriere auszureden.

»Papa hat dir ja sicher erzählt, daß ich mit dem Studium aufhören will.«

»Hat er.« Stefan nickte bekräftigend.

»Und? Findest du das nicht skandalös?«

»Daß du dir etwas suchst, wo du viel schneller dein eigenes Geld verdienst?« Stefan zuckte gleichmütig mit den Schultern. »Ich sehe mich nicht gern in der Rolle eines Richters. Woher soll ich wissen, was für dich besser ist. Nicht jeder ist schließlich für den Arztberuf geschaffen. Du bist da eben hineingewachsen, weil deine Eltern auch beide Ärzte sind. Aber oft ist es ja so, daß sich die Kinder schließlich für etwas ganz anderes entscheiden, was die Eltern dann als abwegig empfinden. Wenn du meinst, daß du lieber eine internationale Karriere machen willst...«

»Das klingt verlockend, nicht?« Babs lachte leise. »Jedenfalls war ich von dieser Vorstellung ganz hingerissen. Ich bin es immer noch. Aber wenn ich an später denke, würde ich doch lieber etwas Ordentliches lernen.« Sie blieb stehen und öffnete ihre Collegemappe. »Schau mal!«

Babs holte einige großformatige Fotos hervor und hielt sie dem Freund hin.

Die Fotos zeigten Babs in verschiedenen Posen. Einmal burschikos zurechtgemacht, dann wieder elegant und sportlich. »Donnerwetter!« entfuhr es Dr. Frank. »Ich erkenne dich ja kaum wieder.«

»Da siehst du mal, was man aus einem Gesicht machen kann.«

»Du bist wirklich sehr fotogen, Babs.« Stefan gab der Tochter seines Freundes die Bilder zurück.

»Das hat der Fotograf auch gesagt. Er will mich ganz groß rausbringen. Aber vorher soll ich mich für ein Herrenmagazin auszuziehen.«

»Und?« Stefan blieb unbeeindruckt. »Hast du zugesagt?«

»Eigentlich wollte ich deine Meinung darüber hören«, sagte Babs nach einer Weile nachdenklich. »Das ist aber gar nicht mehr nötig, Stefan. In dem ich mich mir dir unterhalten habe, ist mir die Erleuchtung gekommen. Ich werde es nicht tun, sondern jetzt erst mal mein Praktikum in der Klinik meines Vaters machen.«

»Na prima! Da bin ich aber froh, daß ich dich nicht mehr auf den rechten Weg bringen muß. Du bist ein Prachtmädchen, Babs! Dein Vater wird erleichtert aufatmen.« Er schaute auf die Uhr. »Jetzt muß ich aber zurück. Die Patienten warten auf mich.«

Babs fühlte sich nach ihrer Entscheidung richtig erleichtert. Noch am gleichen Tag rief sie Marc Alberti an und erklärte ihre Zusammenarbeit für endgültig beendet – und zwar in jeder Hinsicht. Weder nackt noch angezogen wollte sie ihre Karriere in der Modebranche beginnen. Sie würde das Medizinstudium absolvieren und sich dann für eine bestimmte Fachrichtung entscheiden.

Verwundert schaute Anne auf den Brief, der von Dr. Martens kam. Was hatte sie mit einem Notar zu tun? Unschlüssig drehte sie den Brief in den Händen. Der Jurist bat sie, am kommenden Freitag um elf in seiner Kanzlei zu erscheinen.

Am Nachmittag in der Waldner-Klinik sprach sie mir Dirk darüber, der das Schreiben ebenfalls las. »Aus dem Text geht absolut nichts hervor«, stellte er fest. »Vielleicht hast du etwas geerbt.«

»Unsinn! Ich habe keine Verwandten. Und von einem reichen Erbonkel in Amerika hat meine Mutter nie etwas erwähnt.«

»Du wirst es am Freitag erfahren«, meinte Dirk.

Sie tippte ihn leicht mit dem Finger auf die Schulter. »Kommst du mit?« bat sie leise.

»Wenn es dir hilft. Ich habe zufällig einen freien Tag. Du kannst also auf meinen Beistand zählen.« Er lachte sie an.

Sie drückte ihm rasch einen Kuß auf die Wange. »Danke!«

Als sie ihre Arbeit in der Waldner-Klinik an diesem Tag beendete, wartete draußen eine düster dreinblickende Überraschung auf sie. »Hallo«, sagte Sven unfroh. »Dich bekommt man ja gar nicht mehr zu Gesicht.«

»Ich habe viel zu tun«, erwiderte sie ausweichend.

»Und ich habe endlich ein Recht darauf, die Wahrheit zu erfahren, oder?«

»Wie du meinst.« Seufzend ging sie einen Schritt voraus. »Wir können uns drüben in dem Café unterhalten.«

Sie fanden einen freien Tisch. Anne bestellte eine Limonade. Sven einen Kaffee.

»Ich habe neulich fast bis zum frühen Morgen vor dem Heim auf dich gewartet. Du bist nicht gekommen.«

»Ich habe bei Dirk übernachtet«, erwiderte Anne mit betonter Gleichmütigkeit. »Ich hatte nämlich die Nacht vorher kein Auge zugetan. Darum habe ich mich von ihm zum Essen einladen lassen.«

»Und anschließend in sein Bett, wie?«

»Ganz richtig.« Ihre Augen blitzten spöttisch. »Wie hast du das erraten, Sven? Aber beruhige dich! Es ist nichts passiert. Ich war nämlich viel zu müde. Und Dirk viel zu rücksichtsvoll. Schade eigentlich! Ein bißchen draufgängerischer hätte er ruhig sein können.«

Sven preßte wütend die Lippen zusammen. »Unter diesen Umständen erkläre ich unsere Beziehung für beendet«, sagte er. »Bitte, hol morgen deine Sachen ab, die noch bei mir rumliegen, damit ich endlich wieder etwas Ordnung bei mir schaffen kann.«

»Mach ich, Sven!« Anne nuckelte an ihrer Limo und betrachtete neugierig die anderen Gäste des Cafés. Der endgültige Bruch mit Sven ließ sie vollkommen unberührt. Die Trennung war ja auch längst überfällig gewesen. Der Jurastudent winkte der Kellnerin. »Zahlen, bitte!«

»Ein Kaffee und eine Limo, das macht...«

»Ich übernehme nur den Kaffee«, erklärte Sven von oben herab. »Die Dame zahlt für sich allein.«

Notar Martens beendete seine Ausführungen und schaute Anne fragend an. Die junge Frau war so erschüttert, daß sie kein Wort hervorbrachte. Frau Ute Heidbrink geborene Cramer hatte sie, Anne Langenberg, mit einem ansehnlichen Vermögen bedacht!

Der Hals war ihr eng. Hilflos hob sie die Arme. »Ich begreife das nicht«, erklärte sie. »Hier muß ein Mißverständnis vorliegen. Wie kommt Frau Heidbrink dazu, mir etwas zu vererben?«

Der Notar lächelte wissend. Doch noch war er nicht befugt, die Schleier der Vergangenheit zu lüften. »Sie haben Frau Heidbrink gepflegt...«

»Ich habe bei ihr Wache gehalten«, berichtigte Anne dem Notar. »Die Krankenpflege oblag den Ärzten und den Schwestern.«

»Frau Heidbrink hat kurz vor ihrem Tod ihr Testament zu Ihren Gunsten geändert, Frau Langenberg. Sie haben natürlich das Recht, das Erbe auszuschlagen, denn damit fällt Ihnen natürlich auch eine große Verantwortung zu. In der Apotheke arbeiten zehn Personen. Frau Heidbrink weist ausdrücklich darauf hin, daß die Arbeitsplätze unter allen Umständen erhalten bleiben müssen.«

»Aber ich verstehe nichts von der Leitung eines solchen Betriebs«, wandte Anne zögernd ein.

»Das macht ja nichts. Sie müssen das ja nicht selbst tun, sondern können einen erfahrenen Mitarbeiter mit der Leitung beauftragen.« Dr. Martens schaute verstohlen auf die Uhr. Der nächste Mandant wartete schon. »Sie haben drei Wochen Zeit, sich alles reiflich zu überlegen. Denken Sie an das große Vermögen, das Ihre Zukunft sichert!«

»Wie wird Frau Heidbrinks Mann darauf reagieren?«

»Auch er ist hinreichend bedacht worden, Frau Langenberg. Wenn Sie noch Fragen haben, rufen Sie mich an. Selbstverständlich werde ich Sie bei allen Problemen beraten.«

Mit diesen freundlichen Worten war Anne entlassen.

Dirk wartete draußen in einem geschmackvoll eingerichteten Wartezimmer auf sie. »Und?« forschte er atemlos, als er in ihr fassungsloses Gesicht sah.

»Ich sag's dir draußen«, flüsterte Anne. Als sie durch den Hausflur gingen, merkte sie, wie weich ihr die Knie geworden waren. Sie blieb stehen und lehnte sich an Dirk.

»Was ist denn bloß los?« drängte er besorgt.

»Ich hab' geerbt«, erklärte Anne kraftlos. »Eine Riesensumme, außerdem eine Villa und eine Apotheke. Ich glaube, ich bin Millionärin.«

Dirk starrte sie an. »Das gibt's doch nicht...«

»Frau Heidbrink hat mir große Teile ihres Vermögens vermacht. Du weißt doch, die schwerkranke Patientin... Ich begreife das alles nicht. Warum ausgerechnet mir? Die anderen haben sie doch noch viel mehr umsorgt als ich.«

»Warum stellst du dir solche Fragen?« Allmählich erholte sich Dirk von seiner Überraschung. Es freute ihn natürlich, daß Anne durch die Erbschaft mit einem Schlag in allerbesten Verhältnissen leben konnte. Andererseits fürchtete er, daß sie beide sich nun zwangsläufig voneinander entfernen würden. Der Gedanke stimmte ihn traurig, doch er ließ sich nichts anmerken. »Frau Heidbrink hat dich eben sehr gemocht. Warum also soll sie dir nicht etwas vererben?«

»Etwas ist gut«, sagte Anne ziemlich heftig. Sie setzten ihren Weg fort. »Die anderen werden denken, ich hätte die Patientin beeinflußt. Je länger ich darüber nachdenke, desto unangenehmer ist mir die ganze Sache. Außerdem kommt ja eine Menge Verantwortung auf mich zu. In der Apotheke arbeiten zehn Personen. Ach, Dirk… du mußt mir helfen!«

»Wobei?« fragte er und zog sie liebevoll an sich. »Du bist doch eine ebenso tüchtige wie selbstbewußte Frau. Ich denke, du wirst das schon alles hinkriegen.«

»Wenn ich doch nur wüßte, warum sie das getan hat!« Sie biß sich auf die Unterlippe. »Ich begreife es einfach nicht!«

Dirk zog sie mit sich fort.

Anne wiederholte immer wieder die gleichen Sätze und unterstrich ihre Worte mit ratlosen Gebärden. Plötzlich blieb sie abrupt stehen. »Der Notar hat noch etwas gesagt. Ich kann es mir drei Wochen lang überlegen und dann das Erbe ausschlagen. Ich glaube, genau das werde ich tun.«

Ruckartig wandte Dirk ihr den Kopf zu. »Bist du verrückt, Anne?« rief er entsetzt. »So was Dummes wirst du nicht tun!«

Als Dr. Bertram Heidbrink von der Testamentsänderung erfuhr, wurde er bleich. Reglos saß er eine Weile vor dem Schreibtisch des Notars. Dann stand er heftig auf und stürzte hinaus. Auch ihm wurde noch nicht der wahre Grund für Utes Sinneswandel mitgeteilt.

Zwar war er mit dem gemeinsam erwirtschafteten Vermögen und den ihm verbliebenen zwei Apotheken wahrlich kein armer Mann, dennoch ärgerte ihn Utes Testamentsänderung so sehr, daß er leise vor sich hinfluchte, als er mit großen Schritten über die Straße ging. Ein Auto hielt gerade noch rechtzeitig mit kreischenden Bremsen vor dem völlig aufgelösten Mann.

Bertram machte Drohgebärden mit der Faust, rief eine wüste Beschimpfung und setzte seinen Weg fort.

Zu Hause genehmigte er sich erst einmal einen doppelten Whisky, um seine flatternden Nerven zu beruhigen. Wer war bloß diese Anne Langenberg? Er konnte sich kaum an das Gesicht dieser Frau erinnern.

Laut Notar Martens handelte es sich um eine junge Medizinstudentin, die gelegentlich bei Ute Nachtwachen gehalten hatte. Na und? Dafür war sie schließlich bezahlt worden?

Wie war es dieser Person bloß gelungen, Ute zu einer so weitreichenden Entscheidung zu bringen? Wieder und wieder schüttelte er den Kopf, schimpfte stumm auf seine tote Frau und nahm eine rastlose Wanderung im großen Wohnzimmer der Villa auf.

Als es klopfte, fuhr er herum. Erika Meyers erschien in der Tür. Sie trug schwarz, was er für ziemlich übertrieben hielt. Schließlich war sie ja nur eine Angestellte. Bertram wußte nicht, daß Erika und Ute so etwas wie freundschaftliche Beziehungen unterhalten hatten.

»Ich habe das Essen vorbereitet, Herr Heidbrink.«

Er machte eine abwehrende Handbewegung. »Ich hab' keinen Hunger.«

»Sie brauchen es nur aufzuwärmen«, sagte sie, bevor sie leise die Tür hinter sich zuzog.

Heidbrink goß sich noch einen Whisky ein. Er würde die Frau entlassen und sich eine andere suchen. Die Meyers hatte er noch nie besonders leiden können. Wie sie immer mit Ralf umging, wenn er mal hier war, war ihm schon immer ein Dorn im Auge gewesen.

Er selbst jedenfalls hatte es noch niemals fertiggebracht, Ralf liebevoll und zärtlich in die Arme zu nehmen. Wenn er in das Greisengesicht seines Sohnes schaute, graute es ihm. Allmählich wurde Bertram ruhiger. Nachdem der Alkohol seine Wirkung entfaltete, sah er die Dinge nun doch etwas leichter. Er wurde schläfrig und beschloß, sich erst einmal auszuschlafen.

Als er am nächsten Morgen erwachte, nahm er eine Dusche, rasierte sich und kleidete sich recht leger: Lederjacke, Designer-Jeans, helle Lederschuhe. Er trug sich nämlich mit der Absicht, seiner Miterbin einen kleinen Besuch abzustatten, denn er wollte sich diese Dame unbedingt einmal aus nächster Nähe anschauen. Notar Martens hatte ihm die Anschrift gegeben.

Bertram nahm ein Taxi. Er schickte den Fahrer fort und betrat das Foyer des Heims. Ein junger Mann war so freundlich, ihm zu zeigen, wo Anne Langenberg wohnte. Doch auf sein Klopfen öffnete niemand. Sie schien nicht zu Hause zu sein.

Enttäuscht machte er sich auf den Rückweg. Im Flur kam eine junge Frau auf ihn zu. Er glaubte, ihr Gesicht schon mal gesehen zu haben. »Fräulein Langenberg?« fragte er aufs Geratewohl.

»Ja.« Anne blieb stehen. Auch ihr kam der Mann bekannt vor. Sie hatte die ganze Nacht bei Dirk verbracht. Stundenlang war über die Erbschaft diskutiert worden. Aber zu einer Entscheidung hatte sie sich immer noch nicht durchgerungen.

»Bertram Heidbrink.« Er verneigte sich leicht. Etwas zögernd reichte sie ihm die Hand. Was wollte er von ihr?

»Ich hätte mich gern mit Ihnen unterhalten«, sagte er.

»In meinem Zimmer ist es viel zu eng. Aber zwei Straßen weiter gibt's ein Gartencafé.«

»Prima«, stimmte er zu. Wohlgefällig musterte er die junge Frau. Er hatte gar nicht gewußt, wie hübsch sie war. Die schönen blauen Augen kontrastierten sehr harmonisch mit ihrem hellen Haar. Sie war groß und schlank, wirkte ausgesprochen attraktiv und begehrenswert auf ihn.

Anne fühlte sich etwas unbehaglich in seiner Nähe, weil sie nicht wußte, was das Gespräch mit ihm bringen würde. Eigentlich machte er keinen wütenden Eindruck auf sie. Vielleicht war er gekommen, um sich irgendwie mit ihr zu einigen.

Im Café Mersmann bestellte er für sich ein Frühstück.

Anne trank in durstigen Zügen den Orangensaft, dann den Kaffee. Essen mochte sie nichts. Sie dachte an Dirk, der schon gegen sieben zum Dienst in der Waldner-Klinik aufgebrochen war. Er hatte versprochen, am Abend nach dem Dienst bei ihr vorbeizukommen, um mit ihr den Abend zu verbringen.

»Welchen Tag haben wir heute?« erkundigte sie sich. Sie konnte sich wirklich nicht erinnern.

»Samstag«, erklärte Bertram prompt. Er stärkte sich. Dann suchte er nach den Zigaretten und bot auch Anne eine an, die jedoch dankend ablehnte.

Auch sie nahm sich jetzt Zeit, Utes Mann eingehend zu betrachten. Er sah recht gut aus. Volles, dunkles Haar mit vereinzelten Silberfäden, eine brutal-erotische Kinnpartie und ein etwas zu weicher Mund. Die Gesamterscheinung war jedoch beeindruckend. Anne schätzte ihn auf Anfang Vierzig.

Bertram, der sich auf dem Herweg schon einige wohlklingende Sätze zurechtgelegt hatte, änderte seine Meinung in letzter Minute.

Sie gefiel ihm immer besser, je länger er sie anschaute. Warum sollte er sich nicht mit ihr verbinden, um damit auch gleichzeitig dem Erbe wieder zu seiner Ganzheit zu verhelfen?

»Mir wird jetzt erst so richtig bewußt, was ich mit Ute verloren habe«, murmelte er, nachdem er sein Frühstück beendet hatte. »Ich mache mir allergrößte Vorwürfe, weil ich mich nicht genug um sie gekümmert habe. Aber die Arbeit war mir einfach über den Kopf gewachsen. Wie Sie vielleicht wissen, leite ich drei Apotheken. Eine Geschäftsführung kann ich bald an Sie abgeben, dann kann ich ein wenig aufatmen.

Anne lächelte hilflos.

»Meine Frau hat Sie offensichtlich sehr gemocht.« Er machte eine kunstvolle Pause. »Was ich gut verstehen kann. Wie war das Verhältnis zwischen Ihnen und Ute? Oder ist diese Frage indiskret?«

»Nein. Aber ich fürchte, ich kann Ihnen keine befriedigende Antwort darauf geben. Ich war selbst sehr überrascht, daß ich von Ihrer Frau als Erbin eingesetzt worden bin. Ich kann mir gut vorstellen, daß Sie darüber nicht sehr erfreut sind.«

»Jeder kann mit seinem Geld machen, was er will, nicht wahr?« Bertram hüstelte. »Hat meine Frau denn überhaupt keine Auflagen gemacht?«

»Doch. Kein Mitarbeiter der Apotheke in der Innenstadt soll entlassen werden. Und ich soll sooft wie möglich in das Heim fahren, in dem Ihr Sohn…« Anne brach ab. Sie starrte auf ihre gepflegten Fingernägel. Es war ihr so peinlich, mit dem verwitweten Mann zu sprechen, der vom Seelenleben seiner Frau nicht viel Ahnung zu haben schien.

»Ute und ich, wir haben uns in den letzten Jahren sehr auseinandergelebt«, erklärte Bertram freimütig. »Ich vermute, daß es sogar einen anderen Mann in ihrem Leben gab. Heute muß ich mir vorwerfen, daß ich mich zu sehr in meine Arbeit vergraben habe. Aber das läßt sich leider im nachhinein nicht mehr ändern. Sie war mir so fremd…« Seine Stimme klang bedrückt.

Anne schaute zu ihm hinüber. Ganz spontan drückte sie seine Hand, brachte sogar ein kleines Lächeln zustande. »Ich bin froh, daß Sie nicht böse auf mich sind, Herr Heidbrink«, gestand sie in ihrer Naivität. »Daß Ihre Frau mich als Erbin eingesetzt hat, muß Sie doch vollkommen überrascht haben.«

Er lachte freimütig. »Das kann man wohl sagen! Ich möchte

wissen, was Ute sich dabei gedacht hat. Vielleicht hat sie schon weiter in die Zukunft gesehen als wir beide.«

Das klang irgendwie geheimnisvoll, fand Anne, doch sie fragte nicht nach. Der Mann war ihr gar nicht unsympathisch. Und es wäre allemal besser, sich mit ihm im Guten zu einigen, als in ihm einen Feind zu sehen.

Sie verbrachten über eine Stunde zusammen. Als Anne sich schließlich von Bertram verabschiedete, hatte sie ein gutes Gefühl. Mit diesem Mann würde sie sich verstehen, dessen war sie sich jetzt fast sicher.

»Wann sehen wir uns wieder?« fragte Bertram freundlich. »Wir haben ja noch eine ganze Menge zu klären. Darf ich Sie für morgen abend einladen? Die Villa ist ja Ihr Haus. Ich lasse ein kleines Abendbrot herrichten. Bei dieser Gelegenheit können Sie sich gleich alles ansehen.«

»Ich komme gern«, erwiderte sie nach kurzer Überlegung. »Wann paßt es Ihnen?«

»Um sechs? Ich werde auf Sie warten.«

Als Anne in ihre Studentenbude zurückkehrte, war sie direkt froh, daß dieser Mann Anstrengungen unternommen hatte, sie kennenzulernen. Sie legte sich aufs Bett, weil sie müde wurde.

Jetzt sprach eigentlich nichts mehr dagegen, das Erbe der verstorbenen Frau Heidbrink anzunehmen. Und doch fühlte sich sich innerlich immer noch nicht dazu berechtigt. So ein großes Vermögen wegen einiger Nachtwachen! Wo war der Haken an der ganzen Sache?

Anne fielen die Augen zu. Die Vorstellung, sich nie mehr finanzielle Sorgen machen zu müssen, hüllte sie ein wie eine weiche Wolke. Oft hatte sie von dieser Situation geträumt.

Und nun sollte dieser Traum wahr geworden sein?

»Grüß dich, Paps«, Barbara Waldner blieb stehen. Unter dem

Arm trug sie eine Collegemappe. Die Sonnenbrille hatte sie in ihr lockiges Haar geschoben.

»Hallo, Barbara«, sagte Ulrich Waldner, wobei er sich bemühte, sein Erstaunen zu verbergen. »Hast du dich verlaufen?«

»Nein, ich wollte in die Bibliothek. Ich muß unbedingt was nachschlagen.«

Ulrich legte einen Arm um die schmalen Schultern der jungen Frau. »Studierst du wieder Medizin?« erkundigte er sich so beiläufig wie möglich.

»Ich hab' noch nie damit aufgehört«, erwiderte Babs mit einem fast verschmitzten Lächeln.

»Nun, ich erinnere mich, daß eine gewisse Dame sich mit dem Gedanken trug, sich einer lukrativeren Tätigkeit zuzuwenden.«

»Vergiß es, Papa!« meinte Babs mit einem tiefen Seufzer. »Ich habe nie ernstlich daran gedacht, auf diese Weise mein Geld zu verdienen.«

Der Chefarzt der Waldner-Klinik wußte es zwar besser, aber er hütete sich in diesem Moment, seiner Tochter zu widersprechen.

»Ich hab' mal ein Weilchen mit dem Gedanken gespielt«, räumte die Medizinstudentin schließlich ein. »Es ist ja auch verlockend, so schnell an's Geld zu kommen. Aber ich glaube, mit einer fundierten Ausbildung fühle ich mich doch besser.«

Ulrich Waldner schmunzelte in sich hinein. Er hatte seine Tochter zusammen mit Stefan gesehen und kombinierte... Jedenfalls war er froh, auf seine Tochter keinen väterlichen Druck ausgeübt zu haben.

»Dann will ich dich nicht länger vom Studieren abhalten«, meinte Chefarzt Waldner. »Die Bibliothek steht dir selbstverständlich zur Verfügung, Tag und Nacht.«

»Na, soweit wollte ich es nun auch wieder nicht treiben«, antwortete Barbara und drückte ihrem Vater einen raschen Kuß auf die Wange.

Ulrich ging in sein Büro, erbat sich von Ute Morell einen Tee und telefonierte dann mit seiner Frau, um ihr die gute Nachricht von Barbaras Wandlung mitzuteilen.

Ruth wußte noch nichts. »Da bin ich aber froh«, seufzte sie erleichtert. »Gerade kam noch ein Anruf von diesem Alberti. Ich soll Babs etwas ausrichten.«

»Tu das ruhig! Ich halte sie mittlerweile für gefestigt genug. Niemand wird sie jetzt von ihrem Entschluß wieder abbringen.«

Dr. Waldner legte auf. Er lehnte sich in seinem Sessel zurück, machte einen kleinen Schwenk nach links, und sofort glitt das üppige Grün des Englischen Gartens in sein Blickfeld. Die Farbe bekam seinen Augen gut.

Bevor er zu seinem Kollegen Schlüter hinüberging, um den OP-Plan für die kommende Woche zu erstellen, rief er bei Stefan in Grünwald an.

Schwester Martha war am Apparat. Der Chef wäre gerade mit einer Untersuchung befaßt. Ulrich ließ viele Grüße ausrichten und versprach, sich im Laufe des Tages noch einmal zu melden.

Babs Waldner aber saß in der Bibliothek, die ihr Vater in der Klinik eingerichtet hatte, vertiefte sich in die Mikroanatomie und machte sich stichwortartige Notizen.

Als sie beschloß, eine kleine Pause einzulegen, waren fast drei Stunden vergangen.

Anne machte sich ganz besonders sorgfältig zurecht, ohne sich Rechenschaft darüber abzulegen, warum sie das tat.

Sie zog ihr neues Kostüm mit der dazu passenden Seidenbluse an. Das Haar band sie sich am Hinterkopf zusammen, zupfte ein paar Strähnen heraus, die ihr in die Stirn fielen. Dann legte sie noch eine zarte Lippenfarbe und einen Tupfer Rouge auf.

Zur Feier des Tages nahm sie sich ein Taxi. Unterwegs klopfte ihr Herz heftig. Sie versuchte vergeblich, sich zu beruhigen.

Endlich war das Ziel erreicht. Anne stieg aus. Ganz langsam ging sie auf die wunderschöne Villa zu, die ihr gehören würde, wenn sie das Erbe annehmen würde.

Unglaublich! In Gedanken sah sie das winzige Zimmerchen im Studentenheim vor sich, in dem noch nicht einmal Platz für eine kleine Sitzgruppe war. In einem solchen Haus konnte man richtig große Gesellschaften geben!

Aber noch wurde es ja vom Ehemann der Verstorbenen bewohnt. Und eigentlich verspürte Anne wenig Lust, diesen interessanten Mann zu vertreiben. Gewiß, er war mehr als zwanzig Jahre älter als sie. Aber dennoch fand sie ihn höchst attraktiv. Oder vielleicht gerade deswegen?

Sie genoß das Bild, das sich ihr bot. Das Haus befand sich in einem tadellosen Zustand, das große Grundstück, das es umgab, ebenfalls. Es würde eine Menge Geld kosten, die Villa zu unterhalten und den Garten zu pflegen. Aber von den Zinsen ihres Vermögens würde sie die entsprechenden Dienstleistungen bezahlen können.

Die breite Eingangstür war noch nicht erreicht, als Bertram Heidbrink mit ausgebreiteten Armen heraustrat. »Herzlich willkommen, Anne«, sagte er mit einem herzlichen Lächeln. »Ich freue mich sehr.«

Er umfaßte ihre Rechte mit beiden Händen. Und einen Moment lang sah es so aus, als wollte er sie an seine Brust drücken. Doch er tat es nicht. Bertram hatte sich geschworen, nichts zu überstürzen, sondern das neue, verlockende Abenteuer ganz genüßlich reifen zu lassen.

»Guten Abend, Herr Heidbrink.« Annes Herz klopfte noch

mehr, was sie ziemlich verlegen machte. Sie wollte nicht, daß dieser Mann ihre Unsicherheit bemerkte.

»Soll ich Ihnen erst einmal das Haus zeigen? Oder darf ich Ihnen gleich zur Begrüßung ein Glas Champagner einschenken?«

»Ich würde gern das Haus sehen«, entschied Anne. Sie war irritiert, als der Mann sie herumführte, und wagte gar nicht recht, sich alles eingehend anzusehen. Ihr war, als würde sie damit die Intimsphäre anderer Menschen verletzen. Daß sie ihr Eigentum in Augenschein nahm, war ihr gar nicht bewußt.

»Gefällt es Ihnen?« Heidbrink machte eine einladende Handbewegung in den fast sechzig Quadratmeter großen Wohnraum, dessen Mittelpunkt ein kunstvoll gemauerter Kamin bildete. »Jetzt müssen wir uns aber unbedingt erfrischen. Mich jedenfalls hat die Besichtigung durstig gemacht.«

Bertram goß ein. Eine Frau in einem schlichten schwarzen Kleid erschien, grüßte kurz und stellte einen Eiskübel auf den Marmortisch.

Der Hausherr machte keine Anstalten, die beiden Frauen einander vorzustellen. »Das war meine Haushälterin«, sagte er, als Erika Meyers wieder hinausgegangen war. »Sie kocht sehr gut, ansonsten ist sie eine ziemlich unangenehme Person. Für heute abend hat sie einen Rehrücken vorbereitet. Ich hoffe, sie mögen Wild?«

»Ich habe noch nie Rehrücken gegessen«, erwiderte Anne fast ein bißchen schüchtern.

»Erzählen Sie mir von sich!« bat Bertram mit weicher Stimme. Schon lange hatte ihm keine Frau mehr so gut gefallen. Daß sie nur halb so alt war wie er selbst, störte ihn am allerwenigsten. Sehr gern hätte er sich mit einer so jugendlichen Schönheit geschmückt. Aber er wollte den Dingen nicht vorgreifen, sondern ganz behutsam versuchen, die junge Studentin für sich einzunehmen.

Anne erzählte von ihrem Studium. Ansonsten wußte sie gar nicht, was sie berichten sollte. »Ich habe noch nicht viel erlebt. Meine Eltern sind tot. Seitdem versuche ich, mich allein durchzubringen. Bis heute ist mir das gelungen.«

»Sie sind mir sehr sympathisch, Anne«, stellte er mit einem weichen Lächeln fest. »Ich kann verstehen, warum meine Frau Ihnen so sehr vertraut hat. Mir wäre es nicht anders ergangen. Ich erzählte Ihnen ja schon, daß Ute und ich nicht mehr viel gemeinsam hatten. Warum es so gekommen ist, kann ich heute auch nicht mehr sagen. Das soll keine Verurteilung meiner verstorbenen Frau sein, verstehen Sie? Aber ich möchte im nachhinein die Dinge auch nicht beschönigen.«

Anne fand den Mann sehr aufrichtig. Daß er so offen mit ihr sprach, gefiel ihr. Sie fühlte sich von ihm angezogen und war selbst gespannt, wie weit er gehen würde.

Den Gedanken an Dirk verdrängte sie. Und an Sven dachte sie ohnehin nicht mehr. Es war, als wäre sie aus einem langen Dornröschenschlaf erwacht. Sie stellte zu ihrer großen Verwunderung fest, daß ihre Verehrerschar viel größer war als angenommen.

»Warum sind Sie noch nicht verheiratet?« erkundigte sich Bertram und füllte die Gläser neu.

Anna lachte glockenhell. »In meinem Alter? Ich bin doch erst zweiundzwanzig.«

»Genau im heiratsfähigen Alter«, versetzte er amüsiert. Er ließ seine Augen blitzen und setzte sich zu ihr auf die Couch. »Vor einigen Generationen waren unverheiratete Frauen in diesem Alter schon alte Jungfern.«

»Ein Glück, daß diese Zeiten vorbei sind...«

Er betrachtete hingerissen ihr Profil. Sie gefiel ihm wirklich. Bertram brauchte seine Verliebtheit gar nicht zu spielen. Sanft fuhr seine Hand über ihren schlanken Hals. Vielleicht konnte er sie sogar schon heute abend in sein Bett locken...

Was für eine geniale Lösung! Er würde diese attraktive Person heiraten, mit ihr sogar glücklich sein – und das Erbe wäre gerettet und bliebe in der Familie.

Diese hübsche junge Frau konnte er sich außerdem durchaus als Mutter seines Sohnes vorstellen. Denn die Hoffnung auf einen gesunden Erben hatte Bertram noch nicht aufgegeben.

Anne war sehr verunsichert, als sie die zärtliche Berührung seiner Hand nicht mehr ignorieren konnte. Fast kam sie sich Ute Heidbrink gegenüber als Verräterin vor.

»Vielleicht hat Ihre Frau zu sehr in ihrem Leben gelitten. Sie hat es ja auch nicht leicht gehabt. Einmal im Krankenhaus hat sie wegen Ralf geweint…«

»Das war die größte Katastrophe unserer Ehe«, sagte Bertram dumpf. Er zog die Hand zurück und legte sie über seine Augen. »Wir hatten uns beide so sehr auf das Baby gefreut. Als es dann endlich da war, war ich der glücklichste Vater der Welt. Wir wollten noch mehr Kinder. Alles wäre anders verlaufen, wenn Ralf nicht diese schreckliche Krankheit gehabt hätte.

Zuerst konnte ich es gar nicht glauben. Aber dann mußten wir mit eigenen Augen ansehen, wie rasend schnell unser Kind alterte, schneller als wir. Ute konnte mit dem Jungen nicht fertig werden. Darum bestand sie schließlich darauf, daß er in ein Heim kam. Sie fürchtete außerdem das Gerede der Leute.«

Anne warf Bertram einen erstaunten Seitenblick zu. So hätte sie Ute gar nicht eingeschätzt! Außerdem hatte diese doch etwas ganz anderes erzählt. Sie hing doch an ihrem Sohn – trotz allem. Das hatte Anne mit eigenen Augen gesehen.

»Auf so eine schlimme Krankheit ist man ja auch nicht vorbereitet«, meinte sie leise.

Da fühlte sie wieder seine Hand. Doch er zog sie rasch zurück, als die Köchin eintrat und fragte, ob sie servieren könnte.

Auf dem großen Tisch brannten mehrere fünfarmige Kerzenleuchter. Leise Barockmusik spielte im Hintergrund. Der Champagner perlte verheißungsvoll im Glas. Und Anne glaubte sich in ein Märchen versetzt.

»Auf die Zukunft!« sagte Bertram bedeutungsvoll.

Sie hob ihr Glas und lächelte ihn an. »Ich freue mich, daß wir uns so gut verstehen«, hauchte sie. »Sie hätten allen Grund, mich nicht zu mögen.«

»Aber was reden Sie denn da, Anne?« tadelte er liebevoll. »Ich respektiere die Entscheidung meiner Frau. Schließlich handelt es sich um ihr Vermögen. Ich selbst habe ja damals auf der Gütertrennung bestanden.«

»Wenn ich Ihre Frau nicht kennengelernt hätte…«

»Lassen wir das, Anne! Schauen wir nicht in die Vergangenheit, sondern in die Zukunft. Das ist doch viel spannender.«

Sie fügte sich, obwohl sie eigentlich nicht so recht begriff, wieso Bertram Heidbrink so lieb und herzlich zu ihr war. Natürlich hatte Anne eine gewisse Ahnung, doch sie verbot sich, diese Möglichkeit in Betracht zu ziehen.

Nachdem Erika den Kaffee vor dem Kamin serviert hatte, schickte Bertram sie wieder hinaus. »Bringen Sie die Küche noch in Ordnung, dann können Sie gehen. Den Rest machen Sie morgen! Gute Nacht.«

»Gute Nacht«, sagte Erika leise und verschwand. In ihrem Herzen aber loderte der Zorn. Ute war noch nicht lange tot, da zog es ihn schon zu einer anderen. Hätte er nicht wenigstens noch etwas warten können?

Anne fühlte sich schon ziemlich beschwipst. Und eine warnende Stimme in ihrem Hinterkopf mahnte sie, jetzt lieber nach Hause zu gehen, als noch länger in dieser gefährlichen Situation zu verharren.

Sie sehnte sich nach Dirk. Gleichzeitig aber fand sie den Abend so aufregend, daß sie gern gewußt hätte, wie er weitergehen würde. Und so blieb Anne, nachdem sie beschlossen hatte, Bertram in seine Schranken zu weisen, falls er ihr zu nahe kommen würde.

Die Mahnstimme versuchte sie mit einem großen Schluck Champagner zum Schweigen zu bringen.

Im Kamin lagen ein paar dekorative Holzstücke, aber Bertram machte kein Feuer. Dazu war es schon viel zu warm.

»Im Winter muß es sehr gemütlich sein, vor dem offenen Kamin zu sitzen«, sagte Anne verträumt.

»Sie werden es erleben«, murmelte Bertram.

Anne stand auf. Sie verschwand im Bad, ließ sich kühles Wasser über Hände und Arme laufen und tupfte sich das Gesicht feucht ab. Danach fühlte sie sich etwas besser. Sie schaute auf die Uhr. Gleich elf. Höchste Zeit, nach Hause zu gehen!

Der Teppich verschluckte ihre Schritte, als sie ins Wohnzimmer zurückkehrte. Bertram stand auf, als sie näher kam. Dann blieb er vor ihr stehen. Ein leidenschaftliches Feuer brannte in seinen Augen. Er umfaßte ihre Schultern.

»Wie schön du bist, Anne«, murmelte er. »Ich muß dich immerfort anschauen.«

Doch dabei beließ er es nicht. Seine Hände machten sich selbständig. Voller Verlangen strich er über ihre Schultern, über den Rücken, dann glitten die Hände nach vorn, nestelten am obersten Knopf ihrer Bluse.

Anne wußte gar nicht, wie ihr geschah. Immer noch war sie neugierig auf diesen Mann. Der Kuß war aufregend, doch dann wurde ihr schlagartig klar, daß Neugier allein nicht ausreichte, um sich ihm hinzugeben.

Sie hatte viel zuviel Champagner getrunken. Der Alkohol vernebelte ihr den klaren Blick.

Sein Mund brannte heiß auf ihrem Hals. Er stöhnte und drückte sie an sich. Ihre Arme, die schon an seiner Brust lagen, fielen plötzlich wie leblos herab. Er umfaßte ihre Taille, bog ihren Oberkörper nach hinten und ließ seine Lippen über ihr Dekolleté gleiten. Sie spürte seine suchende Zugenspitze, hörte sein Keuchen, das ihr plötzlich unangenehm war – und dann kam sie schlagartig zur Vernunft.

Mit einem Ruck löste sie sich von ihm. Erstaunt sah er sie an. Anne trat einen Schritt zurück. Sie schob die Bluse in den Rock zurück, ein verlegenes Lächeln im Gesicht. »Ich glaube, ich sollte jetzt besser nach Hause gehen.««

»Aber warum willst du nicht bleiben?« rief er mit einer Mischung aus Ärger und Verwunderung. »Ich bin ganz verrückt nach dir, Anne. Du bist eine tolle Frau. Bleib doch! Ich verspreche dir, du wirst es nicht bereuen...«

Doch Annes Entschluß stand fest. Sie ließ sich nicht mehr beirren. »Bitte, bestellen Sie mir ein Taxi«, bat sie. »Ich glaube, es ist besser so.«

Doch er wollte sie nicht gehen lassen, er hatte sich schon als Sieger gefühlt. Und außerdem merkte er, daß sie längst bereit war, ihm entgegenzukommen. So griff er wieder nach ihr, diesmal ziemlich unbeherrscht. Er riß ihr die Bluse auf, ließ seinem Ungestüm freien Lauf und kam erst wieder zur Vernunft, als sie sich wütend wehrte.

»Was fällt Ihnen ein?« schrie Anne. »Ich sagte Ihnen doch...«

»Das hätte dir auch eher einfallen können«, versetzte er scharf. »Erst machst du mir schöne Augen. Und wenn ich darauf reinfalle, ziehst du dich zurück. Keine feine Art, meine Liebe...«

»Es tut mir leid. Das wollte ich nicht. Ich weiß, es hätte nicht so weit kommen dürfen. Aber ich...« Hilflos brach sie ab. Der Mann hatte ja recht. Erst ließ sie sich von ihm in die Arme nehmen und küssen, und erst nach einer ganzen Weile erklärte sie, daß sie noch nicht einverstanden war. Kein sehr faires Verhalten, wie sie selbst fand. Aber nun war es geschehen. Sie hatte sich schließlich doch noch geäußert, wenn auch verspätet.

»Na gut, lassen wir's! Beenden wir es für heute abend. Es kommen ja noch mehr, nicht wahr?

Bertram beschloß, sich wenigstens äußerlich die Enttäuschung nicht anmerken zu lassen. Vielleicht hatte er ja wirklich zu überstürzt gehandelt.

So bestellte er ein Taxi, brachte sie wenig später zum Wagen und schaffte es sogar noch, ihr einen artigen Kuß auf den Handrücken zu drücken.

Mit sehr gemischten Gefühlen kam Anne in ihrem Zimmer an. Den faden Geschmack im Mund wurde sie einfach nicht los. Sie wußte, daß es falsch gewesen war, sich mit Bertram Heidbrink einzulassen. Aber sie war zu sehr beeindruckt gewesen: das tolle Haus, der reife Mann, der ihr so offen seine Verliebtheit gezeigt hatte, der ungewohnte Alkohol, die romantische Atmosphäre.

Nun war das phantasierte Luftschloß eingestürzt. Sie zog ihr Kostüm aus, legte es über die Stuhllehne und kroch ins Bett. Ein leises Schamgefühl beschlich sie, dem sie jedoch keine Beachtung schenkte. Sie war zu müde. Aber als sie am nächsten Tag erwachte, spürte sie es wieder.

Stefan Frank schwang sich auf sein Rennrad, weil er etwas für seine Gesundheit tun wollte. Er drehte einige Runden durch Grünwald, kehrte knapp zwei Stunden später in sein Haus zurück und nahm erst einmal eine erfrischende Dusche.

Am frühen Abend bekam er Besuch von Solveig Abel, der Besitzerin des Grünwalder Waldhotels. Der Arzt und die Hotelbesitzerin kannten sich seit Jahren. Sie pflegten ihre Zuneigung, ohne sie jedoch in eine Ehe zu pressen. »Schön, daß du dich endlich mal von deinem Hotel gelöst hast!« begrüßte Stefan die elegante Frau und führte sie auf die Terrasse, wo schon allerlei Erfrischungsgetränke bereitstanden.

»Ruth und Ulrich wollten auch noch vorbeikommen«, erzählte er. »Ich habe den Grill schon vorbereitet.«

»Wie geht es den beiden?« erkundigte sich Solveig und ließ sich von Stefan ein Glas Saft einschenken.

»Ganz prima. Seit ihre Tochter sich nun endgültig für das Studium entschlossen hat, ist der Papa natürlich wieder stolz auf seine Älteste.«

»Aber Fotomodell ist doch auch ein ehrenwerter Beruf. Schau dir doch die schöne Claudia Schiffer an. Ein reizendes Mädchen und die Welt liegt ihr zu Füßen.«

»Na ja, Eltern sind in dieser Beziehung eben etwas komisch«, nahm Dr. Frank seinen Freund in Schutz. »Vielleicht wären wir genauso ängstlich, wenn wir eine Tochter hätten.«

Nachdem sie sich erfrischt hatten, bereiteten sie in der Küche einige Salate zu.

Gegen acht trafen die Waldners ein. Die Begrüßung nahm einige Zeit in Anspruch. Die beiden Frauen deckten den Tisch, während Stefan und Ulrich das Grillfeuer unterhielten und sich dabei mit einem Bier stärkten.

»Babs ist wieder vollkommen okay«, erklärte Ulrich seinem Freund. »Und dafür habe ich dir zu danken.«

»Mir?« Stefans Erstaunen war echt. »Wie kommst du bloß darauf? Ich habe an der Sinneswandlung deiner Tochter keinen Anteil. Diese Entscheidung hat sie ganz allein getroffen.«

An Ulrichs überlegenem Lächeln sah Dr. Frank, daß der andere ihm nicht glaubte. Er beschränkte sich auf ein Achselzucken und ließ Ulrich in dem Glauben, Stefan habe Barbaras Seele gerettet. Es wurde ein für alle Anwesenden sehr vergnüglicher und angenehmer Abend.

»Eigentlich hatte ich gestern mit dir gerechnet«, sagte Dr. Dirk Buchholz und vermied es, Anne in die Augen zu schauen, weil er sie nicht das volle Ausmaß seiner Kränkung merken lassen wollte.

»Aber wir waren doch gar nicht verabredet«, erwiderte Anne und beschäftigte sich eingehend mit dem Fleischstück auf ihrem Teller.

»Das nicht. Trotzdem hatte ich gedacht, daß du... Na ja, das ist jetzt ja auch egal. Hattest du einen schönen Sonntag?«

Irritiert blickte sie auf, direkt in seine umwölkten Augen. »Wie meinst du das?« fragte sie.

»Ganz neutral.« Dirk war über ihre heftige Reaktion ziemlich erstaunt.

»Ich war bei Bertram Heidbrink«, erklärte Anne mit einer Stimme, die bei ihm ein leichtes Frösteln verursachte. Es klang, als wäre sie nicht dazu verpflichtet, ihm überhaupt irgend etwas mitzuteilen.

»Er hatte mich eingeladen. Und ich möchte die Beziehung zu ihm pflegen...« Anne biß sich auf die Lippen. Sie verstand selbst nicht, warum sie sich so albern ausdrückte.

»Welche Beziehung gibt's denn da zu pflegen?« Spott kam bei ihm auf. »Du kanntest ihn doch kaum.«

»Eben, deswegen. Immerhin werde ich ja in der nächsten Zeit noch öfter mit ihm zu tun haben. Darum ist es besser, wenn wir uns verstehen. Ich habe keine Lust, gleich die Gerichte zu bemühen. Darum kann er auch in der Villa bleiben, solange er will.«

»Auch, wenn sie endgültig dir gehört?«

»Ich weiß es noch nicht, Dirk.« Anne war nicht mehr in der Lage, noch weiter über dieses Thema zu sprechen. »Wir haben Rehrücken gegessen. Die Köchin hat ihn zubereitet.«

Dirk schluckte. Er hatte zwei Steaks gekauft in der Hoffnung, daß Anne bei ihm essen und wieder einmal die Nacht mit ihm verbringen würde. Steaks konnten natürlich nicht mit Rehrücken konkurrieren. Das hätte er wissen müssen.

»In der Klinik hatte man ja keine sehr gute Meinung vom Ehemann der Patientin...«

»Ich weiß. Die beiden haben sich in den letzten Jahren wohl nicht mehr verstanden. Er hat ganz offen darüber gesprochen.«

»Und du? Hast du ihn gleich getröstet?«

In Annes Augen blitzte es ärgerlich auf, weil Dirk der Wahrheit mit seiner frechen Bemerkung doch sehr nahe gekommen war.

Sie stützte das Kinn in die Hand und betrachtete ihn mit gespielt überlegenem Blick. »Sag mal, bist du etwa eifersüchtig?«

»Nein«, raunzte er. »Wie kommst du darauf? Worauf sollte ich eifersüchtig sein? Weil du dich mit diesem Kerl triffst, der dein Vater sein könnte?«

»Könnte«, gab Anne locker zurück. »Reife Männer haben nun mal eine ganz besondere Anziehungskraft auf Frauen. Was kann ich dafür? Eines Tages wirst du die Erfahrung selbst machen. Du mußt dich nur etwas gedulden.«

Dirk kannte seine Anne nicht wieder. Was war in sie gefahren? Er wäre einigermaßen beruhigt gewesen, wenn er gewußt hätte, daß es nur das schlechte Gewissen war, das sie zum Gegenangriff veranlaßte. Mehr nicht.

Da er aber von den wahren Beweggründen für ihr Verhalten nichts ahnte, sah er sich den abenteuerlichsten Vermutungen ausgesetzt. Er schaute auf die Uhr. Erschreckt stellte er fest, daß er seine Mittagspause schon um mehr als zwanzig Minuten überschritten hatte. Das konnte Ärger geben.

Und so war es dann auch. Dr. Peter Stein, Stationsarzt der Chirurgie, fuhr den jungen Kollegen ziemlich heftig an. »Dafür werden Sie heute nachsitzen!« schimpfte er. »Ich habe großen Hunger. Seid ihr Nachwuchsärzte alle so rücksichtslos?«

Dirk preßte die Kippen fest zusammen. Stein hatte ja recht. Und ihm, Dirk, fielen weder pfiffige Ausreden noch fundierte

Argumente ein. Trotzdem hatte er schwer an dieser Zurechtweisung zu knabbern.

Gerade mit Dr. Stein hätte er es sich nicht verderben sollen, denn die nächsten Wochen würde er auf dessen Station verbringen. Stein würde genug Anlässe finden, ihm das Leben schwerzumachen.

Dirk dachte noch lange über sein Problem nach und kam zu dem Schluß, daß es besser wäre, sich so bald wie möglich in aller Form bei dem Kollegen zu entschuldigen.

Anne wußte überhaupt nicht mehr, was sie tun sollte. Sie steckte in einem Gefühlsdilemma, das ihr immer mehr zu schaffen machte. Bertram Heidbrink rief fast jeden Tag in der Waldner-Klinik an, weil er sich mit ihr verabreden wollte. Außerdem kamen immer neue Blumen. Es war Anne richtig peinlich, ständig vor aller Augen die üppigen Sträuße entgegenzunehmen.

Dirk gegenüber versuchte sie so zu tun, als wäre kein Schatten auf ihre Freundschaft gefallen, doch der junge Arzt gab sich so zurückhaltend, daß Anne schließlich wütend wurde.

»Was ist bloß los mit dir?« fauchte sie ihn bei einer passenden Gelegenheit an.

»Was fragst du mich?« lautete die ironische Gegenfrage. Dirk hüllte sich in Schweigen. Er fand nicht, daß er Anne irgend etwas zu erklären hatte. Sie war schließlich davon überzeugt, mit diesem Mann eine wie auch immer geartete Beziehung »pflegen« zu müssen.

Am Nachmittag verließ er die Klinik, nachdem er tatsächlich eine halbe Stunde länger Dienst gemacht hatte. Auf dem Parkplatz kam gerade Stefan Frank an. Eine seiner Patientinnen befand sich schon im Kreißsaal. Laut telefonischer Auskunft der Hebamme würde es aber noch ein kleines Weilchen dauern, bis man die Wehen als regelmäßig bezeichnen konnte.

»Grüß Gott, Kollege«, sagte Stefan freundlich. »Warum machen Sie bei diesem schönen Wetter ein so böses Gesicht?«

»Mach' ich das?« Dirk war ganz überascht. »Es war mir jedenfalls nicht bewußt.«

»Sehen Sie Anne morgen? Dann möchte ich Sie nämlich bitten, ihr etwas auszurichten.« Stefan warf schwungvoll die Autotür zu.

»Wir sprechen nur noch das Nötigste miteinander«, gab Dirk mit einem Seufzer zu. »Seit Anne geerbt hat, scheine ich ihr nicht mehr gut genug zu sein. Sie fühlt sich jetzt mehr zu älteren Männern hingezogen, vornehmlich zu Bertram Heidbrink...« Dirk unterbrach sich. Eigentlich hatte er das nicht sagen wollen. Es hörte sich an, als wollte er Anne verpetzen. Aber er fühlte sich wirklich tief gekränkt durch ihre Art, ihn mit diesem Supermann zu vergleichen.

»Hingezogen?« Stefan runzelte irritiert die Brauen. »Was meinen Sie damit?«

»Genaues weiß ich nicht, aber die Tatsachen sprechen für sich. Heidbrink schickt ihr täglich Blumen. Und wenn sie die Grußkarten liest, wird sie knallrot. Noch Fragen?«

Ach, du lieber Gott! dachte Stefan. Das darf doch nicht wahr sein! Ihm fiel das erschütternde Gespräch ein, das er mit Ute Heidbrink kurz vor ihrem Tod geführt hatte.

Seine schwerkranke Patientin war felsenfest davon überzeugt gewesen, in Anne ihre Tochter vor sich zu haben. Ihre und die ihres Mannes. Und daß sie bis zum Schluß daran festgehalten hatte, bekundete auch ihr letzter Wille, in dem sie fast ihr gesamtes Vermögen der jungen Frau hinterlassen hatte, sozusagen als Sühne, weil das junge Paar sich damals nicht zu seiner Tochter bekannt hatte.

Man muß sowohl Anne als auch Heidbrink aufklären. Aber wie? Schließlich verfügte Stefan über keinerlei Beweise. Und es widerstrebte ihm, sich in eine so delikate Angelegenheit einzumischen. Heidbrink würde ihn auslachen, Anne ihm nicht glauben. Trotzdem galt es, Vater und Tochter vor einer schwerwiegenden falschen Entscheidung zu bewahren…

Anne bog und streckte sich. Es war schon neun, aber noch taghell draußen. Recht unkonzentriert hatte sie in ihren Lehrbüchern gelesen, um sich für die nächste Klausur vorzubereiten.

Eigentlich verspürte sie jetzt Lust, sich mit Freunden zu treffen, ein wenig herumzualbern und an nichts Kompliziertes zu denken.

Sie ging zum Telefon, das im Flur hing und von allen Studenten dieser Etage benutzt wurde. Nachdem sie den Hörer abgenommen hatte, legte sie ihn enttäuscht zurück. Der Apparat war wieder einmal kaputt. Also verließ sie das Haus, um von einer Telefonzelle aus Babs anzurufen und sie zu fragen, ob man den heutigen Abend gemeinsam verbringen könnte. Ihre Freundin war gar nicht zu Hause, wie Anne von Kai, dem jüngeren Bruder, erfuhr.

Unschlüssig schlenderte Anne zum Studentenheim zurück. Sie verspürte nicht viel Lust, wieder in die Enge ihres Zimmers einzutauchen, aber die Vorstellung, allein in irgendein Lokal zu gehen, gefiel ihr auch nicht.

Sie hatte gerade das Gebäude betreten, als sie jemanden ihren Namen rufen hörte. Überrascht wandte sich sich um. Dr. Frank aus Grünwald kam eilig auf sie zu.

»Nanu, was hat Sie denn hierher verschlagen, Doktor?«

»Ich wollte zu Ihnen«, erwiderte Stefan ohne Umschweife. »Haben Sie ein halbes Stündchen Zeit?«

»Aber ja!« Anne nickte begeistert. Der Abend war gerettet. Und ein Gespräch mit Stefan Frank war immer etwas sehr Angenehmes. »Ich hole nur rasch meine Tasche. In zwei Minuten bin ich wieder da.«

Stefan führte die junge Frau in ein kleines Restaurant, auf dessen Terrasse man über einen kleinen See schauen konnte, auf dem gemächlich und majestätisch ein Schwanenpaar seine Runden drehte.

»Ich lade Sie zum Essen ein.« Er reichte ihr die Karte. »Suchen Sie sich aus, was sie mögen. Und schauen Sie um Himmels willen nicht auf den Preis.«

»Aber ich möchte das Essen bezahlen«, widersprach Anne.

Stefan schmunzelte. »Haben Sie denn schon geerbt?«

»Ich brauche nur ja zu sagen.« Anne stützte ihr Kinn auf die Hand. »Das hört sich so einfach an, ist es aber gar nicht. Ich habe nämlich immer noch Hemmungen, ein so großes Vermögen anzunehmen, weil ich nicht weiß, warum ausgerechnet ich soviel Geld bekommen soll. Frau Heidbrink hat schließlich einen Sohn…«

»Ralf ist in einem Heim gut versorgt. Dort bekommt er alles, was er braucht. Um ihn brauchen Sie sich keine Gedanken zu machen. Und auch Herr Heidbrink ist kein armer Mann.«

»Trotzdem.« Anne biß sich auf die Lippen. Die Kellnerin kam. Sie bestellten das kleine Menü mit einem Krabbensalat als Vorspeise, anschließend kleine Kalbsschnitzel mit Gemüse und Reis.

»Ich komme mir manchmal vor wie eine Erbschleicherin. Jedenfalls könnten das die anderen von mir denken. Ich selbst weiß ja, daß ich das nicht bin. Frau Heidbrinks Entscheidung hat mich vollkommen überrascht.«

»Aber offensichtlich verstehen Sie sich doch gut mit Bertram Heidbrink«, stellte Stefan fest.

In ihren Augen blitzte es ärgerlich auf. »Wer hat Ihnen das erzählt? Dirk? Das sähe ihm ähnlich. Er ist grundlos eifersüchtig. Ich habe nichts mit Bertram. Und es wird auch nie etwas zwischen uns sein…« Anne errötete leicht. »Ich fand ihn sehr attraktiv, das gebe ich gerne zu. Und ich war auch erstaunt darüber, daß ihm der Tod seiner Frau so wenig auszumachen scheint. Aber die beiden haben sich schon lange auseinandergelebt. Das hat auch Ute vor ihrem Tod angedeutet.«

»Und jetzt finden Sie ihn nicht mehr attraktiv?« Stefan Frank wollte es ganz genau wissen.

»Doch schon. Er sieht gut aus. Aber sein Charakter gefällt mir nicht. Außerdem ist er viel zu alt für mich.«

»Ich bin froh, daß Sie so denken, Anne«, meinte Stefan mit ernster Miene. Anerkennend drückte er ihren Arm. »Vor allem – lassen Sie Dirk nicht so lange warten! Er sehnt sich nach einem Zeichen von Ihnen.«

»Da kann er lange warten«, erwiderte Anne, doch ein liebes Lächeln stahl sich in ihre Mundwinkel. »Ich glaube, ich werde die Erbschaft annehmen und dann versuchen, mich mit Bertram auseinanderzusetzen. Wegen mir kann er ja vorerst in der Villa wohnen bleiben. Ich habe ja mein Zimmer im Studentenheim.«

»Seien Sie auf der Hut, Anne! Bertram Heidbrink ist kein Mann für Sie. Seine Frau war sehr unglücklich. Ich möchte nicht, daß es Ihnen ebenso ergeht.«

»Aber ich sagte doch schon, daß er mich als Mann nicht interessiert. Nicht mehr interessiert«, fügte sie zögernd hinzu. »Was wissen Sie über Utes Leben?«

»Eine ganze Menge. Doch ich möchte, daß Sie selbst herausfinden, was mit ihr los war. Vielleicht entdecken Sie in der Hinterlassenschaft wichtige Anhaltspunkte.«

»Sie sprechen in Rätseln, Doktor«, sagte Anne. Sie schaute auf, als die appetitlich angerichteten Salatteller serviert wurden.

»Einen guten Appetit wünsche ich Ihnen, Anne.« Stefan war einigermaßen beruhigt. »Und jetzt erzählen Sie mir von Ihrem Studium!«

Bertram war fest entschlossen, heute eine positive Antwort zu hören. Darum fuhr er am späten Nachmittag zur Waldner-Klinik, nachdem er herausgefunden hatte, daß Anne um halb sechs ihren Dienst beendete.

Als er sie am Eingang stehen sah, mit zwei anderen jungen Leuten schwatzend, drückte er kurz auf die Hupe.

Anne schaute zu ihm hinüber, sagte noch rasch ein paar Worte zu den anderen und kam dann eilig auf ihn zu.

»Grüß dich«, meinte er. »Laß uns ein wenig hinausfahren! Ich will dich etwas fragen, etwas Wichtiges.«

»Ich habe nicht viel Zeit«, gab Anne zurück. Sie umging es, ihn direkt anzusprechen, weil sie es nicht fertigbrachte, ihn zu duzen. »Ich bin mit einem Freund verabredet.«

»Steig ein!«

»Sie ging um das Coupé herum, das sich der Apotheker erst vor einem halben Jahr gekauft hatte. Dabei bemerkte sie nicht, daß Dirk sie von einem Klinikfenster aus beobachtete. Seine gerade neu erblühte Zuversicht brach jäh in sich zusammen. Hatte Stefan Frank nicht angedeutet, daß Anne sich energisch gegen Heidbrink ausgesprochen hatte. Aber das schien wohl nur ein Lippenbekenntnis gewesen zu sein.

Seufzend wandte er sich ab. Das Bild der beiden schmerzte ihn zu sehr. Er hatte ja nichts aufzuweisen – im Gegensatz zu diesem Heidbrink. Im ganzen Jahr verdiente der junge Arzt nicht einmal so viel, daß er sich von dem Geld ein solches Auto hätte kaufen können.

Anne warf keinen Blick zurück zur Waldner-Klinik. Sie war mit Dirk für acht Uhr verabredet. Sie wollten sich in einem Haidhauser-Café treffen und sich über ihre Beziehung unterhalten. Anne wollte ihm endlich sagen, daß sie ihn sehr mochte. Das Wort ›Liebe‹ gedachte sie allerdings zu vermeiden, weil sie sich ihrer eigenen Gefühle noch immer nicht ganz sicher war.

Bertram fuhr recht schnell, aber sicher. Auf einem Parkplatz nahe beim Höhenkirchener Forst hielt er an. »Laß uns ein paar Schritte gehen!« schlug er vor.

Anne stieg aus. Um diese Zeit waren viele Spaziergänger unterwegs. Sie schaute auf die Uhr. »In vierzig Minuten müssen wir zurück«, meinte sie. »Sonst schaffe ich es nicht.«

»Wer ist denn der Glückliche?«

»Das geht Sie nichts an«, erwiderte Anne.

»Sei doch nicht so kratzbürstig!« Er schob eine Hand unter ihren Arm. »Was ist bloß mit dir los? Neulich abends warst du so lieb und zärtlich. Habe ich dir etwas getan, irgendwas Dummes gesagt, von dem ich nichts weiß.«

»Wir hätten es nicht soweit kommen lassen dürfen«, sagte Anne. »Ihre Frau ist noch nicht lange tot. Ich war beschwipst. Ein klarer Kopf wäre besser gewesen, dann wäre das nämlich nicht passiert.«

»Die paar Küßchen!« Bertram tat amüsiert. »Ich wußte gar nicht, daß die heutige Jugend so prüde ist. Es ist doch nichts geschehen, mach dir keine Gedanken, meine süße kleine Jungfrau! Ich verspreche dir, dich nicht mehr anzurühren... bis wir verheiratet sind.«

Anne blieb überrascht stehen und starrte ihn ungläubig an. »Was reden Sie denn da, Herr Heidbrink?«

»Ich halte hiermit in aller Form um deine Hand an. Leider hast du ja keinen Vater mehr, den ich fragen könnte. Sonst wäre ich selbstverständlich zuerst zu ihm gegangen. Willst du meine Frau werden, Anne?«

»Nein«, stieß sie hervor. »Das will ich nicht. Was für eine abwegige Idee!« Anne sprach jetzt klar und deutlich, weil sie fand, daß diese Dinge mal ungeschminkt ausgesprochen werden mußten. »Sie können sich auch die täglichen Blumen sparen. Damit können Sie mich nicht ködern. Ich werde weder Sie noch sonst jemanden heiraten, jedenfalls nicht im Augenblick. Ich möchte mein Studium beenden. Und dann werde ich sehen...«

»Das kannst du doch auch als meine Frau«, fuhr Bertram fort. Er schien sich seiner Sache ziemlich sicher zu sein. Die Gegenargumente nahm er erst einmal gar nicht zur Kenntnis.

Er umfaßte ihre Oberarme und schaute sie eindringlich an. »Zusammen sind wir ein richtiges Imperium«, fuhr er fort. »Wir tun unsere Reichtümer zusammen und leben, wie es uns gefällt...«

»Nein!« Sie streifte seine Hände ab. »Ich sagte doch, daß ich überhaupt nicht ans Heiraten denke. Außerdem – entscheidend ist für mich die Liebe.«

»Die kommt noch.« Bertram lächelte überheblich. »Aus Liebe heiraten, ist das Dümmste, was man tun kann. Oder warum werden die meisten Ehen später wieder geschieden? Weil die Liebe verflogen ist und auch sonst nichts da ist, was die Paare zusammenhält.«

Sie starrte ihn an. Ekel stieg in ihr hoch. »Lassen Sie mich mit Ihren Sprüchen in Ruhe!«

»So sei doch endlich vernünftig!« Jetzt wirkte er schon nicht mehr so wohlwollend wie noch vor wenigen Augenblicken. »Was hast du denn mit dem Geld vor? Willst du mich aus meinem Haus werfen?«

»Jetzt kommen wir der Sache schon näher.« Annes Stimme zitterte. »Es geht Ihnen also gar nicht um mich. Sie wollen das Vermögen Ihrer Frau behalten. Und mich nehmen Sie mit in Kauf, weil es nicht anders geht.«

»Und wenn es so wäre? Ich sehe nicht ein, daß eine Dahergelaufene wie du sich einfach so mit der linken Hand den dicken Batzen einsteckt, der eigentlich mir zusteht. Was hast du denn dafür schon groß getan? Gar nichts! Ich habe während meiner ganzen Ehe mit Ute schwer gearbeitet. Du hast kein Recht auf ihr Erbe. Ich werde das Testament anfechten.« Während seiner hervorgestoßenen Rede fiel die Maske, die er die ganze Zeit getragen hatte, von ihm ab. Hervor kam das wütende Gesicht eines Mannes, der sich hintergangen glaubte und sich dafür rächen wollte.

»Ich kann doch nichts dafür, wenn Ihre Frau…«

»Tu nicht so unschuldig!« rief Bertram zornig. Er ließ seiner Wut jetzt freien Lauf. »Was weiß ich, wie du sie beeinflußt hast! Sie war ja offensichtlich nicht mehr bei klarem Verstand. Du hast sie unter Medikamente gesetzt und sie zur Änderung ihres Testaments gezwungen.«

»Quatsch!« stieß Anne hervor. Sie zitterte am ganzen Leib vor Empörung. »Wie hätte ich das machen sollen? Außerdem war der Notar bei Ute. Der wird ja wohl beurteilen können, ob sie unter Zwang gehandelt hat oder nicht.«

»Wahrscheinlich hast du dem ein hübsches Sümmchen versprochen…«

»Diese gemeinen Lügen lasse ich mir nicht gefallen! Nehmen Sie das zurück, Herr Heidbrink!«

»Ich denke gar nicht daran.« Ein höhnisches Grinsen erschien auf seinem Gesicht. »Die Sache wird geklärt werden, verlaß dich drauf! Ich bringe die Machenschaften der Waldner-Klinik ans Licht. Wahrscheinlich stecken die Ärzte mit dir unter einer Decke. Ihr teilt euch den hinterlassenen Kuchen. Er ist ja auch groß genug. Wieviel bekommt denn Doktor Frank?«

»Ihre Anschuldigungen sind einfach lächerlich«, erklärte Anne so gelassen wie möglich. »Ich werde kein Wort mehr mit Ihnen wechseln. Wenn Sie glauben, ich hätte mir irgendwas erschwindelt, dann klagen Sie doch gegen mich.« Sie fühlte Triumph in sich aufsteigen, als sie den Mann vor sich sah, der in seiner Hilflosigkeit jetzt nach Worten rang. »Ich werde das Erbe annehmen!«

Befriedigt, aber auch erstaunt über ihre plötzliche Entscheidung, wandte sie sich ab und ging davon.

Als sie eine halbe Stunde später zum Parkplatz zurückkehrte, war Bertrams Wagen längst weg. Nun stand sie hier draußen und würde nicht mehr rechtzeitig zum Treffen mit Dirk in Haidhausen eintreffen. Sie hoffte sehr, daß er ihr auch das noch verzeihen würde.

Drei Tage später fuhr Anne wieder in die Kanzlei des Notars. Sie war erstaunt, auch Stefan Frank dort vorzufinden. Die beiden begrüßten sich.

»Doktor Martens will mir einige Schriftstücke aushändigen«, erklärte Stefan seine Anwesenheit. Daß Anne das Erbe annahm, wußte er schon von Dirk.

Die Sekretärin führte die beiden in das große Büro des Notars. Dr. Martens zeigte sich erfreut über Annes Entschluß. Die junge Frau mußte einige Schriftstücke unterzeichnen. Dann lehnte sich der Notar zufrieden in seinem Ledersessel zurück.

Er übergab Dr. Frank einen großen Umschlag. »Darin befinden sich Anweisungen, wie Sie das Geld verwenden sollen, das für die Anschaffung neuer medizinischer Apparate gedacht ist. Frau Heidbrink möchte Ihnen damit Dank sagen für die jahrelange medizinische Betreuung. Es ist auch ein persönlicher Brief dabei.«

Anne bekam ein kleines Kuvert.

»Sie können den Brief der Erblasserin hier lesen oder aber in Ruhe zu Hause. Wo Sie wollen, Frau Langenberg.«

Anne schaute unschlüssig zu Stefan hinüber. »Ich glaube, ich lese ihn lieber zu Hause.«

»Gut, dann wäre unsere Sitzung hiermit beendet. Ich möchte Sie noch einmal zu Ihrem Entschluß beglückwünschen, Frau Langenberg. Sie haben damit voll und ganz Frau Heidbrinks Wunsch entsprochen. Sie hatte kein größeres Anliegen, als Ihnen große Teile Ihres Vermögens zu vererben, weil Sie ein Recht darauf haben…«

»Wie bitte?« Anne klapperte verwirrt mit den Augenlidern.

Der Arzt und der Notar gaben sich die Hand. »Bleiben Sie

in der nächsten Stunde bei ihr«, murmelte Dr. Martens leise. »Sie wird Ihren Beistand jetzt dringend brauchen.«

Stefan lud Anne ein, mit ihm in einen der Biergärten am Englischen Garten zu fahren. »Dort können wir in Ruhe Utes Briefe lesen.«

Sie fanden einen Tisch unter einer schattigen Eiche. Es war recht heiß. Anne hielt die Spannung kaum noch aus. Sie nahmen Platz. Dann zog sie den Umschlag aus ihrer Schultertasche. Stefan bestellte zwei Gläser Weißwein.

Er setzte sich neben Anne auf die Holzbank und legte einen Arm um ihre Schultern. »Dann lesen Sie mal, Anne!«

»Sie wissen schon, was drin steht, nicht wahr?«

»Sinngemäß, ja. Ute hat mit mir vor ihrem Tod darüber gesprochen. Sie werden erschüttert sein, Anne.«

Mit zitternden Fingern riß sie das weiße Kuvert auf.

»Meine liebe Anne, wenn Du diesen Brief liest, wirst Du bereits Deine Zustimmung gegeben haben, das Erbe anzunehmen. Andernfalls wäre dieser Brief vom Notar Dr. Martens vernichtet und das Geld der Krebsforschung überwiesen worden. Ich kann mir denken, daß Du es Dir mit der Entscheidung nicht leichtgemacht hast.

Du wirst Dich immer wieder gefragt haben, warum ich ausgerechnet Dich als meine Erbin auserkoren, warum ich nicht alles meinem Mann hinterlassen habe. Die Antwort ist ebenso einfach wie weitreichend. Du bist unsere Tochter. Ein Irrtum ist ausgeschlossen. Ich bin mir ganz sicher.

Wenn Du noch Zweifel hast, wende Dich an das private Entbindungsheim von Dr. Marius Grantzer in Grünwald. Dort wirst Du Unterlagen über Deine Geburt finden. Deine Mutter heißt Ute Cramer, der Vater ist mit ›unbekannt‹ angegeben. Bertram Heidbrink, mein Mann, ist dein Vater. Als ich damals ungewollt schwanger wurde, hat er mich zur Adoption überredet.

Wir hatten beide kein Geld und wußten nicht, wovon wir le-

ben sollten. Bertram war noch Student. So habe ich Dich weggegeben, aber auch mein Leben lang unter dieser Entscheidung gelitten. Vielleicht bin ich deswegen so krank geworden. Bertram hat die Ereignisse von damals verdrängt. Vier Jahre nach deiner Geburt haben wir geheiratet. Wir haben es zu etwas gebracht, sind reich und wohlhabend geworden.

Als unser Sohn Ralf, dein Bruder, geboren wurde, dachte ich, meinen Fehler von damals endlich gutgemacht zu haben. Auch das sollte sich als Irrtum erweisen. Wie du weißt, ist Ralf ein Sorgenkind. Er wird mich nicht lange überleben.

Warum ich Dir das nicht alles schon zu meinen Lebzeiten gesagt habe, wirst Du jetzt wissen wollen. Ich hatte nicht den Mut dazu, Anne, Dir einzugestehen, wozu ich mich damals überreden ließ. Und ich wollte Dein Leben auch nicht durcheinanderbringen. Ich weiß, daß Du keine töchterlichen Gefühle für mich empfunden hättest. Deine Adoptiveltern waren gute Menschen, Gott sei Dank! Ich bin froh, daß Du es bei ihnen gut hattest. Daß sie sich finanziell bescheiden mußten, ist kein Makel.«

Anne vergaß die Welt um sich herum. Ihr war, als hörte sie Ute mit ihrer leisen, ein wenig klagenden Stimme sprechen. Manchmal schwammen Annes Augen in Tränen, dann konnte sie nichts lesen, sondern mußte sich erst einmal über die Augen wischen.

»Ich bin meinem Herrgott dankbar, daß ich Dich noch kennenlernen durfte. Anbei findest Du mein Tagebuch, das ich damals vor und nach Deiner Geburt schrieb. Ich habe es immer vor Bertram versteckt. Vielleicht kannst Du mich ein bißchen besser verstehen, wenn Du es gelesen hast. Ich war nicht glücklich auf Erden, Anne. Aber ich wünsche mir ganz sehnlichst, daß Du es sein kannst. Denk manchmal an mich! Deine Mutter Ute Heidbrink geborene Cramer.«

Es folgte das Datum. Auf einem weiteren Blatt bestätigte Notar Dr. Martens, daß seine Mandantin Ute Heidbrink in seiner Gegenwart diesen Brief, dessen Inhalt er in Grundzügen kennen würde, an Frau Anne Langenberg eigenhändig geschrieben hatte.

Anne griff tränenblind nach ihrem Weinglas und trank einen Schluck. Sie war wirklich tief verunsichert. Eine ganz neue Wirklichkeit war plötzlich um sie herum entstanden. Sie wußte, wo ihre Wurzeln waren. Sie kannte ihre Eltern! Und sie hatte einen Bruder!

Sie sah die Liebesszene mit Bertram wieder vor sich. Was wäre wohl geschehen, wenn sie noch ein oder zwei Gläser mehr getrunken hätte?

Anne verbot sich diese Vorstellung. Kraftlos sank ihr Kopf auf Stefans Schulter. »Ute erwähnt ein Entbindungsheim in Grünwald«, murmelte sie. »Kennen Sie es?«

»Ja, aber dieses private Heim hat vor vier Jahren geschlossen. Sein Gründer war gestorben. Soviel ich weiß, sind alle noch vorhandenen Unterlagen in die Archive der Waldner-Klinik gebracht worden.«

»Ob Doktor Waldner mir erlauben wird, daß ich dort suche?«

»Ich bin mir ziemlich sicher«, erwiderte Stefan. »Glauben Sie, daß es nötig ist?«

»Ich will jetzt alles ganz genau wissen«, brachte Anne mühsam hervor. Sie trank ihr Glas aus. »Danke, daß Sie bei mir geblieben sind, Doktor! Jetzt kann ich mir natürlich erklären, warum mir Ute soviel vererbt hat. Meine Mutter...« Sie sprach die beiden letzten Worte ganz langsam aus. »Sie war damals knapp achtzehn Jahre alt.«

»Ihre Großeltern waren streng katholisch. Daß Ute schwanger war, wurde weitgehend vertuscht. Die Leute wohnten in einem bayrischen Dorf, es waren rechtschaffene, ziemlich reiche Bauersleut.«

Anne weinte jetzt lautlos. Sie machte sich gar nicht mehr die Mühe, die Tränen wegzuwischen.

»Warum weinen Sie!«

»Aus Trauer«, stammelte die junge Frau. »Ich hatte eine Mutter und wußte es nicht. Wie froh bin ich, daß ich ihr nahe sein durfte! Wir hatten so manches gute Gespräch miteinander.« Ganz allmählich beruhigte sich Anne wieder. »Wie ist sie denn überhaupt darauf gekommen, daß ich…«

»Ihr Alter. Dann der Geburtstag, der mit Utes Kind übereinstimmte. Schließlich Ihr Feuermal am Arm. Das sind natürlich auch sehr eindeutige Beweise.«

»Gibt es denn gar keinen Zweifel mehr!«

»Ich glaube nicht«, meinte Stefan. »Aber die Unterlagen in der Waldner-Klinik geben vielleicht noch genauen Aufschluß. Möchten Sie noch ein Glas, oder wollen wir gleich hinfahren?«

»Fahren wir!« entschied Anne ohne zu überlegen.

Bertram war der einzige, der noch nicht informiert war. Seit gestern dachte er darüber nach, wie es in seinem Leben weitergehen sollte. Manchmal fragte er sich, warum er überhaupt noch so viel arbeitete. Warum konnte er es sich nicht gutgehen lassen und endlich einmal das tun, wovon er schon so lange träumte: ausspannen?

Notar Martens hatte ihm lapidar mitgeteilt, daß Anne Langenberg das Erbe angenommen hatte. Das bedeutete für Bertram, daß er ausziehen mußte.

Erika Meyers war auch schon informiert. »Ich weiß nicht, ob die neue Eigentümerin Sie behalten wird«, erklärte Bertram ihr gleichgültig. »Eigentlich kann ich es mir nicht vorstellen, denn sie kommt aus kleinen Verhältnissen und wird gut auf eine Haushälterin verzichten können.«

Davon ging Erika auch aus. Darum suchte sie schon seit einigen Tagen nach einer neuen Stelle. Sie mußte um jeden Preis eine Arbeit finden, um den Lebensunterhalt für sich und ihre beiden Kinder zu verdienen. Nein, sie konnte sich auch nicht vorstellen, daß eine Studentin eine Putzfrau brauchte. Und soviel Wohnraum schon gar nicht. Die Plätze auf der Sonnenseite des Lebens waren offensichtlich schon alle vergeben. Sie, Erika, war irgendwie in ihrem Leben immer zu spät gekommen.

Bertram zahlte der Angestellten den letzten Lohn, dann zog er sich mit einer Flasche Whisky in sein Arbeitszimmer zurück. Gegen Abend kam der ersehnte Anruf. Eine Immobilienfirma nannte ihm einige Interessenten für die beiden Apotheken, die ihm noch verblieben waren.

Eigentlich wollte er nicht verkaufen, sondern nur mal wissen, wieviel Geld zusammenkäme, wenn ihn plötzlich das lange gezügelte Fernweh überkäme. Was hielt ihn noch in München? Was hatte ihn die ganzen Jahre hier gehalten?

Seine Ehe mit Ute war gescheitert, doch die Schuld schob er ihr zu. Bertram hatte seine Frau so wenig gekannt, daß er gar nicht darauf gekommen wäre, wegen der damaligen Adoption eine beständige Trauer in ihr zu vermuten.

Gegen acht klingelte es an der Tür. Er wollte nicht öffnen, weil er sich nicht vorstellen konnte, wer jetzt noch käme. Eigentlich hätte er in den Club gehen sollen. Dort besaß er zwar auch keine Freunde, aber wenigstens ein paar Bekannte. Irgend jemand saß dort immer an der Bar herum.

Es klingelte anhaltend. Bertram stieß einen Fluch aus und marschierte zur Haustür. Draußen stand Anne.

Sie musterte ihn vorsichtig-fragend. Die Anklage aus ihrem Blick war verschwunden, wie er erstaunt feststellte.

»Guten Abend«, begrüßte er sie mit neu aufkeimendem Verlangen und hielt die Tür ganz weit auf. Hatte sie es sich doch noch anders überlegt? »Komm rein!«

Zögernd kam Anne seiner Aufforderung nach. Sie musterte sein Gesicht.

Er fuhr sich mit der Hand über das Kinn. »Warum schaust

du mich so prüfend an? Bin ich nicht gut rasiert? Das kann ich gleich nachholen.«

»Das ist nicht nötig«, erwiderte sie. »Ich möchte mit dir reden.«

Sie duzte ihn! Bertram war ganz perplex. Wenn das nicht ein gutes Zeichen war! Wahrscheinlich gehörte sie zu der Sorte Mensch, die immer erst eine gewisse Anlaufzeit brauchten, um sich für zündende Ideen zu erwärmen.

»Deine Frau hat mir einen Brief hinterlassen. Und ihr Tagebuch, das sie vor zweiundzwanzig Jahren geschrieben hat. Ihr hattet eine Tochter…«

»Ach, die alten Geschichten! Wir waren damals viel zu jung für ein Kind. Das hat Ute schließlich auch eingesehen. Ein Kind hätte meine ganze Lebensplanung verdorben. Darum war die Adoption die einzig vernünftige Entscheidung. Hat sie mit dir darüber gesprochen?«

»Nein.«

»Aber dann verstehe ich nicht, woher du das weißt.«

»Sie hat es mir geschrieben. Doktor Frank war schon vorher im Bilde. Diese Adoptivtochter…« Sie schluckte vor Aufregung. »Die bin ich.«

»Die bist du?« wiederholte Bertram. Man sah seinem etwas ausdruckslosen Gesicht an, daß er die Tragweite dieser Erklärung noch gar nicht richtig begriff.

»Ich bin deine Tochter.« Noch niemals in ihrem Leben war Anne ein Satz so schwergefallen. Sie fuhr fort, den Mann anzuschauen, der sie gezeugt hatte. Doch Gefühle für ihn empfand sie nicht.

Sie schämte sich immer noch des unwürdigen Vorfalls und war ihrem Schicksal von Herzen dankbar, daß sie in letzter Minunte noch nein gesagt hatte, sonst wäre sie im Bett dieses Mannes gelandet und hätte mit ihrem leiblichen Vater geschlafen!

»Und woher nimmst du diese Sicherheit?«

Sie reichte ihm ein paar Fotokopien, aus denen hervorging, daß ein Baby namens Anne Cramer einem Ehepaar Langenberg zur Pflege und späteren Adoption übergeben worden war. »Ich werde auch noch die Adoptionsurkunde finden«, fuhr sie tapfer fort. »Vielleicht haben meine Eltern sie irgendeiner Vertrauensperson zur Aufbewahrung übergeben. In ihrem Nachlaß habe ich nichts gefunden.«

»Na, so was!« Bertram goß sich einen Whisky ein. Mit dem Glas in der Hand ließ er sich in einen Sessel fallen.

»Du kannst natürlich hier wohnen bleiben«, fuhr Anne fort. »Ich habe mich schon mit dem Heim in Verbindung gesetzt, in dem mein Bruder lebt. Ich möchte ihn nach Hause holen. Er soll mit uns...«

»Nein, das kommt überhaupt nicht in Frage.« In seiner Stimme schwang Panik mit. »Ich kann nicht mit dem Jungen unter einem Dach leben. Das verursacht mir Alpträume. Wenn du ihn hierher holst, dann gehe ich.«

»Und wohin willst du?«

»Weiß ich noch nicht. Wahrscheinlich in den Süden. Ich verkaufe meine Geschäfte. Von dem Geld kann ich sorgenfrei leben.«

Anne starrte auf ihre Hände. Ihr kam kein Wort über die Lippen, das ihn von seiner Entscheidung zurückhalten sollte.

Bertram betrachtete sie jetzt mit unverhohlener Neugier. »Ich habe eine schöne Tochter«, sagte er zu sich selbst. »Wer hätte das gedacht?« Er deutete auf die Flasche. »Willst du auch ein Glas?«

»Nein, danke.« Anne steckte ihre Papiere wieder ein. »Ich gehe jetzt.« Sie räusperte sich. »Halte mich über deine Entscheidungen auf dem laufenden!«

»Warum?« Er war aufgestanden und auf sie zugegangen.

Seine abweisende Miene hielt sie nicht davon ab, in seine Augen zu schauen. Wie schön wäre es jetzt gewesen, wenn sie wie im Märchen an seine Brust sinken könnte, »Vater« stammelnd. Aber die Wirklichkeit war rauher. Dieser Mann hatte sein Kind damals nicht haben wollen. Und auch heute schien ihm die verlorene Tochter gefühlsmäßig überhaupt nichts zu bedeuten.

Seinen kranken Sohn hatte er schon längst aus seinem Leben verbannt. Bertram Heidbrink schien ein hartherziger Mensch zu sein.

Aber – und dessen war sich Anne sehr sicher – er war auch schrecklich einsam. Niemand liebte ihn, nicht einmal er sich selbst. »Weil ich wissen möchte, was du tust, wohin du gehst, wie du leben willst. Du bist mein Vater«, murmelte sie.

»Das mag sein. Trotzdem haben wir nichts miteinander zu tun. Eine Adoption ist rechtlich endgültig…«

»Die Biologie läßt sich nicht in Paragraphen pressen.« Anne ging zur Tür. »Wiedersehen.«

»Wiedersehen«, sagte er kühl, dann goß er sich noch einen Whisky ein.

Anne fuhr zu Dirk. Sie wollte endlich mit ihm reinen Tisch machen und ihm ausführlich von der Begegnung mit ihrem Vater erzählen. Einiges hatte sie dem jungen Arzt schon während ihres Dienstes in der Klinik erzählt. Aber es war ihnen nicht vergönnt gewesen, sich längere Zeit ungestört zu unterhalten.

Doch Dirk öffnete nicht. Er schien nicht zu Hause zu sein. Traurig und enttäuscht fuhr Anne zum Studentenheim zurück. Sie beschloß, sich bald eine neue Wohnung zu suchen, damit sie nicht mehr in der bedrückenden Enge leben mußte. Manchmal fühlte sie sich hier wie im Gefängnis.

Dirk Buchholz saß mit seiner Ex-Freundin Silke von Murnau, die jetzt Gerschke hieß, in einem italienischen Restaurant. Silke hatte ihn am Telefon um dieses Treffen gebeten und dabei so verzweifelt geklungen, daß er schließlich widerstrebend zugesagt hatte.

Er stocherte etwas lustlos in seinen Nudeln. Seit einer geschlagenen Stunde ließ Silke sich nur über ein Thema aus: Laut und leise, gereizt und traurig, belustigt und stolz sprach sie über ihren Ehemann, einen äußerst lebensfreudigen Bauunternehmer.

»Wir waren erst sechs Wochen verheiratet, da hat er mich schon das erste Mal betrogen«, berichtete sie mit zitternden Lippen. »Was sagst du dazu?«

Dirk hob stumm die Schultern, dann schob er seinen Teller von sich fort. »Welche Antwort erwartest du von mir, Silke? Ich kann zu dem Mann doch gar nichts sagen, weil ich ihn nicht kenne. Aber dich halte ich für vernünftig genug, um nicht gleich die Flinte ins Korn zu werfen. Woher weißt du denn so genau, daß es wirklich ein Betrug war?«

»Es gab eine Hotelrechnung, Rechnungen von einem Blumengeschäft und die üblichen kleinen Zeichen, daß der Partner verbotene Wege geht.«

»Hast du ihn gefragt, ob es eine andere Frau in seinem Leben gibt?«

Einmal, ja. Er hat nur gelacht und mich ein eifersüchtiges Dummchen genannt. Er behandelt mich wie jemand aus seinen Kreisen. Ihm ist gar nicht bewußt, daß ich etwas Besseres bin.«

Dirk schaute seine Freundin verwundert an. Meinte sie ihre Worte ernst?

»Eine Geliebte ist seine Sekretärin gewesen. Ich habe dafür gesorgt, daß er sie rauswirft. Seine zweite Affäre war eine Vertreterin für Baustoffe.« Silke verzog das Gesicht, als wäre dies eine ausgesprochene obszöne Tätigkeit. »Mit der trifft er sich gelegentlich immer noch.«

Plötzlich griff sie nach Dirks Hand. »Ich bin so unglücklich«, schluchzte sie verhalten.

»Das tut mir leid, Silke. Aber ich weiß wirklich nicht, wie ich dir helfen kann. Wenn du mit diesem Mann nicht leben kannst, mußt du dich eben wieder von ihm trennen. Man kann sich ja mal irren.«

»Ich denke gar nicht daran! Meine Eltern haben der Firma eine ordentliche Finanzspritze verpaßt. Ich bin jetzt stille Teilhaberin. Nein, ich habe mich anders entschlossen!«

»Da bin ich aber gespannt«, sagte Dirk, obwohl es gar nicht stimmte. Zu seiner großen Zufriedenheit stellte er nämlich fest, daß ihm Silke recht gleichgültig geworden war. Sie kam ihm vor wie eine flüchtige Bekannte. Jedenfalls spürte er weder Sehnsucht noch Kummer.

Vielmehr dachte er an Anne. Allmählich litt er schon an Entzugserscheinungen. Vergebens versuchte er sich an den Augenblick zu erinnern, wo sie sich zum letzten Mal in den Armen gelegen hatten. Das mußte sehr lange her sein. Zu lange!

»Wir beide haben doch immer sehr gut miteinander harmoniert – auf einem gewissen Gebiet. Erinnerst du dich?«

»Nein«, entgegnete Dirk, um von vornherein klare Grenzen zu ziehen.

»Laß uns zu dir nach Hause fahren!« raunte Silke. »Ich bin sicher, daß wir uns immer noch prima verstehen…«

»Ich sehe ja ein, daß du dich an deinem Mann rächen willst, Silke. Aber dafür such dir bitte einen anderen! Ich eigne mich dazu nicht.« Er fand ihren Vorschlag unverschämt.

Nur weil es mit ihrem Angetrauten nicht so klappte, besann sie sich auf ihren alten Freund!

»Ich wußte gar nicht, daß du so prüde bist«, sagte sie eisig.

»Ich bin nicht prüde. Ich hab' mich in ein anderes Mädchen verliebt. Mit ihr will ich es mir nicht verderben. Ich bin ihr treu. Und ich bleibe es!«

Wütend stand Silke auf. Sie zischte ihm irgend etwas zu, dann eilte sie zielstrebig dem Ausgang entgegen. Ihm blieb nichts anderes übrig, als die Rechnung zu bezahlen, was er seufzend tat, denn in seinem Geldbeutel herrschte schon erschreckende Ebbe, obwohl der Monat noch lange nicht zu Ende war.

Kurz vor Weihnachten bestand Anne das Physikum, die ärztliche Vorprüfung, die sie nach dem vierten Semester schriftlich ablegen mußte. Im neuen Jahr würden nun die Kliniksemester beginnen.

Es hatte sich sehr viel verändert in ihrem Leben. Sie wohnte seit September in der großen Villa, nachdem ihr Vater sich ein Anwesen auf Mallorca gekauft und dorthin gezogen war.

Der Abschied zwischen Vater und Tochter war kurz und schmerzlos gewesen. Er hatte versprochen, sich gelegentlich zu melden. Bis jetzt hatten sie in der ganzen Zeit ein einziges Mal miteinander telefoniert.

Anne wohnte nicht allein im Haus. Erika Meyers hatte mit ihren beiden Kindern drei der Zimmer im Obergeschoß bezogen. Und auch Ralf, das ›alte‹ Kind, lebte jetzt wieder im Haus. Anne hatte wahrgemacht, was Ute nicht durchgesetzt hatte. Ralf wurde hauptsächlich von Erika versorgt, was sein leibliches Wohl anbelangte. Er hing in geradezu rührender Liebe an seiner neuen Schwester.

Auch Anne fühlte sich diesem kranken Menschen tief verbunden. Dr. Frank kam fast jeden Tag, um ihn zu untersuchen. Seine Herzkranzgefäße hatten sich noch mehr verengt. Er litt jetzt häufig unter Atemnot und bekam hochwirksame Medikamente injiziert.

Anne wollte ihn nicht ins Krankenhaus geben. Die Ärzte würden dort auch nichts tun können, um ihn von seinem Leiden zu heilen. Darum sollte Ralf im Haus bleiben bis zur letzten Stunde. Er hatte endlich eine Heimat gefunden. Hier kümmerten sich alle rührend und liebend um ihn. Manchmal fragte er nach seiner Mutter.

Seine Schwester hatte ihm schonend beigebracht, daß sie nicht mehr lebte. Merkwürdigerweise war er nicht überrascht, obwohl man ihn im Heim darüber nicht informiert hatte.

Mit Dirk verband Anne eine innige Zuneigung. Bevor sie in das Haus eingezogen war, hatten sie sich endlich ausgesprochen. Der junge Arzt hatte anschließend mit ihr nächtelang die Archive der Waldner-Klinik durchwühlt, bis sie die Unterlagen gefunden hatten. Diese Papiere erhärteten nur die ohnehin schon gesicherten Tatsachen.

Dirk hätte Anne gern geheiratet, aber angesichts ihres Reichtums wagte er nicht, um ihre Hand anzuhalten. Was hätte er ihr denn bieten können – außer sich selbst?

Anne wartete ihrerseits darauf, daß er sich über ihre gemeinsame Zukunft äußern würde, doch das tat er zu ihrem Leidwesen nicht. Aber dann tröstete sie sich wieder damit, daß sie nichts überstürzen mußten. Sie waren beide jung und tatkräftig genug, um alles in die erwünschten Bahnen zu lenken.

Weihnachten verlief ruhig und besinnlich. Dirk wohnte während der Feiertage im Haus. Er verstand es sehr gut, mit Ralf umzugehen.

Entgegen aller ärztlichen Prophezeiungen blühte der Kranke auf. Sogar sein Herzasthma schien vorübergehend zu verschwinden. Seine hohe krächzende Stimme erfüllte das Haus. Und alle Bewohner waren glücklich, wenn der kleine Greis lachte.

Anne gab zu Silvester eine Party, auch um ihr bestandenes Vorexamen zu feiern. Babs Waldner wurde eingeladen, Stefan Frank, der jedoch wegen seines Bereitschaftsdienstes nicht kommen konnte, Dirk, Jürgen Blatt von der Unfallchirurgie, drei Schwestern und Freundin Fee mit Anhang.

Dr. Frank kam am frühen Abend für ein halbes Stündchen und lieferte sein Geschenk ab.

Nach und nach erschienen die Gäste. Ralf war ganz aufgeregt. In seinem ganzen Leben hatte er an keinem lustigen Fest teilgenommen.

Schnell stieg die Stimmung. Laute Musik dröhnte durch das Haus. Erika und Anne hatten sich viel Mühe mit dem Essen gegeben. Überall standen appetitliche Platten herum. Sektflaschen lagen für den Jahreswechsel auf Eis. Bis dahin konnte man sich Bier, Wein oder Alkoholfreies zu Gemüte führen.

Babs tanzte mit Jürgen Blatt, der der hübschen Chefarzttochter in seiner charmanten Art den Hof machte, doch Babs beließ es bei einem heißen Flirt.

Fee diskutierte gerade mit Dirk über die Fortschritte der Krebsfoschung, als das Telefon klingelte. Anna nahm ab. Bertram war am anderen Ende der Leitung. Sie ging mit dem Apparat ins Nebenzimmer, um ihren Vater besser verstehen zu können.

»Ich wollte dir ein gutes neues Jahr wünschen, Anne«, sagte der Mann. »Feiert ihr Silvester?«

»Ja. Und gleichzeitig mein bestandenes Physikum. Du kannst mir ruhig gratulieren. Willst du mit Ralf sprechen?« Anne hielt inne, fast hätte sie das Wort »Vater« hinzugefügt, doch es kam ihr einfach nicht über die Lippen.

»Nein«, sagte Bertram. »Alles Gute trotzdem! War mal nett, dich zu hören.«

»Und wie geht's dir?«

»Prima. Ich habe hier im Rentnerparadies eine Apotheke aufgemacht. Die läuft bestens, wie du dir denken kannst. Gott sei Dank haben die Alten ja viele Wehwehchen, darum klingelt's dann bei mir in der Kasse!«

»Kommst du wieder einmal nach Deutschland?«

»Weiß ich noch nicht. Vielleicht später mal. Im Augenblick habe ich keine Lust dazu. Also dann, guten Rutsch!«

»Guten Rutsch«, erwiderte Anne ein bißchen traurig. Ihr Vater war wie ein Fremder für sie. Und so würde es wohl auch immer bleiben.

Leise ging die Tür auf. Dirk spähte ins Zimmer. »Alles okay, Anne?«

»Ja. Bertram war am Apparat. Er fühlt sich auf Mallorca wohl und hat dort eine Apotheke eröffnet.«

Dirk kam näher. Er umfaßte Annes Gesicht und schaute ihr in die schönen blauen Augen. »Was ist los?« fragte er leise und wischte ihr über die Lider. »Gab es Grund zum Weinen?«

»Nein, eigentlich nicht. Ich bin nur manchmal etwas sentimental. Ich würde so gern zu meinem Vater eine andere Beziehung haben…«

»Du verlangst zuviel auf einmal«, erwiderte Dirk weise. »Die biologische Vaterschaft ist eine Sache, die Beziehung zwischen Tochter und Vater eine andere. Du wirst ihn nicht ändern. Und es wäre besser für dich, sein Unvermögen zu akzeptieren.«

»Schon passiert«, murmelte Anne resiginiert, aber sie brachte schon wieder ein kleines Lächeln zustande. Dann drückte sie dem Freund einen zärtlichen Kuß auf den Mund. »Komm, laß uns zu den anderen gehen!«

»Einen Augenblick noch!« bat Dirk, der die unverhoffte Zweisamkeit mit der geliebten Frau genießen wollte. »Ich möchte dir im alten Jahr unbedingt noch etwas sagen.«

Gespannt schaute sie ihn an.

»Ich liebe dich, Anne.«

Sie hielt den Atem an. »Oh, ich dich auch, Dirk! Warum haben wir nicht schon eher darüber sprechen können?«

»Gut Ding will Weile haben«, lautete Dirks zärtliche Erwiderung, die er mit einem Kuß besiegelte.

»Wie sehr liebst du mich?« wollte Anne wissen, als er sie freigab. Sie hoffte immer noch auf seine Frage, ob sie ihn heiraten wollte. Doch dieses Thema schnitt Dirk nicht mehr an, im alten Jahr jedenfalls nicht.

Ralf Heidbrink starb im Alter von vierzehn Jahren – genau zu Beginn des Sommers. Im Frühjahr ging es ihm noch relativ gut, doch dann konnte er sein Krankenlager nicht mehr verlassen.

Anne unterbrach ihr Medizinstudium, weil sie jede freie Minute am Bett ihres todkranken Bruders verbringen wollte. Sie las ihm vor, erzählte ihm Geschichten und hielt seine kleine knochige Hand. Sein Vogelgesicht war noch mehr eingefallen. Sie verstand ihn nur noch, wenn sie ihr Ohr ganz dicht an seinen Mund legte.

Seine häufigste Bitte war, ihm vom Himmel zu erzählen. Zunächst war Anne erschrocken gewesen, doch dann hatte sie ihre ganze Phantasie bemüht und dem sterbenden Kind ein geradezu prachtvolles und buntes Bild entworfen, das sie immer mehr ausschmückte. Es war ein Königreich, wo die Kinder an der Macht waren und die Erwachsenen nur eine untergeordnete Rolle spielten.

Sein zahnloser Mund lächelte selig, wenn sie wieder eine neue Variante erfunden hatte. »Ist Mama auch dort?«

»Ja. Ich glaube, ihr gefällt es dort sehr gut.«

»Ich möchte dort auch hin«, krächzte er und drückte seine Schwester an sich. »Aber du bleibst hier. Sonst wird Dirk ganz traurig.«

Diese Worte schnürten ihr fast die Kehle zu.

Am ersten Sommertag glitt er dann leise hinüber in das Königreich der Kinder. Er starb so still und unauffällig, wie er gelebt hatte.

Ohne ihn war das Haus leer. Obwohl Anne ihren Bruder nur ein knappes Jahr gekannt hatte, fehlte er ihr sehr. Sie brauchte viel Zeit, um seinen Verlust zu verwinden.

Dirk half ihr dabei nach Kräften. Sein praktisches Jahr war vorbei. Dr. Waldner hatte ihm eine Stelle als Assistenzarzt angeboten, die er auch sofort akzeptiert hatte. Nun bekam er ein besseres Gehalt, doch er wagte immer noch nicht, der geliebten Frau eine Heirat vorzuschlagen.

Irgendwann verlor Anne die Geduld. Und so beschloß sie, ihn herauszufordern. Sie ließ sich schriftlich informieren, in welchem Land der Erde sie später als Ärztin gebraucht würde. Das Prospektmaterial ließ sie dann auffällig im Haus herumliegen, so daß Dirk bei seinem nächsten Besuch darauf stoßen mußte. »Hast du das bestellt?« wollte er wissen.

»Ja. Ich glaube, ich gehe nach dem Examen nach Südamerika. Oder nach Afrika. Dort gibt es für Ärzte viel zu tun.«

Erschrocken schaute er sie an, senkte jedoch sogleich den Blick und vertiefte sich wieder in die Unterlagen. »Viel zu tun gibt es hier auch«, gab er zu bedenken. »Deswegen muß man nicht hinaus in die weite Welt. Du wirst mir fehlen, Anne.«

»Komm doch mit!«

Er überlegte, dann schüttelte er langsam den Kopf. »Ich fürchte, das ist keine Arbeit für mich. Ich würde sehr unglücklich werden, denn eigentlich fühle ich mich hier in München sehr wohl.«

Anne zog betont gleichmütig die Schultern hoch. »Dann müssen wir uns eben trennen.«

»Sag so was nicht!« stieß er rauh hervor. »Ohne dich kann ich mir das Leben gar nicht denken. Du hast doch einen festen Platz darin. Ich liebe dich doch, Anne. Bitte, bleib! Geh nicht fort!«

»Noch ist es ja nicht soweit. Und ob ich eines Tages wirklich gehe, liegt allein bei dir.«

»Bei mir? Ja, wie soll ich Dich denn halten, um Himmels willen?«

»Indem wir heiraten«, erklärte sie mir einem Seufzer und strich sich entnervt das Haar aus der Stirn. »Wie lange soll ich eigentlich noch auf ein entsprechendes Angebot warten?«

Ungläubig starrte er sich an. »Du willst...« Vor Freude überwältigt mußte er erst einmal die Augen schließen. Endlich erschien ein verschmitztes Lächeln um seinen Mund. Er stand auf und richtete sich zu seiner vollen Größe auf.

»Vor dir steht dein zukünftiger Ehemann«, erklärte er mit vorgerecktem Kinn. »Ich wollte zwar noch bis zum Facharzt warten…«

Anne gab einen erstickten Laut von sich. Das wären, je nach Fachrichtung, noch vier bis sechs Jahre gewesen!

»Aber du hast es nicht anders gewollt. Willst du mich heiraten, Anne? Wage bloß nicht, nein zu sagen!«

»Nein«, erwiderte sie und sank an seine Brust. »Das würde ich niemals wagen.« Sie schlang die Arme um seinen Hals. »Jetzt sind wir verlobt, Dirk. Aber bilde dir nicht ein, daß ich mich auf eine lange Verlobungszeit einlasse! Ein Jahr allerhöchstens!«

Nachdem die Zukunftspläne ausgiebig diskutiert worden waren, kam Dirk auf das Wesentliche zurück. Er nahm seine Anne in die Arme. Und dann dachten sie beide nur noch an die Liebe.

Dr. STEFAN FRANK

Ein Baby – lebendige Erinnerung

Der Mann auf dem Operationstisch war so übel zugerichtet, daß alle anwesenden Ärzte recht skeptisch dreinblickten. Dr. Lisa Anderson, die als erste Assistentin von Chefarzt Ulrich Waldner fungierte, schluckte, als sie das zerfetzte Bein des Patienten sah. Aus einem völlig zertrümmerten Fahrzeug war er vor zwei Stunden geborgen und mit dem Hubschrauber direkt in die Waldner-Klinik transportiert worden.

Das eilig zusammengetrommelte Chirurgenteam unter Waldners Leitung hatte sofort den Kampf aufgenommen. Am Kreislauf-Narkosegerät saß Dr. Thomas Rüsch und meldete abfallenden Blutdruck. Dennoch mußten die Wunden erst einmal gereinigt werden, um spätere Komplikationen auszuschließen. Dr. Stein entfernte mit einer Pinzette vorsichtig kleine Lackteilchen aus dem Oberschenkel. In einer Edelstahlschale sammelte Dr. Morena einige Knochensplitter, die noch im Fleisch hingen, und legte sie zu denen, die an der Unfallstelle aufgesammelt worden waren.

Dr. Stein säuberte die Wunde. Der Knochen lag frei. Große Stücke wurden bereits vorsichtig an ihren ursprünglichen Platz zurückgesetzt. Die Chirurgen konnten sich nicht sehr viel Zeit für das Puzzlespiel nehmen, denn der Mann hatte bereits viel Blut verloren.

Obwohl das Unfallopfer außer dem offenen Trümmerbruch auch noch den rechten Oberarm gebrochen, Platzwunden an den Armen und über der Nase, eine Gehirnerschütterung und Brustprellungen davongetragen hatte, richtete sich die ganze Aufmerksamkeit des OP-Teams auf das schlimm zugerichtete Bein.

Bis jetzt waren keine inneren Verletzungen festgestellt worden, aber solche Komplikationen konnten sich – beispielsweise durch einen Milzkapselriß – auch noch Tage später einstellen. OP-Schwester Grit rasierte die Behaarung um die Bruchstelle.

Nachdem endlich alle Blutkrusten, Lackteilchen und Sandkörnchen aus der Wunde entfernt worden waren, wurde der Körper mit Alufolie abgedeckt, um ihn vor Auskühlung zu schützen. Nur das Operationsfeld blieb frei.

Chefarzt Waldner schnitt den Oberschenkel bis zum Knie auf. Dr. Lisa Anderson stand mit der Edelstahlschale neben ihm. Gemeinsam fügten sie Knochenstück für Knochenstück wieder ein. Alle größeren Bruchstücke wurden durchbohrt und mit einer Metallschiene zusammengehalten. Diese Schiene wurde jetzt am Oberschenkelhals befestigt und verschraubt.

Es war eine knifflige Arbeit. Lisa spürte, wie ihr vor lauter Anspannung kleine Schweißperlen auf die Stirn traten. Man arbeitete schweigend im OP II der Waldner-Klinik. Das Team bestand aus drei Chirurgen, einem Orthopäden, einem Internisten, einem Anästhesisten und zwei Instrumentenschwestern.

Während Lisa und Ulrich Waldner noch einmal den Sitz der Metallschiene prüften, bevor sie die große Wunde verschlossen, warf Dr. Stein noch einen Blick auf die Röntgenaufnahme des Arms. Möglicherweise war ein Nerv gerissen, dann würde der Patient eine Weile die Hand nicht bewegen können. Der Bruch selbst stellte kein Problem dar. Ein Stützverband und eine Ruhigstellung würden ausreichen.

»So, ich glaube, wir können nähen«, meinte Dr. Waldner leise zu seiner jungen Kollegin. »Gute Arbeit, Frau Anderson.«

Lisa fand keine Zeit, sich über das Lob aus berufenem Mund zu freuen. Sie ließ sich eine Nadel und steriles Nahtmaterial reichen und begann mit der Zusammenfügung der Hautränder.

Nachdem das OP-Team seine Arbeit beendet hatte, nahm sich Dr. Rüsch des Patienten an, der sofort auf die Intensivstation gebracht wurde.

Draußen vor dem OP-Trakt ging ein älterer Mann nervös auf und ab. Als er die Ärzte kommen sah, blieb er wie angewurzelt stehen. Angst und Unsicherheit zeichneten sein Gesicht, als er einen vorsichtigen Schritt auf die Gruppe hin machte.

»Walter Gerscheid ist mein Name«, sagte der etwa Sechzigjährige mit rauher Stimme. »Was ist mit meinem Sohn?«

Chefarzt Waldner erklärte, daß sie alles getan hätten, um das Bein des Verunglückten zu retten. »Wir haben alle gefundenen Knochensplitter wieder eingesetzt und hoffen, daß sie anwachsen. Der Oberschenkel war vollkommen zertrümmt. Einige Bruchstücke hat das Notarztteam von der Unfallstelle mitgebracht. Aber sie lagen lange im Straßenstaub, so daß Infektionen nicht ausgeschlossen werden können. Wir müssen jetzt erst einmal die nächsten Tage abwarten, Herr Gerscheid. Wenn Sie wollen, können Sie Ihren Sohn kurz sehen. Aber er wird nicht ansprechbar sein.«

»Wie ist es denn bloß zu dem schrecklichen Unfall gekommen?«

Chefarzt Waldner zog die Schultern hoch. »Dazu kann ich Ihnen nichts sagen, Herr Gerscheid. Aber die Polizei wird Ihnen Auskünfte geben.«

Der Mann strich sich nervös über sein dichtes, eisgraues Haar. »Wird er überleben?«

»Wenn keine Komplikationen eintreten, hat er Chancen«, sagte Ulrich mit einem freundlichen Gesicht. Mehr konnte er für den besorgten Vater im Augenblick nicht tun.

»Danke«, murmelte der Mann. Eine der Pflegerinnen zeigte ihm den Weg zur Intensivstation.

Lisa schaute auf die Uhr. Sie war überrascht, wie spät es schon war. Darum verzichtete sie auch darauf, noch einen Kaffee zu trinken, sondern fuhr gleich nach Hause.

Kaum hatte sie das Haus betreten, das sie seit zwei Jahren mit ihrem Lebensgefährten Simon bewohnte, fiel die Müdigkeit geradezu schlagartig über sie. Lisa streifte die Schuhe von den Füßen, wobei sie sich nicht die Mühe machte, sie aus dem Weg zu schieben, und betrat mit einem langgezogenen Seufzer das Wohnzimmer.

Eine Stehlampe brannte. Von Simon war nichts zu sehen. Wahrscheinlich schlief er schon. Sie wollte ihn nicht aufwecken, obwohl sie jetzt noch gern mit ihm gesprochen hätte. Simon erschien ihr in der letzten Zeit sehr erholungsbedürftig. Es wurde allerhöchste Zeit, daß sie endlich den immer wieder hinausgeschobenen Urlaub nachholten.

Seit Montag arbeitete Sabine Meerbusch in der Praxis des Grünwalder Arztes Dr. Stefan Frank. Die junge Helferin, eine sehr hübsche Sechsundzwanzigjährige, vertrat Marie-Luise Flanitzer, die erst einmal zu Hause ihre schon seit langem verschleppte Bronchitis ausheilte und anschließend einige Wochen in Kur fahren sollte.

Sabine war froh darüber, diese Vertretung bei Dr. Frank machen zu dürfen, denn von heute auf morgen war sie arbeitslos geworden. Ihr Chef, ein fünfzigjähriger Internist, war während einer Tagung zusammengebrochen. Trotz raschen Handelns der vielen anwesenden Spezialisten hatte der Arzt seinen Herzinfarkt nicht überlebt und war kurz darauf gestorben.

Etwas ängstlich schaute sie zu Schwester Martha hinüber, die am Empfang saß und irgend etwas vor sich hinbrummte, was recht ärgerlich klang.

Sabine wußte noch nicht, wie sie die erfahrene Kollegin einzuschätzen hatte. War sie umgänglich, kehrte sie die Chefin hervor oder zeigte sie sich doch lieber von ihrer kollegialen Seite?

All das wußte Sabine noch nicht, doch sie nahm sich vor, sich anzupassen. Und schon gar nicht wollte sie der Älteren irgendwelche Rechte streitig machen.

»Der Doktor müßte eigentlich schon längst hier sein«, meinte Martha. »Ick hab' Kaffeedurst.« Und mit dieser Bemerkung schaltete sie den Kaffeeautomaten ein. »Sie ooch?«

Sabine nickte zustimmend, obwohl sie eigentlich lieber Tee

trank. Aber an ihrem zweiten Arbeitstag wollte sie nicht gleich mit Sonderwünschen kommen.

Stefan Frank kam, als Martha Giesecke die Tassen aus dem Schrank holte. Er hatte an diesem Morgen gegen halb neun schon vier Hausbesuche hinter sich und freute sich auf die aromatisch duftende Erfrischung.

»Herr Thalberg hat anjerufen«, erklärte Martha ihrem Chef. »Er kommt um zehn.«

»Gut. Sonst noch was?«

»Nich', det ick wüßte. Ach ja, Herr Landau hat sich anjesagt. Für den müßten Se sich schon en paar Minütchen Zeit nehmen.«

»Mach' ich«, erklärte Dr. Frank gutgelaunt. Joachim Landau war ein Pharmavertreter, aber einer von der angenehmen Sorte. Mit dem Mann konnte man reden. Er wies schon von sich aus bei neuen Medikamenten auf unerwünschte Nebenwirkungen hin.

Seit vielen Jahren betrieb Dr. Frank seine Praxis in der Grünwalder Gartenstraße. Er war Allgemeinmediziner und Geburtshelfer und nahm sich viel Zeit für seine Patienten. Nicht selten engagierte er sich für sie in einem Ausmaß, das weit über die normale ärztliche Hilfsbereitschaft hinausging. Darum konnte er sich über einen Patientenmangel nicht beklagen.

Manchmal wünschte er sich, etwas weniger zu arbeiten. Doch solche Wünsche verschwanden ebenso rasch, wie sie auftauchten.

Bei Martha Giesecke bedankte er sich herzlich für den wundervoll duftenden Kaffee und die mit Käse belegte Semmel. Er war heute morgen noch nicht einmal dazu gekommen zu frühstücken. Höchste Zeit, daß er dieses Versäumnis nachholte!

Er schaute die Post durch. Nichts Dringendes war dabei. Heute mittag würde er sich mit den Eingängen beschäftigen.

Er fragte sich, was Simon von ihm wollte. Simon Thalberg war einer seiner besten Freunde, ein Mann in seinem Alter, den er schon aus der gemeinsamen Studienzeit kannte.

Damals hatten Simon und er Medizin studiert. Simon war der Sohn des berühmten Herzspezialisten Erwin Thalberg. Es schien selbstverständlich, daß der Sohn, trotz seiner außergewöhnlichen musikalischen Begabung, in die Fußstapfen des Vaters treten würde.

Doch Simon hatte nur zwei Semester absolviert, dann war er aufs Konservatorium gegangen. Sein Vater hatte eingesehen, daß sein Sohn als Arzt unglücklich werden würde. Also hatte er sich mit diesem so völlig anderen Berufsweg einverstanden erklärt – allerdings erst nach einigen längeren Diskussionen.

Vor vier Jahren war Professor Thalberg gestorben. Aber er hatte seine Zustimmung nie bereut, denn Simon war wirklich ein anerkannter Pianist geworden. Zwar gehörte er nicht zu den ganz Großen, aber das war Simon gleichgültig. Die kleineren Konzerthäuser konnten sich die Stars dieser Welt gar nicht leisten. Simon konnte sich über Konzertauftritte, Schallplattenaufnahmen und Einladungen zu Radiosendern nicht beklagen.

So hatte sich Stefans und Simons beruflicher Weg sehr bald verzweigt, aber privat waren sie einander immer verbunden geblieben. Und seitdem Simon mit seiner Lebensgefährtin Lisa Anderson in München wohnte, sah Stefan das Paar sehr häufig.

Lisa war eine junge, tüchtige Kollegin von ihm auf dem Gebiet der Chirurgie. Und von seinem Freund Ulrich Waldner wußte er, daß sie sogar überdurchschnittlich gut war.

Simon und Lisa kannten sich seit knapp drei Jahren. Für beide war es nicht die erste, aber doch eine sehr große Liebe. Lisa war dreiunddreißig, Simon vierundvierzig Jahre alt.

Simon Thalberg kam zehn Minuten vor dem mit Martha

Giesecke vereinbarten Termin. Er unterhielt sich ein Weilchen am Empfang mit den beiden Damen, weil Dr. Frank noch mit einem Patienten beschäftigt war, dann endlich begrüßten sich die beiden Männer.

Stefan wollte den Freund umarmen, doch der wehrte ab. »Laß mal, mein Lieber! Ich habe meine Halsinfektion immer noch nicht ganz auskuriert. Ich will nicht, daß du dich ansteckst.«

»Komm rein«, bat Dr. Frank und schloß die Tür hinter sich. »Was kann ich für dich tun? Hast du ein gesundheitliches Problem? Oder willst du mir einen Termin vorschlagen, an dem wir uns alle vier mal wieder zu einem gemütlichen Beisammensein einfinden?«

Simon wurde schlagartig ernst. »Das hätte ich doch mit dir telefonisch ausmachen können. Nein, das ist nicht der Grund, Stefan.« Der Mann ließ sich mit einem flachen Seufzer auf den Stuhl sinken. »Mir geht's nicht gut. Und ich will endlich wissen, was mit mir los ist.«

Stefan lehnte sich in seinem Sessel zurück. »Erzähl mal!« forderte er den Musiker auf.

»Aus heiterem Himmel befällt mich ein quälender Reizhusten. Das ist bei einem Auftritt natürlich äußerst lästig. Allmählich müßte diese Infektion doch längst ausgeheilt sein.«

»Von welcher Infektion sprichst du?«

»Ich hatte eine ziemlich schwere Erkältung: Husten, Halsweh, Heiserkeit. Es ist auch besser geworden, doch jetzt denke ich manchmal schon an einen Rückfall. Jedenfalls ist es schrecklich unangenehm. Ich will die Symptome endlich loswerden.«

»Zaubern kann ich nicht«, meinte Stefan mit einem fast entschuldigenden Lächeln. »Aber wir wollen uns bemühen, dem Grund auf die Spur zu kommen.« Er notierte etwas auf Simons Krankenblatt. »Fieber?«

Der andere überlegte. »Nein« entschied er dann. »Fieber habe ich nicht. Aber die Stimme ist immer noch nicht klar. Und manchmal schmerzt es hier im Brustkorb.«

»Hast du schon mal Blut gespuckt?«

»Nein.« Simon schüttelte heftig den Kopf. »Worauf willst du hinaus, Stefan?«

»Ich erkundige mich nur nach bestimmten Symptomen. Wie steht es mit dem Zigarettenkonsum?«

»Na ja...« Der Freund verzog das Gesicht. Schon dreimal hatte er versucht, das Rauchen aufzugeben, nach einer Weile aber immer wieder damit angefangen. Meistens waren es Streßsituationen, die ihn zur Zigarette greifen ließen. Er ärgerte sich selbst über seinen »schwachen Willen«, wie er seine Haltung bei sich selbst nannte.

»Eine Schachtel pro Tag?«

»Es kann auch schon mal mehr werden«, erwiderte Simon, wobei er eine vage Geste mit der Hand ausführte.

»Du solltest mit dem Rauchen aufhören«, meinte Dr. Frank. »Oder es wenigstens stark einschränken.«

»Das versuch' ich ja. Aber es ist nicht einfach.«

»Ich schlage dir eine generelle Untersuchung vor. Dann wissen wir bald ganz genau über deinen Gesundheitszustand Bescheid.«

Simon fühlte gleichzeitig Enttäuschung und Abwehr in sich aufsteigen. Eigentlich hatte er darauf gehofft, daß der Freund ihm ein wirksames Antibiotikum verschreiben würde, das ihn in kurzer Zeit von den lästigen Beschwerden befreite.

»Eine generelle Untersuchung? Wozu soll das gut sein?«

»Leg dich mal dort drüben hin und mach den Oberkörper frei!« ordnete Stefan an, ohne auf Simons Einwand einzugehen. Der Grünwalder Arzt hörte den Brustkorb ab, nahm eine Klopfschalluntersuchung vor, dann zapfte er seinem Patienten

Blut ab. »Für das Blutbild und die Blutsenkungsgeschwindigkeit«, erklärte er.

»Und was kann man daraus ersehen?«

»Diese Tests geben Hinweise auf den Allgemeinzustand. Zwecks weiterer Diagnostik solltest du in die Waldner-Klinik gehen. Eine röntgenologische Untersuchung des Thorax ist sehr wichtig...«

»Waldner-Klinik?« Simon schüttelte wild entschlossen den Kopf. »Kommt überhaupt nicht in Frage, Stefan! Falls man irgendwas Brisantes feststellt, ist Lisa sofort im Bilde. Das will ich nicht.«

»Okay, wenn du meinst... Dann geh eben in die Uni-Klinik! Aber tu mir den Gefallen und schieb die Sache nicht lange vor dir her!«

»Hast du schon einen Verdacht?«

»Nein«, sagte Stefan. »Wir brauchen erst einmal einen handfesten Befund. Aber so ein langanhaltender Husten ist verdächtig, darum sollte man ihm auf den Grund gehen.«

Simon knöpfte sein Hemd zu. »Einverstanden, Stefan. Ich will mich ja endlich wieder besserfühlen, darum werde ich tun, was du anordnest.«

»Soll ich gleich in der Uni-Klinik für dich anrufen?« Stefan hielt den Hörer schon in der Hand. Simon murmelte etwas, das wie ein zögerndes »Ja« klang. Wenig später reichte ihm der Arzt einen Zettel mit Datum und Uhrzeit, den Simon in seiner Jackentasche verschwinden ließ, ohne auch nur einen Blick darauf zu werfen.

»Und bitte kein Wort zu Lisa!« bat Simon. »Jedenfalls jetzt noch nicht. Sie macht sich immer gleich Sorgen.«

»Aber sie wird doch selbst bemerkt haben, daß du deinen Husten nicht los wirst.«

»Na ja...« Simon zog die Schultern hoch. »Die schlimmsten Anfälle kommen nachts. Ich bin vorübergehend ins Gästezimmer gezogen, um sie nicht zu stören. Sie hat ja einen harten Job und braucht ihren Schlaf.«

Stefan Frank brachte den Freund zur Tür. Aufmerksam betrachtete er Simons Gesicht. Die Augen lagen tiefer in ihren Höhlen als sonst. Die Haut machte keinen besonders frischen Eindruck. Der Mann sah krank aus. Höchste Zeit, daß etwas geschah!

Die beiden Freunde drückten sich die Hand. »Ich rufe sofort an, wenn der erste Befund da ist«, versprach Dr. Frank.

»Für Sie«, sagte Martha und reichte ihrer jungen Kollegin den Telefonhörer.

»Danke«, murmelte Sabine etwas verlegen. Es war nun schon das zweite Mal an diesem Vormittag, daß sie einen privaten Anruf bekam. Sie hoffte, daß sie Eriks Aufdringlichkeit nicht in Schwierigkeiten bringen würde. Leider konnte sie auch nicht so mit ihm reden, wie sie gern gewollt hätte.

»Was soll das?« fragte sie mit gepreßter Stimme. »Laß mich bitte in Ruhe, ich bekomme sonst Schwierigkeiten!«

»Ich will ja nur, daß wir uns heute mittag sehen.«

»Nein«, erwiderte sie seufzend. Aus den Augenwinkeln sah sie Martha in einem der hinteren Praxisräume verschwinden.

»Ich verbiete dir, mich hier zu belästigen!« zischte Sabine los. »Zwischen uns ist es aus. Wie oft soll ich dir das noch sagen?«

»Du bist mir eine Aussprache schuldig«, rief der Mann am anderen Ende der Leitung. »Was habe ich getan, daß du mich wegwirfst wie einen alten Lappen?«

»Oh, nein!« stöhnte Sabine auf und fuhr sich mit der rechten Hand durchs Haar. Wie oft hatten sie schon über ihre Beziehung gesprochen! Warum begriff er nicht endlich, daß er sie mit nichts zurückgewinnen konnte? Sie liebte ihn nicht mehr. Und darum wollte sie auch endlich von ihm in Ruhe gelassen werden.

»Hör zu«, sagte sie, weil sie Dr. Franks Stimme vernahm. Die ganze Sache war ihr schrecklich peinlich. »Wir können uns heute abend kurz sehen. Im Café in der Ulmer Straße. Um halb acht.« Und dann legte sie auf, bevor der Arzt an ihren Schreibtisch trat.

Glücklicherweise rief Erik nicht noch einmal an. Die junge Arzthelferin war ziemlich verzweifelt. Sie mußte einen Weg finden, um Erik von diesen lästigen Anrufen abzubringen!

Sie ging rasch auf die Toilette, um sich die Hände zu waschen. Ein ratloses, blaues Augenpaar schaute ihr entgegen. Sie versuchte, ihrem Gesicht einen entschlossenen Ausdruck zu geben, den sie heute abend beim Treffen mit Erik aufsetzen wollte. Eine halbe Stunde würde sie ihm widmen, keine Sekunde länger! Sein Verhalten war mehr als kindisch.

Als sie an den Empfang zurückkehrte, stand dort ein Mann mit einem ledernen Koffer. Er trug einen gutschnittenen Leinenanzug und lächelte Sabine charmant entgegen. »Grüß Gott«, sagte er. »Landau mein Name. Ich möchte gern mit dem Doktor sprechen.« Außerdem fügte er noch den Namen der Firma zu, die er vertrat.

»Einen Augenblick, bitte. Wenn Sie dort drüben Platz nehmen wollen…«

Sabine gab ihrem Chef über das Haustelefon Bescheid. »Noch ein paar Minuten, bitte!« bat Dr. Frank. »Dann bin ich frei. Fragen Sie ihn, ob er inzwischen einen Kaffee trinken möchte!«

Sabine befolgte die Anordnung des Arztes, doch der Pharmavertreter lehnte dankend ab.

»Sie sind neu hier!« meinte er statt dessen.

»Ja, sehr neu sogar«, erwiderte Sabine mit einem verschmitzten Lächeln. »Ich fühle mich noch recht unsicher. Aber so ist das immer, wenn man irgendwo anfängt…«

»Hat Frau Flanitzer gekündigt?«

»Aber nein! Sie ist krank. Anschließend geht sie zur Kur. Ich vertrete sie nur.«

Joachim Landau konnte seinen Blick nicht von der hübschen Helferin lassen. Sie trug wie Martha Giesecke einen weißen, locker fallenden Kittel. Trotzdem sah er, daß sie eine tolle Figur hatte: lange Beine, schmale Taille, eine ansprechende Oberweite, nicht zu viel und nicht zu wenig. Das schulterlange aschblonde Haar trug sie zu einem Zopf gebunden.

Natürlich spürte Sabine, daß er sie anschaute, dennoch ließ sie sich nichts anmerken. »Ich kann Ihnen auch einen Tee anbieten«, sagte sie.

»Nein, vielen Dank, ich möchte wirklich nichts. Aber vielleicht hätten Sie Lust, heute abend mit mir ein Glas Wein zu trinken – bei einem guten Essen vielleicht?«

Schlagartig schoß ihr die Röte ins Gesicht, denn gerade hatte sie darüber nachgedacht, wie sie ihn dazu bringen könnte, sich mit ihr zu verabreden.

»Ich bin heute und morgen noch in München«, fuhr der sympathische Mann fort. Sabine schätzte ihn auf Ende Zwanzig, Anfang Dreißig.

»Heute abend kann ich nicht«, murmelte sie, biß sich dann aber auf die Lippen. »Es sei denn, halb neun wäre Ihnen nicht zu spät.«

»Überhaupt nicht«, erwiderte er mit einem entwaffnenden Lächeln. »Mit Ihnen würde ich mich zu jeder Zeit verabreden. Gehen wir ins Rössl? Dort kann man sehr gut essen. Ich lasse für halb neun zwei Plätze reservieren. Einverstanden?«

»Ja«, freute sie sich. Die beiden lächelten sich lange an. Erst Martha Giesecke zerstörte diese Übereinstimmung.

»Der Doktor is' frei, Herr Landau«, sagte sie. »Jehn Se nur durch! Sie wissen ja Bescheid.«

Den Rest des Tages verbrachte Sabine mit Träumereien und Vorstellungen darüber, wie der Abend mit ihm verlaufen würde. Dennoch gelang es ihr, sich auf ihre Arbeit zu konzentrieren.

»Eigentlich sollten wir heiraten«, meinte Lisa, nachdem sie eine Zeitlang mit gerunzelter Stirn auf ihre letzte Gehaltsabrechung gestarrt hatte. »Was die mir an Steuern wegnehmen, ist unglaublich.«

Simon entgegnete nichts.

»Hast du nicht gehört, mein Schatz? Ich habe dir soeben zum wiederholten Mal einen Heiratsantrag gemacht. Aber du scheinst davon nichts wissen zu wollen.«

»Komm sofort her zu mir, damit ich dich in die Arme nehme!« befahl Simon. Lisa leistete seiner Aufforderung Folge und schmiegte sich an seine Brust. Eine Weile lauschte sie dem gleichmäßigen Herzschlag des Mannes, den sie liebte. Sie wollte ihn küssen, doch er wandte den Kopf zur Seite.

Das tat er in der letzten Zeit öfter, mit der Begründung, daß er sie mit seinem Husten nicht infizieren wolle.

»Ich habe eine starke Immunabwehr«, meinte Lisa.

»Ich bin überhaupt nicht gegen die Ehe«, nahm Simon den Faden von vorhin wieder auf. »Im Gegenteil. Aber jetzt können wir noch warten, bis ich wieder etwas Luft habe. Studioaufnahmen, zwei Konzerte und ein Gastspiel in Paris, das möchte ich gern erst hinter mich bringen.«

»Wie du meinst, aber ich möchte wirklich nicht mehr so viele Steuern zahlen.« Lisa stand auf. »Ich mache uns eine Kleinigkeit zu essen, denn ich habe Hunger, du nicht?«

»Nicht besonders«, antwortete Simon. Sie warf ihm einen kritischen Blick zu. »Du hast schon wieder abgenommen, Liebling!«

»Der Streß…«

»Ein Steak, einen großen Salatteller und ein Glas Rotwein. Was hältst du davon?«

Er erklärte sich einverstanden, obwohl ihm bei dem Gedanken an das Fleisch nicht gerade das Wasser im Mund zusammenlief. Mehr und mehr entwickelte er eine Abneigung gegen dieses Nahrungsmittel. Am liebsten aß er Gambas und Langusten. Außerdem viel Salat und andere Rohkost.

Leider rauchte er zuviel, obwohl er immer öfter versuchte, es wenigstens in Lisas Gegenwart nicht zu tun. Aber der Geruch hing in seinen Pullovern und Jacketts. Sie als Nichtraucherin merkte es bestimmt, auch wenn sie nichts sagte.

Als sie endlich am Eßtisch saßen, erzählte Lisa von ihrem Arbeitstag in der Waldner-Klinik. Obwohl sie ziemlich gefordert wurde, beklagte sie sich nicht. Sie wollte auch am Krankenhaus bleiben. Manchmal stellte sie sich vor, wie es wäre, wenn sie für die chirurgische Abteilung einer großen Klinik verantwortlich wäre. Noch war sie vielleicht zu jung und zu unerfahren, um eine solche Aufgabe zu übernehmen. Aber wenn man ihr eines Tages einen solchen Posten anbot, würde sie nicht nein sagen.

»Hast du mit Stefan telefoniert?« erkundigte sie sich.

»Ja«, erwiderte Stefan leichthin. »Wir wollen uns demnächst mal wieder zu viert treffen. Aber es wird gar nicht so leicht sein, einen Termin zu finden, der allen paßt. Ein vielbeschäftigter Arzt mit eigener Praxis, eine nimmermüde Hotelbesitzerin, eine rastlose Chirurgin und ein Musiker – wie will man uns an einen Tisch bekommen?«

»Das schaffen wir schon«, meinte Lisa. »In der Vergangenheit haben wir das doch schon mehrfach bewiesen, nicht wahr?« Sie lächelte verschmitzt. »Ich habe jedenfalls nächste Woche zwei Tage hintereinander frei und werde von morgens bis abends faulenzen.«

Simon lachte und legte sein Besteck zur Seite. »Ausgerechnet du! Du kannst doch nicht mal fünf Minuten ruhig sitzen, dann fällt dir schon wieder irgendwas ein, was du tun könntest. Erzähl mir nichts, mein Liebling!«

»Und wie steht es nun mit unserer Heirat? Ist dir eigentlich klar, daß du mir immer noch keine klare Antwort gegeben hast?«

»Dummerchen«, meinte er, wobei seine Stimme seltsam rauh klang. »Du bestimmst den Termin. Ich gehe jederzeit mit dir zum Standesamt, auch wenn wir dafür bis zum Nordpol reisen müßten.«

Lisa strahlte über das ganze Gesicht. »Das hast du schön gesagt, Simon«, sagte sie mit leiser Rührung. »Irgendwann in diesem Jahr sollten wir uns jedenfalls aufraffen…«

Das Telefon unterbrach sie. Da auch Lisa zu Ende gegessen hatte, stand sie auf und ging zum Apparat. »Hoffentlich ist es nicht die Klinik!«

Simon beobachtete die geliebte Frau, während sie telefonierte. Eine Freundin war am Apparat.

Lisa schwatzte munter drauflos. Sein Herz zog sich schmerzhaft zusammen. Er würde es niemals fertigbringen, ihr weh zu tun. Noch nie hatte er eine Frau so sehr geliebt wie sie.

Als Sabine das Café betrat, wartete Erik schon auf sie. Er winkte ihr zu, damit sie ihn nicht übersah.

»Grüß dich«, sagte sie und blieb auf Distanz. Er aber scherte sich nicht um ihre ablehnende Haltung und drückte ihr einen Kuß auf die Wange. Rasch drehte sie den Kopf weg und nahm Platz.

»Was trinkst du, Sabinchen?«

Wenn er doch aufhören würde, sie so anzureden! »Ein Glas Orangensaft«, antwortete sie und schaute schon mal demonstrativ auf die Uhr.

»Wie hübsch du bist!« stellte Erik mit der Zufriedenheit des stolzen Besitzers fest. »Ist das Kleid neu?«

»Ja. Aber wir sind doch nicht hier zusammengekommen, um uns über meine Garderobe zu unterhalten«, erinnerte sie ihn streng an die Realität. »Erik, ich muß dich noch mal bitten, endlich einzusehen, daß es mit uns aus ist. Es gibt keine Zukunft mehr für uns beide. Hast du das immer noch nicht begriffen?«

»Schon gut, schon gut«, erwiderte er mit einer beschwichtigenden Handbewegung. »Sabine, ich bin froh, daß du trotzdem gekommen bist. Ich will dir nämlich einen Kompromiß vorschlagen. Wir sind doch zwei vernünftige Menschen. Und wir haben uns doch sehr geliebt. Was mich betrifft, so liebe ich dich immer noch.«

Wie oft hatte sie das schon gehört? Sie fühlte sich regelrecht gelangweilt.

»Und ich bin sicher, daß auch du erkennst, wem dein Herz gehört – nämlich mir. Niemand liebt dich so wie ich. Ich habe alles für dich getan. Und daran wird sich auch in Zukunft nichts ändern.«

»Wo ist da der Kompromiß?«

»Wir trennen uns für eine gewisse Zeit, in der jeder von uns ernsthaft seine Gefühle prüft. Und danach treffen wir uns wieder, um unsere Erfahrungen auszutauschen.«

Sie schüttelte den Kopf über soviel Naivität.

»Ja«, sagte er, und es klang trotzig.

»Ich meine, wir können uns weitere Zusammenkünfte sparen, Erik. Du weißt doch, worin unsere Probleme bestanden. Daran können wir nichts ändern, es sei denn, ein Mensch ändert sich von Grund auf. Daran glaube ich aber nicht. Es gibt Eigenschaften an dir, mit denen ich nicht zurechtkomme und auch nie zurechtkommen werde. Deine Liederlichkeit, deine hochgradige Eifersucht, wenn dazu gar kein Grund besteht. Und auch deine ständige Weltuntergangsstimmung hat unserer Beziehung nicht gut getan.«

»Ich habe mich schon geändert«, versuchte er ihr einzureden, doch Sabine glaubte ihm kein Wort. Sie wußte, daß sie ihre Zeit verschwendete, denn sie liebte ihn nicht mehr. Das Feuer war endgültig erloschen. Wenn er das doch nur einsehen wollte! »Ich muß weg«, murmelte sie.

»Warum?«

»Ich fürchte, das geht dich nichts an, Erik«, erwiderte sie leise, wobei sie sich um einen kühlen Gesichtsausdruck bemühte. »Ich bin dir doch keine Rechenschaft schuldig. Du selbst hast einmal gesagt, daß kein Mensch das Eigentum eines anderen ist.«

»Das stimmt auch«, entgegnete er. »Dazu stehe ich nach wie vor. Aber dennoch will ich alles tun, um dich zurückzugewinnen. Ich will und darf dich nicht verlieren, Sabine. Ohne dich bin ich nichts. Ohne dich kann ich nicht leben. Nichts macht mir mehr Freude. Wenn du nicht zu mir zurückkommst, bringe ich mich um.«

Der Schreck fuhr ihr so gewaltig in die Glieder, daß sie erst einmal kein Wort herausbrachte. »Das ist gemein von dir«, stieß sie dann hervor. »Warum willst du mir mit dieser Drohung angst machen?«

»Wenn du Angst um mich hast, dann liebst du mich auch noch«, stellte Erik mit einem abwesenden Lächeln fest.»Ich wußte es.«

Sabine, die ihren Schreck überwunden hatte, erhob sich zornig. »Wenn ich gewußt hätte, was du für ein dummes Zeug daherreden würdest, wäre ich ganz bestimmt nicht gekommen.« Sie warf ein Fünfmarkstück auf den Tisch, drehte sich um und stürzte davon. Draußen auf der Straße versuchte sie erst einmal, sich etwas zu beruhigen. Dann nahm sie sich ein Taxi und ließ sich ins »Rössl« bringen. Joachim Landau wartete vor dem Eingang auf sie. Sie sah ihn nervös hin und her gehen.

Als er sie gewahrte, glitt ein erleichtertes Lächeln über sein Gesicht. »Da sind Sie ja! Ich dachte schon, Sie wollten mich versetzen.«

»Aber nein! So etwas würde ich niemals tun«, meinte Sabine. Sie hatte sich gerade mal sieben Minuten verspätet.

Joachim Landau ging voraus. Er hielt ihr die Tür auf. Ein höflicher Kellner begrüßte sie und führte sie zu den reservierten Plätzen.

»Gut, daß ich vorbestellt habe«, meinte Joachim befriedigt, als er sich in dem voll besetzten Lokal umschaute. »Sonst hätten wir keinen Tisch mehr bekommen.«

Sie nahmen Platz. Der Kellner brachte ihnen die Karten. »Um es noch einmal klarzustellen«, sagte Joachim und strahlte sie an. »Sie sind selbstverständlich eingeladen, Sabine.«

Wie schön er ihren Namen aussprach! Ein angenehmer Schauer rieselte über ihren Rücken. Für den Bruchteil einer Sekunde schloß sie die Augen und versuchte, Erik aus ihrem Kopf zu verscheuchen. Aber so ganz konnte sie sich von ihm nicht befreien. Immer wieder kam ihr seine Drohung in Erinnerung.

Sie glaubte nicht daran, daß er damit jemals ernst machen würde. Dennoch machten ihr seine Worte zu schaffen.

Ulrich Waldner, Chefarzt der gleichnamigen Klinik, befand sich auf der Intensivstation und ließ sich die letzten Befunde des vor drei Tagen eingelieferten Biologen Robin Gerscheid geben. Der Mann machte Fortschritte, wie Dr. Waldner beim Überfliegen der Unterlagen feststellte.

Er unterhielt sich kurz mit Robin, der darum bat, auf die normale Station verlegt zu werden. »Ich hätte nie gedacht, daß auf einer Intensivstation soviel Unruhe herrscht«, sagte er und rang sich ein mühsames Lächeln ab.

»Ihren Wunsch kann ich erfüllen, Herr Gerscheid. Ich bin sehr zufrieden, daß es Ihnen schon wieder so gut geht. Sie wissen, daß wir Sie in ungefähr zehn Tagen noch mal operieren müssen?«

»Ja, man hat es mir schon gesagt.«

»Im Oberschenkel fehlt noch ein Stückchen Knochen. Den holen wir uns aus dem Becken und setzen ihn im Bein ein. Leider gibt es keine andere Möglichkeit.«

»Das werde ich wohl auch noch überstehen«, meinte Robin. »Aber etwas anderes möchte ich gern von Ihnen wissen, Doktor: Wie lange dauert es wohl, bis ich mich wieder so bewegen kann wie vorher?«

»Sie müssen Geduld haben, Herr Gerscheid«, meinte Ulrich tröstend. »Es gibt keine Genesungsdaten, die für alle Patienten gelten. Einer rappelt sich rasch wieder auf, ein anderer langsamer. Vor allem sollten Sie nichts überstürzen und sich nicht zuviel abverlangen. Aber bis Sie wieder so beweglich sind wie früher, werden schon etliche Wochen vergehen.« Womöglich sogar Monate, fügte Dr. Waldner in Gedanken hinzu.

»Ich bin Biologe und habe einen Lehrauftrag an der Universität...«

Chefarzt Waldner unterbrach seinen Patienten mit einer freundlichen, aber bestimmten Handbewegung. »Das alles muß warten, Herr Gerscheid. Morgen lasse ich Sie auf die Chirurgie verlegen. Und das sollten Sie schon als einen kleinen Fortschritt betrachten.«

Robin beschränkte sich auf ein Seufzen. Der Arzt hatte gut reden! Bei seinen Vorträgen in der Universität mußte ihn, Robin, jemand vertreten. Und auch mit seiner Forschungsarbeit kam er erst einmal nicht weiter. Aber er sah gleichfalls ein, daß es sinnlos war, sich gegen sein Schicksal aufzulehnen.

Er sollte ja froh sein, noch am Leben zu sein.

Am nächsten Morgen war er schon früh wach. Man brachte ihn in sein neues Zimmer, das er ganz allein bewohnte. Alle Annehmlichkeiten waren schon da: Telefon, Fernsehgerät und sein Radio, das ihm wohl sein Vater gebracht hatte.

Die Krankenschwester und der Pfleger betteten ihn in eine

bequeme Lage. Bis zur Visite blieb noch viel Zeit. Robin schaute sich um. Hier in diesem Raum würde er die nächsten Wochen verbringen. Er verspürte schon jetzt Sehnsucht nach seiner großen Zweizimmerwohnung im Süden von München, die er sich erst in den letzten Monaten komplett eingerichtet hatte.

Man brachte ihm sein Frühstück, das er jedoch nicht aufaß. Dazu fühlte er sich zu schwach. Um neun kamen Chefarzt Waldner und sein Stellvertreter Dr. Schlüter. Ein ganzer Schwarm Ärzte trat hinter ihnen in sein Zimmer.

Doch nur ein Augenpaar interessierte ihn wirklich: das der jungen Ärztin, das ihn schon auf der Intensivstation einige Male so forschend angesehen hatte. Er lächelte ihr zu, doch er wußte nicht, ob dieses Lächeln bei ihr ankam.

Am Nachmittag kam seine Kollegin Greta Zander vom Biologischen Institut der Universität. Es war das erste Mal seit seinem Unfall, daß er Besuch bekam – außer von seinem Vater, der bis jetzt täglich für ein paar Minuten an seinem Bett gesessen hatte. Länger wurden Angehörige auf der Intensivstation nicht geduldet.

Zwischen ihm und Greta war es schon mal zu Zärtlichkeiten gekommen, doch die ganz große Leidenschaft war es nicht, jedenfalls nicht für Robin. Dennoch erfüllte jetzt Rührung sein Herz, als er ihre erschreckten Augen, das Zittern ihrer Lippen und die verstohlene Träne bemerkte.

»Es geht mir schon wieder ganz gut, Greta«, sagte er betont fröhlich, doch sie schien seinem zur Schau getragenen Optimismus zu mißtrauen, denn mit einem Mal schluchzte sie unerwartet los.

»Ach, Robin«, weinte sie leise. »Ich habe in den letzten Nächten nicht mehr schlafen können. Immer wieder mußte ich an dich denken. Hoffentlich wirst du bald wieder ganz gesund! Von allen Kollegen soll ich dich herzlich grüßen.«

»Danke, Greta.«

»Alle bedauern sehr, daß du so ein Pech hattest. Wie ist das nur geschehen?«

»Ich weiß es auch nicht mehr. Die Straße war regenglatt, darum ist der Wagen auf der Gegenfahrbahn wohl ins Schleudern gekommen. Ich hatte jedenfalls keine Möglichkeit mehr, dem entgegenkommenden Fahrzeug auszuweichen. Mein Vater hat schon mit der Polizei gesprochen. Mich trifft keine Schuld. Aber dennoch fühlte ich mich schlecht. Dem anderen Fahrer soll angeblich nicht viel passiert sein.«

»Im Leben geht es eben oft sehr ungerecht zu…«

»Pst!« Er legte eine Hand auf Gretas weiche Lippen. »Wir wollen nicht mehr über das sprechen, was ohnehin nicht mehr zu ändern ist. Ich freue mich, daß du gekommen bist.«

»Wie lange wirst du hierbleiben müssen?«

»Einige Wochen. Das hat mir der Chefarzt persönlich gesagt. Meinen Urlaub werde ich wohl verschieben müssen.«

»Wir können doch im Herbst zusammen verreisen«, schlug sie mit einem lieben Lächeln vor. Dann beugte sie sich über ihn und küßte ihn auf die Stirn. »Ich denke so viel an dich, Robin! Dieser dumme Streit neulich war vollkommen überflüssig.«

Dieser Meinung war er zwar nicht, aber er wollte Greta jetzt nicht widersprechen, weil er sich wirklich über ihre Anwesenheit freute.

Sie war eine qualifizierte Kollegin. Fachlich hielt er sehr viel von ihr. Leider gab sie sich oft arrogant und hochtrabend anderen Leuten gegenüber.

Doch heute merkte Robin nichts von ihren weniger angenehmen Eigenschaften.

»Ich komme jetzt öfter«, erklärte Greta beim Abschied. Ihr zärtlicher Kuß tat ihm gut. Und als sie in der Tür stand, hob er den gesunden Arm, um ihr nachzuwinken.

»Sabine, kommen Sie bitte mal?«

Sie schreckte hoch. Schon wieder hatte sie geträumt. Augenblicklich stellte sich ein schlechtes Gewissen ein. Sie wollte doch eine gute Vertretung für Frau Flanitzer sein!

Dr. Stefan Frank nahm im Untersuchungsraum eins gerade eine gynäkologische Untersuchung vor. Sabine mußte die Spekulumblätter halten, damit Stefan gewissenhaft die Zervis inspizieren konnte. Anschließend führte er einen immunologischen Schwangerschaftstest durch, der seine Vermutung bestätigte.

»Positiv«, verkündete er seiner Patientin.

»Ich habe es mir schon gedacht.« Die dreißigjährige Frau lächelte schwach.

»Kommt Ihnen das Kind nicht gelegen?« fragte der Grünwalder Arzt. Er wußte, daß sie bereits dreifache Mutter war.

Marita Meurer zog nur kurz die Schultern hoch. »Ach, wissen Sie, unsere Wohnung platzt aus allen Nähten. Und eine größere können wir uns finanziell einfach nicht leisten.«

»Das verstehe ich«, erwiderte Stefan. »Aber vielleicht findet sich ja doch eine Möglichkeit.«

Sabine ging hinaus. Martha unterhielt sich gerade mit einem Patienten. Als das Telefon klingelte, nahm Sabine ab. Ihr Gesicht wurde lang, als sie Eriks Stimme erkannte. Er schien ziemlich erkältet zu sein.

»Ich bin krank«, erklärte er, nachdem er sie begrüßt hatte. »Husten, Schnupfen, Fieber. Ich brauche ein paar Medikamente.«

»Dann mußt du in die Apotheke gehen, Erik«, preßte sie leise hervor. »Oder zu deinem Arzt.«

»Du kannst mir doch ein paar Tabletten besorgen, Sabine. Du sitzt doch an der Quelle. Bitte, laß mich jetzt nicht hängen, wo ich so krank bin!«

Sie wandt sich innerlich, fand seine Anspruchshaltung eigentlich unverschämt. »Gut«, stimmte sie schließlich zu. »Ich bringe dir heute abend etwas vorbei. Aber ich kann nicht bleiben.«

»Das erwarte ich auch gar nicht von dir, Sabine.«

Sie legte auf. Ärgerlich runzelte sie die Stirn. Wollte Erik es denn nie begreifen?

Vorhin, da hatte sie noch verliebt an Joachim gedacht. Der Abend im »Rössl« war sehr schön gewesen. Am nächsten Tag hatte er leider keine Zeit gehabt, und dann war er abgereist. »Wenn ich wieder in München bin, melde ich mich bei dir, Sabine«, hatte er zum Abschied gesagt. »Natürlich nur, wenn du es auch willst, wenn ich dir willkommen bin!«

Gern hätte sie ihm ihre Verliebtheit gestanden, doch sie schwieg, weil er auch nichts sagte. Aber zum Abschied hatte er sie geküßt. Und nun wußte sie, daß er ein leidenschaftlicher Mann war. Sie sehnte sich danach, in seinen Armen zu liegen und die problematische Beziehung mit Erik zu vergessen.

Aber leider brachte er sich ja immer wieder in Erinnerung. Sie fing an, ihn dafür zu hassen.

Stefan Frank kam in diesem Augenblick mit seiner Patientin zum Empfang. Er legte Sabine die persönlichen Daten der Frau vor und bat um die rasche Ausstellung eines neuen Mutterpasses. Die junge Helferin machte sich an die Arbeit.

Stefan Frank verabschiedete sich von der Patientin und ging in sein Ordinationszimmer zurück.

Wenig später stellte Schwester Martha einen Anruf von der Uni-Klinik durch.

Stefan lauschte ungläubig den Worten des ihm unbekannten Kollegen. Danach saß er eine Weile wie erstarrt an seinem Schreibtisch, unfähig, sich zu rühren.

Erst als Martha ihm einen Kaffee brachte, schreckte er hoch. »Danke«, murmelte er abwesend. Martha warf ihrem Chef einen prüfenden Blick zu, bevor sie wieder hinausging.

In kleinen Schlucken trank Stefan den guten Kaffee, der ihn ein wenig belebte. Dann rief er seinen Freund Simon Thalberg an. »Grüß dich, mein Lieber, Stefan hier. Ich muß mit dir reden, so bald wie möglich. Wann können wir uns sehen?«

»Noch heute, wenn du willst«, lautete Simons gleichmütige Antwort.

Als Stefan den Hörer zurückgelegt hatte, fiel ihm auf, daß sein Freund überhaupt nicht beunruhigt geklungen hatte. Ahnte er schon, in welcher Gefahr er sich befand?

»Sie haben wirklich großes Glück gehabt, Herr Gerscheid.« Dr. Lisa Anderson stand am Fußende des Bettes und schaute auf den Patienten. Die Hände hatte sie in die Taschen ihres grünen Kittels geschoben. »Sie waren ziemlich übel zugerichtet.«

»Sie haben mich operiert, nicht wahr?«

»Nicht nur ich«, widersprach sie. »Hier in der Waldner-Klinik arbeiten wir immer im Team. Ich bin wirklich sehr froh, daß Sie sich so rasch erholt haben. Das grenzt an ein Wunder.«

»Aber eine erneute Operation ist unumgänglich?«

»Es muß sein, Herr Gerscheid. Schließlich wollen Sie Ihr Bein doch wieder benutzen...«

Der Patient verzog das Gesicht. »Ich möchte lieber heute als morgen nach Hause gehen und an meinen Arbeitsplatz zurückkehren.«

»Sie arbeiten im Biologischen Institut, nicht wahr?«

»Ja. Und die Arbeit macht mir Freude.« Sein bedauerndes Lächeln rührte sie. »Kennen Sie Tim Koch?«

»Ja, natürlich.« Robins Blick wurde noch interessierter.

»Er ist ein alter Freund von mir«, erklärte Lisa.

»Tim ist seit einem halben Jahr in Köln.«

»Ach, wirklich? Das wußte ich nicht. Leider haben wir uns in den letzten zwei Jahren aus den Augen verloren. Wie geht es ihm?«

»Ich glaube, sehr gut. Er ist jetzt Professor in Köln.«

Sie unterhielten sich eine ganze Weile, bevor Lisa bewußt wurde, daß sie sich immer wieder in seinem Blick verlor.

Schließlich wandte sie sich mit einer energischen Bewegung zur Tür.

»Bitte, besuchen Sie mich wieder!« rief Robin der aparten Frau leise nach.

Draußen auf dem Gang blieb Lisa erst einmal stehen und gestattete sich, aus dem Fenster auf das üppige Grün des Englischen Gartens zu schauen. Ihr Herz klopfte ein wenig schneller als sonst. Sie fragte sich ehrlich, was sie an diesem Mann so anziehend fand, erhielt aber keine Antwort aus ihrem Inneren. Ganz fest dachte sie jetzt an Simon, dem ihre Liebe galt. Wie war es nur möglich, daß sie trotzdem Freude daran hatte, mit einem anderen ein ganz klein wenig zu flirten?

Langsam ging Lisa weiter. Sie erinnerte sich an den Tag, an dem sie Simon kennengelernt hatte. Es war auf einer Party bei gemeinsamen Freunden gewesen. Er hatte einen sehr ernsten Eindruck auf sie gemacht. Doch gerade dieser Umstand war für sie unter den lachenden und lärmenden Menschen von großer Bedeutung gewesen. Und irgendwann hatten sie sich aus dieser lauten Fröhlichkeit weggestohlen.

Sehr schnell erkannten sie dann, daß sie sehr viel gemeinsam hatten. Innerhalb von wenigen Monaten hatten sie ein Haus gefunden, das bezahlbar war und ihnen beiden gleichermaßen zusagte.

Von Simon lernte sie sehr viel über Musik. Er schätzte ihre offene und warmherzige Art. Beide waren einander der ruhende Pol in einem manchmal sehr aufregenden Berufsalltag.

Lisa fühlte sich so manches Mal erschöpft, wenn sie den ganzen Tag im OP gestanden hatte. Simon nahm sie dann in die Arme und tröstete sie. Und wenn er sich über mißglückte Proben ärgerte, war sie es, die ihn zu einem langen, erholsamen

Spaziergang aus dem Haus lockte, und ihm etwas von München und der Umgebung zeigte, das er noch nicht kannte.

Sie wußten, daß sie miteinander leben konnten, ohne sich aneinander zu reiben. Schließlich brachten sie beide eine gewisse Reife mit. Und daß Simon über zehn Jahre älter war als sie, störte Lisa überhaupt nicht.

Als sie in ihr Büro zurückkehrte, hatte sie den Patienten Robin Gerscheid aus ihren Gedanken verdrängt. Simon rief an und gab ihr Bescheid, daß er heute abend wahrscheinlich nicht zu Hause sein würde. Aber er wollte zusehen, daß es nicht allzu spät werden würde.

»Dann muß ich also ohne dich essen«, stellte sie mit einem kleinen mißmutigen Seufzer fest. »Also gut. Komm nicht zu spät, Simon! Ich habe Sehnsucht nach dir.« Diese Worte klangen irgendwie beschwörend. Das wurde ihr jedenfalls klar, als sie aufgelegt hatte.

Um drei fand eine Besprechung bei Chefarzt Waldner statt. Bevor sie sich auf den Weg machte, genehmigte sie sich erst noch einen starken Kaffee. Danach fühlte sie sich wieder fit.

»Setz dich, Simon!« Stefan wies auf den Sessel. Sie hatten sich in seiner Wohnung getroffen. Die Praxis war schon längst geschlossen. Dem Grünwalder Arzt war der intime Rahmen lieber. »Ich habe heute die ersten Diagnosen aus der Uni-Klinik bekommen«, sagte er. »Simon, es sieht nicht gut aus.«

Der Mann hustete. »Ich hatte schon einen Verdacht, Stefan«, murmelte er schließlich. »Sag mir die Wahrheit!«

»Es besteht Verdacht auf ein Bronchialkarzinom.«

Simon Thalberg schaute nachdenklich vor sich hin. Es war ihm nicht anzusehen, ob er besonders geschockt war. »Lungenkrebs also…«

»Diese Diagnose macht natürlich weitere Maßnahmen erforderlich. Wir denken an eine Bronchoskopie. Außerdem sollte der Tumor histologisch abgeklärt werden…«

»Erzähl mir mal was über den Lungenkrebs!« unterbrach Simon den Freund. Die graublauen Augen des Musikers hatten nichts von ihrer Wachsamkeit verloren. »Rede mit mir so, als wenn du einen Kollegen vor dir hättest und keinen Patienten!«

»Du bringst mich in eine peinliche Verlegenheit«, erwiderte Stefan nach kurzem Schweigen. »Immerhin bist du einer meiner besten Freunde. Ich sehe nicht nur den Patienten in dir…«

»Trotzdem!« Simon blieb hart. »Ich will alles wissen.«

Stefan Frank seufzte. »Lungenkrebs kommt am häufigsten bei Männern vor. In fast hundert Prozent der Fälle handelt es sich bei Thoraxwucherungen um ein Karzinom. Dieser Krebs bildet frühzeitig Metastasen. Eine Frühdiagnose des Lungenkrebses ist fast nicht möglich. Alle charakteristischen Anzeichen sind Spätsymptome, das heißt, der Krebs ist dann schon fortgeschritten.«

Simon schlug die Beine übereinander. Das einzige Anzeichen seiner inneren Erregung waren die Runzeln auf seiner Stirn. »Und was kann man tun?«

Nicht viel, hätte Dr. Frank am liebsten gesagt. Denn er wußte, daß viele Lungenkrebspatienten gar nicht mehr operiert werden konnten. Bei ihnen mußten dann erleichternde Maßnahmen herhalten. Diese Menschen waren dem Tod geweiht. Bei denen, die man operieren konnte, lebten gerade mal dreißig Prozent noch fünf Jahre.

»Operieren«, hörte Stefan sich sagen. »Dabei wird der befallene Abschnitt der Lunge entfernt.« Er stand auf und holte die Cognacflasche, weil er jetzt unbedingt etwas trinken mußte. »Aber auch eine Strahlenbehandlung ist in Betracht zu ziehen. Neuerdings erscheint auch eine Injektion von Mikrokugeln in die Lungenarterie erfolgversprechend zu sein.« Er goß Simon und sich einen Cognac ein.

Der Freund nippte am Alkohol, der in seinem Magen ein warmes Gefühl weckte. Die beiden Männer schwiegen. Schließlich schaute Simon ruhig zu Stefan hinüber. »Wie lange habe ich noch ohne Eingriff zu leben?«

»Keine leichte Frage…«

»In etwa!« Simon ließ nicht locker.

»Ein halbes Jahr. Ungefähr.« Stefans Stimme klang müde.

»Wirst du mir helfen, wenn es soweit ist? Wirst du mir all das verabreichen, was ich brauche, um keine Schmerzen zu leiden?«

Die beiden Freunde sahen sich lange an. »Ja«, versprach Dr. Frank. »Das werde ich tun. Du kannst dich auf mich verlassen. Aber ich rate dir trotzdem dringend zu einer Operation…«

»Nein«, unterbrach Simon den Grünwalder Arzt kurz und bündig. »Keine Operation! Ich bin nicht davon überzeugt, daß sie mich retten wird. Und du auch nicht. Schenk mir lieber noch einmal ein!«

Schweigend kam Dr. Frank dieser Aufforderung nach.

»Und noch eine Bitte: Du wirst Lisa nichts sagen, kein Wort!«

»Selbstverständlich nicht, wenn du es wünschst. Aber ich bin der Meinung…«

Simon unterbrach ihn innerhalb kurzer Zeit zum dritten Mal. »Schwöre es, Stefan. Schwöre mir, daß du schweigen wirst, so lange, bis ich dich von diesem Versprechen entbinde.«

Stefan wich dem Blick des Freundes nicht aus. »Ich schwöre es, Simon.«

Immer häufiger wurde Dr. Anderson von einer seltsamen Unruhe getrieben. Gelegentlich, wenn sie sich in der Nähe des besagten Zimmers befand, mußte sie sich zwingen, in eine entgegengesetzte Richtung zu gehen. Dennoch kam es immer wieder – und immer häufiger – vor, daß sie bei ihm eintrat, ihm einfach einen guten Tag wünschte und sich nach seinem Befinden erkundigte, obwohl sie ihn schon bei der morgendlichen Visite gesehen hatte.

Robin freute sich immer, wenn die Ärztin zu ihm kam. Und er gab sich nicht die geringste Mühe, seine Gefühle zu verstecken.

Sie brauchte nur in seine Augen zu schauen, um zu sehen, daß er ihr mehr als nur Sympathie entgegenbrachte. Er zog sie an, und sie konnte sich nicht dagegen wehren. Gleichzeitig bemühte sie sich stets darum, den nötigen Abstand zu wahren, was ihr meistens gelang. Sie gab sich kühl und versteckte ihre Empfindungen hinter ironischen Bemerkungen.

Aber sie führten auch gute Gespräche über Themen, von denen sie beide fasziniert waren. Gegen ihren Willen wurde ihr Robin immer vertrauter.

Eines Tages berichtete er von seiner Freundin Greta, die, wie er, ebenfalls am Institut arbeitete, deren Sachverstand er sehr schätzte, die aber auch negative Eigenschaften hatte.

»Kein Mensch ist perfekt«, meinte Lisa dazu. »Sie wird an Ihnen bestimmt auch einiges auszusetzen haben.«

»Da mögen Sie recht haben, Doktor«, sagte Robin lachend. »Steht schon fest, wann ich wieder unters Messer muß?«

»Übermorgen. Ihr Allgemeinzustand ist gut. Wir wollen nicht mehr länger warten.«

»Werden Sie dabei sein?«

»Ich denke schon. Aber selbst, wenn ich nicht eingeplant wäre – meine Kollegen machen ihre Sache gut. Sie brauchen sich keine Sorgen zu machen.«

»Und was ist mit dem Knochenstück, das mir dann woanders fehlt?« Robin seufzte tief. Die Vorstellung, daß man irgendwo aus seinem Körper etwas herausholte, um es an anderer Stelle wieder einzusetzen, gefiel ihm nicht besonders gut.

»Seien Sie beruhigt! Wir schneiden nicht so viel heraus, daß in Ihrem Becken eine Lücke klafft«, erwiderte Lisa leise lachend. »Die Knochen dort sind breit genug. Wir brauchen ja nur eine Überbrückung für den Oberschenkel.«

»Ich hoffe, Sie sagen mir die Wahrheit, Lisa.«

Die eintretende Stille im Zimmer empfanden beide nicht als Belastung. Lisa wies ihn nicht zurecht, weil er sie ohne ihre Erlaubnis bei ihrem Vornamen genannt hatte. Sie fragte sich, woher er ihn überhaupt wußte.

»Ich muß gehen«, murmelte sie. »Schlafen Sie gut…« »Robin«, hatte sie hinzufügen wollen, doch sie unterließ es und ging ohne einen Gruß hinaus.

Einen Tag vor dem Eingriff besuchte sie ihn kurz. »Alles in Ordnung, Herr Gerscheid?«

»Ja. Allerdings habe ich ein bißchen Angst. Werde ich aus der Narkose wieder aufwachen?«

»Ganz bestimmt. Ich verspreche es Ihnen.«

Robin räusperte sich. »Ich möchte Sie etwas fragen. Sind Sie verheiratet?«

»Nein«, antwortete sie, wobei sie die Augen niederschlug. Doch bevor er erleichtert aufseufzen konnte, sprach sie weiter. »Ich lebe mit einem Mann zusammen. Seit zwei Jahren. Er ist Musiker. Wir verstehen uns sehr gut.«

»Wie schön für Sie«, meinte er leise. »Lieben Sie ihn?«

»Ja«, erwiderte sie mit fester Stimme. Gleichzeitig ärgerte sie sich über seine Frage. Nicht, weil sie sie indiskret fand, sondern weil ihr aus ihr unbekannten Gründen das Thema mehr als unangenehm war. Dennoch hatte sie die Wahrheit gesagt. Sie liebte Simon nach wie vor, auch wenn sie sich mehr und mehr von Robin Gerscheid angezogen fühlte. Daß das eine das andere nicht ausschloß, verwirrte sie allerdings in einem hohen Maße.

Wutentbrannt fuhr Sabine Meerbusch nach Praxisschluß zu Erik. Er öffnete ihr die Tür mit einem erfreuten Lächeln, doch sie erwiderte seine Freundlichkeit nicht. Am liebsten hätte sie ihm eine schallende Ohrfeige verpaßt.

»Zweimal hast du heute in der Praxis angerufen! Wenn du damit nicht aufhörst, werde ich dich verklagen.«

»Verklagen?« Ein amüsierter Gesichtsausdruck erschien auf seinem Gesicht. »Aber warum denn das, um Himmels willen. Ich tu dir doch nichts Böses. Wenn ich dich anrufe, will ich dir was Nettes sagen. Ist das neuerdings strafbar?«

»Ich will deine Nettigkeiten nicht. Außerdem hältst du mich mit deinem Gerede permanent von der Arbeit ab. Meine Kollegin guckt schon ganz schief. Ich will doch nicht wegen dir meinen Arbeitsplatz verlieren.«

»Das möchte ich auch nicht.« Erik verschränkte die Arme vor der Brust und tat so, als müsse er angestrengt nachdenken. »Okay«, meinte er schließlich. »Dann lasse ich also die Telefonate. Aber in der Mittagspause darf ich doch...«

»Nein!« schrie sie gequält auf. »Nein und nochmals nein! Wir beide haben nichts mehr zu besprechen. Würdest du die Güte haben, das zu akzeptieren? Ich hasse dich, Erik Klausner!«

»Möchtest du etwas trinken?«

Ihr blieb fast die Luft weg. Wie war es nur möglich, daß er alles, was sie sagte, so erfolgreich ignorierte? Daß er überhaupt die Zeit hatte, sie mehrmals täglich in Dr. Franks Praxis anzurufen, war nur dem Umstand zu verdanken, daß er als freiberuflicher Grafiker die meiste Zeit zu Hause arbeitete.

Sie starrte ihn verächtlich an, dann machte sie auf dem Absatz kehrt und schlug mit einem lauten Knall die Tür hinter sich zu. Natürlich war ihr klar, daß ihn das nicht im geringsten beeindruckte, aber irgendwie mußte sie ihm ihren Ärger doch zeigen.

Sie sprang die Treppe hinunter und hörte, daß über ihr im ersten Stock ein Fenster aufgerissen wurde. »Hast du schon einen anderen, Sabine?« rief Erik ihr hinterher.

Einige Passanten blieben stehen und schauten zu dem wütenden Mann hinauf.

»Ja!« schrie sie zurück. »Und dem kannst du nicht das Wasser reichen.« Außer sich vor Zorn stürmte sie davon und wäre fast über einen Kinderwagen gefallen. Nach einer hastig gestammelten Entschuldigung rannte sie weiter. Sie verspürte nur den Wunsch – den Abstand zwischen sich und Erik so rasch wie möglich zu vergrößern.

Sie schlief schlecht in dieser Nacht. Doch als sie am nächsten Morgen aufwachte, fühlte sie sich schon etwas besser. Das lag in erster Linie daran, daß sie heute Joachim wiedertreffen würde. Eine ganze Woche hatten sie sich nicht gesehen.

Einmal war ein Anruf von ihm gekommen. Sie hatte gebangt und gehofft, von ihm zu hören, da sie selbst weder eine Anschrift noch eine Telefonnummer von ihm besaß. Da er ständig unterwegs war, hatte er sich melden wollen. Diese Regelung leuchtete Sabine ein, dennoch wäre sie gern auch selbst aktiv geworden. Aber vielleicht konnte sie ja heute abend mit ihm darüber sprechen.

Als sie ihn wiedersah, machte sich Verlegenheit breit. Sabine ärgerte sich darüber. Er würde sie für schüchtern und linkisch halten, dabei wollte sie doch einen ganz anderen Eindruck bei ihm erwecken: Verführerisch sollte er sie finden, begehrenswert – und ein ganz klein wenig aufregend. Aber es sah ganz so aus, als würde er sich ein wenig über sie lustig machen.

Er legte seine Hand unter ihr Kinn und zwang sie, ihm in die Augen zu schauen. »Hast du mich vermißt, Sabine?«

»Ein bißchen«, lautete ihre Antwort.

Da lachte er und drückte sie einfach an seine Brust. »Ich wollte dich ins Kino entführen. Und anschließend zum Essen«, gestand er. »Oder hast du einen anderen Vorschlag?«

»Nein«, sagte sie mit einem seligen Lächeln. »Wir machen alles so, wie du es geplant hast.« Arm in Arm zogen sie los.

Der Patient lag auf dem Bauch, die Beine leicht gespreizt. Lisa fiel es schwer, sich auf ihre Arbeit zu konzentrieren. Diesmal wurde der Eingriff von Oberarzt Schlüter geleitet, der sich mit den Krankenunterlagen des verunglückten Biologen lange beschäftigt hatte.

Joachim Schlüter ließ sich ein Skalpell reichen und nahm über der linken Hüfte einen Schnitt vor, den er mehrfach vertiefen mußte, bis er den Knochen erreicht hatte. Dr. Stein und Dr. Anderson bemühten sich um die Blutstillung. Dr. Rüsch, dem wieder die Narkose oblag, überprüfte die Anzeigetafeln seines Gerätes.

Dr. Schlüter ließ sich von der Instrumentenschwester einen kleinen Meißel reichen, mit dem er einen Knochenspan aus dem Becken entnahm. Einige solcher Späne wurden sorgfältig abgelöst. Sie sollten im Oberschenkel sozusagen den Grundstein für die sich neu bildende Knochenmasse bilden.

Lisa vernähte die Wunde auf dem Rücken. Ihr Herz schlug heftig dabei. Sie hätte nicht sagen können, ob es vor Mitleid oder aus Sorge um diesen Mann war, der ihr schon viel näherstand, als sie wahrhaben wollte.

Die herausgelösten Knochenteile waren weich und porös. Die alte Operationswunde am Oberschenkel wurde wieder aufgetrennt. Sehr sorgfältig setzte Oberarzt Schlüter die Späne in die Lücke zwischen Knie und Oberschenkelknochen, die bis jetzt nur von der Metallschiene überbrückt wurde.

Dr. Stein begann mit der Verschraubung der Knochenteile.

Als die Wunden vernäht wurden, kam Robin bereits wieder zu sich. Dr. Rüsch hatte von einer nochmaligen Anästhesie abgesehen.

»Es ist überstanden, Herr Gerscheid«, erklärte Dr. Rüsch seinem Patienten, während die Chirurgen den OP wieder verließen.

Diesmal brachte man Robin gleich auf sein Zimmer zurück.

Eine Unterbringung auf der Intensivstation erschien den Ärzten nicht noch einmal erforderlich.

Lisa besuchte ihn erst am nächsten Tag. Robin war schon ganz ungeduldig. Die Zeit nach der gestrigen Operation hatte er hauptsächlich mit Schlafen verbracht. Aber heute fühlte er sich schon wieder gut. Zunehmend störte ihn allerdings, daß er für jede kleine Bewegung die Hilfe der Pflegerinnen und Pfleger in Anspruch nehmen mußte. Wie ein hilfloses Baby kam er sich vor. Und das war seine erste Klage, die er an diesem Tag an Dr. Anderson richtete.

»Ich verstehe Sie gut«, sagte Lisa. »Aber auch diese Zeit wird vorbeigehen. Sie müssen geduldig sein.«

»Wann werde ich zum ersten Mal aufstehen können?«

»In etwa einer Woche. Dann dürfen Sie die ersten Schritte wagen.«

»Werden Sie mich stützen, Lisa?« Wieder sprach er so liebevoll ihren Namen aus!

»Ja, selbstverständlich«, erwiderte sie und vermied jegliche Anrede. »Dafür bin ich doch da.«

Daß ihm die Antwort nicht gefiel, war von seinem Gesicht deutlich abzulesen. Er wollte nicht einer unter vielen sein, dem ihre Hilfe zuteil wurde! Und doch mußte er akzeptieren, daß zwischen ihnen ein Arzt-Patient-Verhältnis bestand. Nicht mehr.

Es klopfte. Greta trat ein, etwas atemlos, mit einem Blumenstrauß in der Hand, der sie außerordentlich schmückte. »Robin, Liebling!« rief sie und legte ihm die Blumenpracht aufs Bett. Ein rascher Kuß auf die Stirn, dann wandte sie sich an Lisa. »Ist alles gut verlaufen, Frau Doktor?«

»Ja. Sehr gut sogar. Der Knochen ist verpflanzt. Jetzt warten wir darauf, daß er anwächst. Mahnen Sie Herrn Gerscheid zu ein wenig mehr Geduld! Er möchte nämlich, daß alles viel schneller geht. Zaubern aber können wir nicht.« Dann ging sie zur Tür.

Robin schaute ihr sehnsüchtig nach. Greta bemerkte diesen Blick nicht, so sehr war sie in ihren eigenen Empfindungen gefangen: Dieser blasse Mann mit den vielen Verbänden am Körper rührte sie seltsam an. »So ein Aufenthalt im Krankenhaus nimmt mich immer sehr mit«, erklärte sie.

»Mich auch«, versetzte Robin spöttisch. Greta ging auf diese Reaktion nicht ein. Sie stellte die Blumen in eine Vase und schaute sich nach einem geeigneten Platz um, damit Robin immer wieder diese leuchtenden Farben sehen konnte.

»Gut so?« fragte sie schließlich.

»Ja, ganz wunderbar. Vielen Dank, Greta. Setz dich her zu mir und erzähl mir, was im Institut los ist!«

Sie kam seiner Aufforderung sofort nach, berichtete von Professor Hegers leichtem Herzanfall und von Überlegungen, die ganze Forschungsstätte in einen Neubau zu verlegen.

Robin hörte nur mit einem Ohr hin. So fühlte er sich wohl. Er täuschte Aufmerksamkeit vor, konnte sich in Gedanken aber in aller Ruhe mit Lisa beschäftigen. Es mußte einen Weg geben, dieser Frau zu sagen, was er wirklich für sie empfand.

Liebe am Krankenbett, Himmel noch mal, das hätte er selbst vor einiger Zeit noch in höchstem Maße lächerlich gefunden! Und nun war es ihm selbst passiert.

Und mit einem Schlag überfiel ihn eine aufregende Erkenntnis: Er liebte Lisa!

»Wie froh bin ich, daß es dir bessergeht, Liebling.« Greta schaute ihn an und streichelte dabei seine Hand. »Bald wird dich nichts mehr an diesen schrecklichen Unfall erinnern.«

»Ein Weilchen wird es schon noch dauern, bis ich wieder auf den Beinen bin. Leider. Manchmal kann ich meine Ungeduld kaum zügeln.«

Die Tür ging auf, und Robins Vater lächelte dem Paar erfreut entgegen. Er hatte Greta schon kennengelernt und fand, daß sie ausgesprochen gut zu seinem Sohn paßte.

»Schön, daß du gekommen bist, Vater«, sagte Robin.

Walter begrüßte seinen Sohn mit einem Kuß. »Und ich bin froh, dich schon wieder so munter zu sehen«, erklärte er. »Ich habe gestern schon mit Oberarzt Dr. Schlüter telefoniert. Er zeigte sich sehr optimistisch.«

Robin war es sehr angenehm, jetzt nicht mehr mit Greta allein zu sein. Doch seinen Gedanken, die nur um Lisa kreisten, konnte er jetzt nicht mehr nachhängen.

Daher freute er sich auf den Abend, wo er das alles nachholen wollte.

Simon hatte den ganzen Tag vertrödelt, obwohl er sich eigentlich über mangelnde Arbeit nicht beklagen konnte. Noch nicht einmal zum Telefonieren konnte er sich aufraffen. Er saß aufrecht in einem bequemen Sessel und lauschte auf die Geräusche des Hauses.

Im Eßzimmer tickte eine alte Standuhr. Durch die geöffnete Terrassentür hörte er von fern ein Kinderlachen. Gelegentlich fuhr ein Auto auf der Straße vorbei.

Als es an der Haustür klingelte, schrak er zusammen, doch er öffnete nicht. Später stellte er fest, daß es der Postbote gewesen war, der einen Abholschein für ein Einschreiben im Briefkasten hinterlassen hatte.

Simon betrachtete den Zettel gleichgültig. Früher war er immer etwas beunruhigt gewesen, wenn er einen eingeschriebenen Brief bekommen hatte. Jetzt regten ihn solche Vorkommnisse nicht mehr auf. Die Endlichkeit seines Lebens dicht vor Augen, machte er sich keine Gedanken über unerfreuliche Briefinhalte. In gewisser Weise fühlte er sich unberührbar.

Diese Situation empfand er nicht einmal als unangenehm. Wenn der Alltag permanent vom baldigen Tod überschattet ist, gibt es nur noch wenig, was wirklich zählt.

Seine Liebe zu Lisa war ihm besonders wichtig geworden. Er

freute sich, wenn sie nach Hause kam und er in ihre schönen Augen schaute, die in der letzten Zeit so viele Fragen und Zweifel enthielten. Manchmal warf sie sich stumm an seine Brust. Dann verharrten sie in dieser Stellung.

Sie lauschte seinem Herzschlag. Er preßte sein Gesicht in ihr Haar und wünschte sich, diesen Moment bis in alle Ewigkeit festhalten zu können.

Achtlos schaute Simon die restliche Post durch. Es war nichts Interessantes dabei. Als das Telefon klingelte, schaltete sich der automatische Anrufbeantworter ein. Simon beschloß, nur dann abzuheben, wenn ihm der Anruf willkommen war.

Sofort wurde er hellhörig, als er Lisas Stimme hörte. »Was gibt's, Liebling?« meldete er sich.

»Ich wollte nur deine Stimme hören«, sagte Lisa. Sie klang traurig und ratlos. »Was machst du?«

»Ich habe ausführlich die Zeitung gelesen«, schwindelte er, obwohl ihn das Weltgeschehen überhaupt nicht mehr interessierte.

»Was hast du zum Frühstück gegessen?«

»Zwei Quarksemmeln, eine Scheibe Käse und einen Apfel.«

»Wirklich?« Er hörte, daß sie ihm nicht glaubte. »Wenn wir zusammen frühstücken, ißt du nie so viel. Simon, ich...«

Er wartete, doch sie verstummte. »Was ist denn, Liebling?«

»Ich habe ein ganz merkwürdiges Gefühl«, unternahm sie schließlich einen neuen Anlauf. »Ich könnte es noch nicht einmal genau beschreiben. Es ist Angst dabei. Und Unruhe. Und auch so etwas wie Wut. Von jedem etwas. Kannst du das verstehen?«

»Ich glaube, du bist etwas überarbeitet, Lisa. Wir sollten wenigstens für eine Woche Urlaub machen. Das würde uns beiden guttun.«

»Im Augenblick ist das nicht so einfach«, meinte Lisa nachdenklich. »In den nächsten Wochen ist schrecklich viel zu tun.

Wenn ich jetzt um Urlaub bitte, müssen alle Operationspläne wieder umgestoßen werden.«

»Wär' das so schlimm?« erkundigte er sich enttäuscht.

»Es wäre jedenfalls sehr unangenehm. Vielleicht geht es Anfang Juli. Bis dahin werden wir uns noch gedulden müssen.«

»Wie du meinst«, murmelte Simon, wobei er sich bemühte, seine Enttäuschung zu verbergen. Er hatte nun wahrhaftig anderes im Sinn, als Geduld zu üben. Doch dann machte er sich klar, daß Lisa ja nichts ahnen konnte.

»Bis heute abend, Liebling«, verabschiedete sich Lisa. »Ich muß Schluß machen. Ich bringe von unterwegs was zu essen mit.«

»Ja, das ist eine gute Idee.« Simon legte auf. Unruhig ging er durchs Haus, schaute in jedes Zimmer, als sähe er es zum letzten Mal.

Nach einer weiteren halben Stunde verließ er die Villa und ging ziellos durch die Straßen. »Was würdest du tun, wenn du wüßtest, daß du bald stirbst?« hatte ihn vor vielen Jahren einmal ein Freund gefragt. Damals hatte Simon lange nachdenken müssen. »Eine tolle Reise machen«, war seine Antwort gewesen. »Um die ganze Welt fahren, damit ich mich von allem verabschieden kann.«

Nun war diese Situation wirklich eingetreten, doch er verspürte keine Lust, noch einmal vor seinem Ableben um die Welt zu reisen. Ein paar Tage mit Lisa irgendwo allein sein, ja, das wollte er. Aber eigentlich hatte er vor, das Ende im gemeinsamen Haus zu erleben.

Schon jetzt fürchtete er sich davor, Lisa einweihen zu müssen. Diesen Tag wollte er so lange wie möglich hinausschieben. Aber irgendwann würde es unumgänglich sein, schon allein, um sie an lebensverlängernden medizinischen Maßnahmen zu hindern.

Der Spaziergang ermüdete ihn rasch. Als er wieder zu Hause

ankam, fühlte er sich fast erleichtert, als habe er soeben eine schwere Prüfung bestanden. Er legte sich eine Weile angezogen aufs Bett. Irgendwann riß ihn ein schwerer Hustenanfall hoch.

Er konnte gar nicht wieder aufhören zu husten. Nach Luft ringend, taumelte er zum Fenster und öffnete es. Allmählich erst ließ der unangenehme Reiz nach. Er hielt die Hand vor den Mund. Mit der anderen suchte er nach einem Taschentuch, wischte sich über das nasse Gesicht und hustete noch einmal in das Taschentuch hinein.

Leuchtend rot färbte der Blutfleck den schneeweißen Stoff.

Simon erschrak nicht einmal besonders, weil Stefan ihm gesagt hatte, daß sich dieses Symptom irgendwann einstellen würde.

Hatte also jetzt schon der Anfang vom Ende begonnen?

In der Waldner-Klinik machte Robin Gerscheid unterdessen die ersten Schritte. Dr. Lisa Anderson war dabei. Sie stand ganz nahe bei ihm, um schnell eingreifen zu können.

Doch Robin war vorsichtig. Langsam schob er einen Fuß vor den anderen, hielt sich an der Stuhllehne fest, dann an der Bettkante und kehrte schließlich aufseufzend zu seinem Rollstuhl zurück, der am Kopfende des Bettes stand.

»Das war ein schöner Anfang, Herr Gerscheid«, lobte Lisa lächelnd. Sie legte den Kopf auf die Seite und schaute ihn halb prüfend, halb amüsiert an. »Jeden Tag ein bißchen mehr – und irgendwann werden Sie wieder laufen können wie vorher.«

»Warum sagen Sie nicht Robin zu mir, Lisa?« fragte er leise. »Ist Ihnen das zu intim?«

Sie erschrak über seine Direktheit, bewahrte aber die Fassung. »Sie sind mein Patient, ich bin Ihre Ärztin…«

»Ich weiß.« Er winkte ab. »Aber was wollen Sie damit sagen? Ist dieser Abstand für uns unüberwindlich?«

»Ich fürchte, ja«, erwiderte sie. Jetzt klang ihre Stimme gepreßt und unsicher.

»Lisa, Sie bedeuten mir sehr viel.« Er hob ihr seinen gesunden Arm mit einer bittenden Geste entgegen. »Ich glaube, ich liebe Sie.«

Ihre Blicke tauchten ineinander ein. Lisa fühlte sich emporgehoben in ein himmlisches Paradies. Es war, als hätten sie beide mit einem Schlag erkannt, daß sie füreinander bestimmt waren.

Sie wußte nicht, wie lange die stumme Zwiesprache ihrer Augen dauerte. Wahrscheinlich hätten sie sich bis in alle Ewigkeit so angeschaut, wenn nicht Dr. Waldner eingetreten wäre.

Lisa zuckte zusammen und wandte sich rasch ab. »Und?« fragte Ulrich betont optimistisch. »Wie waren die ersten Schritte?«

»Sehr gut«, antwortete die junge Ärztin. Schnell hatte sie die aufkeimende Verlegenheit überwunden. Sie nickte Robin zu. »Morgen üben wir wieder. Ich schicke Ihnen noch den Heilgymnasten vorbei. Der hat bestimmt noch ein paar gute Tips für Sie. Auf Wiedersehen, Herr Gerscheid.«

»Wiedersehen, Doktor«, murmelte Robin. Dann unterhielt er sich eine Weile mit dem Chefarzt.

Lisa beendete ihren Dienst an diesem Tag pünktlich, damit sie noch einkaufen konnte. Sie lud viel zuviel in ihren Korb, weil sie mit ihren Gedanken ganz woanders war. Kurz vor sieben kam sie zu Hause an. Simon kam ihr fremd vor. Daß sich die Schatten unter seinen Augen vertieft hatten, fiel ihr gar nicht auf.

Sie küßte ihn etwas flüchtig auf die Wange. »Hattest du einen guten Tag, Liebling?«

»Ich habe ihn mir gut gemacht«, antwortete Simon ausweichend. Dann half er Lisa, die Lebensmittel zu verstauen.

»Ich habe Lust auf ein Glas Wein«, meinte sie, nachdem diese Arbeit beendet war. »Machst du uns eine Flasche auf?«

Sie setzten sich auf die Terrasse hinter dem Haus. Der Garten blühte üppig.

»Ich bin sehr froh, daß wir dieses Haus gekauft haben«, meinte Lisa nach einem verträumten Blick auf die herrlichen Blumen. »Ich fühle mich sehr wohl hier.«

»Ich mich auch, Liebling«, murmelte Simon und goß Lisas Glas noch mal voll.

Stefan Frank saß im Chefarztbüro der Waldner-Klinik, die Beine weit von sich gestreckt, den Blick in die Ferne gerichtet. Dr. Waldner, Stefans langjähriger Freund, telefonierte gerade mit seiner Frau. »Stefan sitzt mir übrigens gerade gegenüber«, erklärte er Ruth.

»Viele Grüße!« rief Dr. Frank. Ulrich richtete es aus. Er lauschte noch eine Weile in den Hörer, dann legte er auf.

»Ruth will wissen, ob ihr am kommenden Freitag Lust habt, mit uns zu essen, Solveig und du.«

»Ich rufe sie nachher an und gebe dann Bescheid«, antwortete Stefan. »Ich wollte noch was mit dir besprechen, Ulrich. Du kennst doch Simon Thalberg...«

»Den Sohn von Professor Thalberg? Klar, den habe ich doch bei dir getroffen. Ein sympathischer Mann, er ist Musiker, nicht wahr?«

»Richtig. Und er ist der Lebensgefährte von Dr. Anderson.«

»Ja, ich weiß. Was ist mit ihm, Stefan?«

»Der Mann ist schwer krank. Er hat Lungenkrebs und will sich weder operieren noch bestrahlen lassen.«

»Ist eine Operation denn überhaupt noch möglich?«

Dr. Frank zog die Schultern hoch. »Noch nicht einmal das will er genau wissen. Eigentlich dürfte ich gar nicht mit dir darüber reden, denn er hat mich zum Schweigen verpflichtet. Aber mir geht die Sache nicht aus dem Kopf. Ich würde ihm so gern helfen.« Stefan machte eine vage Handbewegung. »Er ist doch erst vierundvierzig. Ein Mann im besten Alter, wie man so schön sagt.«

»Sind schon Metastasen vorhanden?« Ulrich Waldner spielte mit seinem Kugelschreiber.

»Eine Verwachsung im Mediastinum ist auf dem Röntgenbild zu sehen.«

»Lymphknotenbefall?«

Stefan zog die Schultern hoch. »Er lehnt weitere diagnostische Maßnahmen ab, was ich sogar verstehen kann. Ich glaube, ich würde auch nichts…« Er unterbrach sich. »Bitte, Ulrich, das muß unter uns bleiben! Vor allem darf Lisa Anderson nichts davon erfahren.«

»Ich versichere dir, daß ich mit niemandem darüber reden werde. Aber vielleicht kannst du Simon Thalberg dazu bewegen, sich noch einmal mit uns beiden zu unterhalten. Immerhin besteht nach einer Lungenresektion eine Chance. Und wenn er nur noch ein paar Monate hinzugewinnt…«

»Auf jeden Fall versuche ich es«, versprach Stefan. Dann stand er auf. »Ich muß los. Die ganze Angelegenheit macht mir ziemlich zu schaffen. Permanent denke ich darüber nach, wie man ihm helfen könnte. Bis jetzt ist mir noch nichts eingefallen.«

Stefans Miene drückte Ärger und Unmut aus. »Vielleicht hätten wir doch einen anderen Beruf ergreifen sollen, Ulrich. Ich bemühe mich ja nun seit Jahren, den Tod zu akzeptieren, weil er zum Leben dazugehört. Aber manchmal verfluche ich ihn auch.«

Ulrich reichte seinem Freund die Hand. In stummem Einverständnis schauten sie sich an, dann verließ Dr. Frank eilig die Waldner-Klinik, um nach Grünwald zurückzukehren. Unterwegs beschloß er spontan, gleich mit Simon zu sprechen. Falls Lisa auch zu Hause sein sollte, würde er so tun, als wäre er rein zufällig auf einen Sprung vorbeigekommen.

Simon war allein. Ob er sich freute, den Freund so unverhofft zu sehen, war unklar. »Grüß dich, Stefan. Willst du reinkommen?«

»Wenn ich dich nicht störe.« Dr. Frank folgte dem Musiker. »Ist Lisa da?«

»Nein. Sie ist in die Stadt gefahren, wollte ein paar Einkäufe erledigen. Was führt dich her?«

»Ich war gerade bei meinem Freund und Kollegen Waldner. Wir haben über dich gesprochen.« Stefan war froh, dieses Geständnis gemacht zu haben. »Was Lisa anbelangt, so wird er schweigen…«

»Hoffentlich!« brummte Simon ungehalten. »Ich hatte dich doch gebeten…«

»Ich erinnere mich sehr gut«, kam Stefan ihm zuvor. »Doch ich ging davon aus, daß sich die Schweigepflicht hauptsächlich auf Lisa bezieht. Ulrich wird ihr nichts sagen.«

»Es könnte aber durch Zufall herauskommen. Doktor Waldner ist immerhin ihr Vorgesetzter.« Simon machte eine rasche Wanderung durch den Raum, dann nahm er in einem der Sessel Platz, ohne seinem Freund ebenfalls eine Sitzgelegenheit anzubieten.

Stefan setzte sich rittlings auf einen Stuhl. »Mach dir keine Sorgen!« bat er. »Ulrich meinte, wir sollten noch einmal gemeinsam beratschlagen, was man tun könnte…«

»Nein!«

»Aber das kostet dich doch nichts, Simon.« Stefan schüttelte verständnislos den Kopf.

»Nach einem solchen Gespräch bin ich womöglich unsicher, ob mein Weg der richtige ist. Ich will mich nicht ständig umorientieren müssen. Außerdem habe ich eine Menge medizinischer Bücher über Lungenkrebs gelesen. Man hat wahrhaftig keine rosigen Aussichten. Du bist Arzt, Stefan, und darum mußt du das auch wissen.«

»Gut, die Chancen sind kleiner als bei anderen Krebsarten, aber deine Lage ist nicht aussichtslos...«

»Doch. Ich habe Blut gespuckt. Jetzt schon häufiger. Das ist eines der schlimmsten Spätsymptome. Bitte, hör auf, mich umstimmen zu wollen!«

Dr. Frank seufzte langgezogen. »Okay, ich gebe mich geschlagen. Aber wenn du doch noch deine Meinung änderst, gib mir sofort Bescheid! Und eines solltest du dir gründlich durch den Kopf gehen lassen: nämlich eine Aussprache mit Lisa. Ich bin dein Freund, Simon, und ich halte zu dir, was auch immer du tust. Dennoch erlaube ich mir diese Kritik. Sie ist deine Lebensgefährtin. Darum hat sie ein Recht darauf, von deiner Krankheit zu erfahren.«

»Wenn sie nicht Ärztin wäre, hätte ich es ihr längst gesagt. Aber ich weiß, daß auch sie versuchen wird, mich zu einer Operation zu drängen. Aber du selbst mußt doch zugeben, daß die Schulmedizin immer häufiger versucht, das Sterben hinauszuzögern. Und das ist, verzeih mir, würdelos. Das lasse ich mit mir nicht machen. Ich hätte gern noch mit Lisa schöne Jahre verbracht, aber wenn es zu Ende sein soll – bitte! Das war's dann eben gewesen. Vielleicht ist es auch gut so. Vielleicht wäre ich im Alter ein unangenehmer und wunderlicher Kauz geworden, der es Lisa mit seinen Nörgeleien schwergemacht hätte. So ist uns diese Situation erspart geblieben.«

»Ach, Simon«, sagte Stefan nur. Nach einer Weile stand er auf. Er trat zu seinem Freund, legte ihm die Hand auf die Schulter und verharrte eine Weile in dieser Position. »Wie gesagt, ich bin für dich da. Immer, Tag und Nacht.«

Simons Stimme klang jetzt weicher, als er sprach: »Das weiß ich. Und dafür bin ich dir sehr dankbar.«

Sabine wartete immer sehnsüchtiger darauf, daß sich Joachim meldete. Mittlerweile wußte sie, daß er in Ulm wohnte. Doch er bat sie stets, auf seinen Anruf zu warten. »Ich bin so selten zu Hause«, erklärte er. »Du würdest mich ohnehin nicht erreichen.«

Sie fragte sich zwar manchmal, ob nicht mehr dahinter steckte, doch wenn er da war und sie in die Arme nahm, vergaß sie alle bedrückenden Fragen. Dann war sie nur unendlich glücklich.

Joachim Landau schien in seinem Beruf sehr tüchtig zu sein. Er fuhr einen schnellen Wagen, und beim Ausgehen zeigte er sich stets großzügig. Er bestand immer darauf, sie im Restaurant einzuladen.

Und heute abend würden sie sich wiedersehen! Sabine konnte sich kaum auf ihre Arbeit konzentrieren. In der Praxis des Grünwalder Arztes ging es ziemlich turbulent zu. Dr. Frank selbst war kurzfristig zu einem Notfall in der Nachbarschaft gerufen worden.

Martha versuchte, ihre Terminplanung wieder in den Griff zu bekommen. Im Wartezimmer stritten sich lauthals zwei Patienten. Vor dem Haus hörte man Kindergeschrei durch die offene Tür. Ein kleines Mädchen war hingefallen und weinte bitterlich. Sekunden später betraten Mutter und Tochter die Praxisräume.

Die Kleine bekam von Schwester Martha ein Bonbon, während Sabine die Wunde desinfizierte und ein Pflaster darauf klebte. Endlich versiegten die Tränen des Kindes.

»Doktor Frank ist nicht da. Wir erwarten ihn bald zurück, aber Ihren Termin können wir nicht einhalten, Frau Huber«, erklärte Martha. »Wollen Sie warten oder wiederkommen? Ich überlasse die Entscheidung Ihnen.«

»Ich kann ein anderes Mal wiederkommen«, überlegte die Frau. »So dringend ist mein Anliegen nicht.«

»Prima!« Martha zückte zufrieden ihren Kugelschreiber. »Nächste Woche?«

Zwei weitere Patientinnen beschlossen unter diesen Umständen ebenfalls, ihren Arztbesuch aufzuschieben. Martha Giesecke bat für die Abwesenheit des Doktors um Entschuldigung.

Als die Sprechstunde an diesem Tag zu Ende ging, atmeten Dr. Frank, der inzwischen zurückgekehrt war, und seine beiden Helferinnen erleichtert auf.

»Morgen spendiere ich uns Eis und Kuchen«, versprach er den beiden Damen. »Als Dank für Ihren Einsatz.«

»Ach, Chef«, meinte Martha. »Det is' doch selbstverständlich. Wir haben doch schon janz andere Probleme jelöst.«

»Das stimmt.« Stefan zog seinen Kittel aus und legte ihn über die Lehne seines Schreibtischstuhls. »Ach, übrigens, Sabine, ich hatte heute ein Gespräch mit einem Kollegen in Forstenried. Der sucht ganz dringend eine neue Helferin, weil seine langjährige Mitarbeiterin ein Baby bekommt und danach erst einmal für ein paar Jahre zu Hause bleiben will. Wenn Sie Interesse haben, melden Sie sich doch bei ihm. Sie können sich auf mich berufen. Er ist Internist.«

Erfreut notierte sich Sabine die Anschrift von Dr. Franks Kollegen und versprach, sich dort vorzustellen. Denn wenn Frau Flanitzer zurückkam, würde sie hier aufhören müssen.

Eigentlich sorgte sich Sabine nicht darum, eine neue Stelle zu finden. Doch sie fand, daß es von vornherein besser war, von Dr. Frank empfohlen zu werden.

»Haben Sie ihm gesagt, daß Sie mit mir zufrieden sind?« erkundigte sie sich etwas verlegen.

»Das habe ich getan«, bestätigte der Grünwalder Arzt mit einem freundlichen Lächeln. »Es ist ja schließlich die Wahrheit. Wäre ich der Meinung, daß Sie zu diesem Beruf nicht taugten, hätte ich mich nicht für Sie verwendet. Schließlich will ich mir nicht den Zorn eines Kollegen zuziehen.«

Verstohlen schaute Sabine auf die Uhr. »Ich muß los, sonst

schließen die Geschäfte…« Sie verabschiedete sich von ihrem Chef und ihrer Kollegin mit einem raschen Händedruck, dann eilte sie davon.

»Oder finden Sie nicht, daß Sabine tüchtig ist, Martha?« Stefan schaute seine langjährige Helferin erwartungsvoll an.

»Doch, das ist sie. Manchmal träumt sie ein bißchen. Aber das ist wohl das Vorrecht der Jugend«, meinte Martha Giesecke seufzend. »Im großen und ganzen kann ich nicht klagen.«

»Ein bißchen Nachsicht muß sein«, erklärte Dr. Frank abschließend. »Einen schönen Feierabend, Martha!«

«Ihnen auch, Chef.« Jetzt erst begann Dr. Franks Helferin damit, ihren Schreibtisch aufzuräumen.

Lisa mochte diesen Seelenzustand überhaupt nicht. Alles war in Unordnung geraten. Immer wenn sie zu Robin Gerscheid unterwegs war, überfielen sie große Schuldgefühle. Dabei gab es zwischen ihnen nur Blicke und flüchtige Berührungen. Niemals wäre sie dazu fähig gewesen, Simon wirklich zu betrügen.

Wie es in Zukunft weitergehen sollte, wußte sie jetzt noch nicht. Und sie wollte es auch nicht wissen.

Robin ging es immer besser. Täglich wartete er ungeduldig auf die wenigen Minuten, in denen er Lisa ganz für sich allein hatte. Es reichte ihm schon, wenn er sie ungehindert anschauen und ihre angenehme Stimme auf sich wirken lassen durfte. Mehr wollte er zum jetzigen Zeitpunkt nicht.

Er wußte ja, daß sie mit einem anderen Mann zusammenlebte. Und dieses feste Band der beiden unterschätzte er keineswegs. Dennoch legte er seiner Liebe keine Zurückhaltung auf, weil er glaubte, damit niemandem zu schaden – außer vielleicht sich selbst.

Gelegentlich bat er Lisa, ihm einige Bücher zu besorgen, was sie auch tat, obwohl sie ahnte, daß es nur Vorwände waren, um ihre Schritte in das Zimmer zu lenken, wo Robin auf sie wartete.

So auch an diesem Tag. Sie kam allerdings mit leeren Händen. »Die beiden Bücher, die Sie mir aufgeschrieben haben, sind bestellt. Es dauert zwei Tage, bis ich sie abholen kann.«

»Ich danke Ihnen sehr, Lisa. Haben Sie ein bißchen Zeit für mich?«

»Eigentlich nicht«, antwortete sie. Augenblicklich überzog Enttäuschung sein kantiges Gesicht. »Aber ein paar Minuten kann ich schon abzweigen.« Lisa nahm in einiger Entfernung vom Bett Platz – aus Sicherheitsgründen. Denn schon ein paarmal hatte er ihre Hand genommen und zärtlich gestreichelt – und sie war zu schwach gewesen, sie ihm energisch zu entziehen.

»Manchmal frage ich mich, ob dieser Unfall nicht vom Schicksal gewollt war, um dich kennenzulernen, Lisa.« Gelegentlich duzte er sie, kam aber immer wieder zum ›Sie‹ zurück.

Lisa hatte es längst aufgegeben, ihn deswegen zu tadeln, denn in der Tiefe ihres Herzens genoß sie diese Beziehung, die zwischen Robin und ihr bestand. Sie waren einander vertraut, als würden sie sich schon lange kennen. Und doch wurde ein gewisser Abstand zwischen ihnen nicht überschritten.

»Was macht eigentlich Ihr Freund?«

»Er ist Musiker. Sagte ich das nicht?«

»Welches Instrument spielt er denn?« Robin tat, als hörte er das alles zum ersten Mal. Gespannt betrachtete er ihren Gesichtsausdruck, als sie von dem anderen sprach.

»Klavier«, erwiderte Lisa. »Ursprünglich sollte er Mediziner werden wie sein Vater. Doch schon bald war klar, daß der Sohn sich nicht für diesen Beruf interessierte.«

»Und hat sein Vater ihm Vorwürfe gemacht?«

Lisa zog die Schultern hoch. »Ich weiß es nicht. Damals kannte ich Simon ja noch gar nicht.«

»Er ist viel älter als Sie, nicht wahr?«

»Gut zehn Jahre. Aber das hat mich noch nie gestört.«

Dann trat ein längeres Schweigen ein, das aber von beiden nicht als unangenehm empfunden wurde. »Ich muß gehen, Robin«, sagte die junge Ärztin schließlich. Sie strich sich eine blonde Haarsträhne hinters Ohr. Aufmerksam musterte sie mit ihren graugrünen Augen den Patienten.

Die hervortretenden Wangenknochen verliehen Lisas Gesicht eine sehr aparte Note. Bemerkenswert waren auch die ebenmäßigen Zahnreihen, die sehr schön zur Geltung kamen, wenn sie fröhlich lachte. Leider tat sie das nach Robins Ansicht viel zu selten. Und darum legte er es manchmal darauf an, sie dazu zu bringen. Wenn ihm das gelang, fühlte er sich fast als Sieger.

»Komm bald wieder!« murmelte er und hob die Hand zum Abschiedsgruß. Doch dann überlegte er es sich anders. Er legte die Fingerspitzen an seine Lippen und warf ihr mit zärtlicher Gebärde einen Handkuß zu.

Sie lächelte. Dann seufzte sie und ging wortlos hinaus.

Lisa, Lisa! dachte Robin wehmütig. Warum kann das Schicksal uns nicht miteinander verbinden, wenn es uns schon zusammengeführt hat?

Lisa Anderson besprach sich kurz mit der Chefärztin der Gynäkologie, Gabriele Beyer-Horn. Dann führte die junge Chirurgin den Test mit ein paar Tropfen ihres Urins selbst durch. Wenig später konnte sie das Ergebnis auf dem Objektträger ablesen: Nach Zusatz der Latexpartikel blieb die Flüssigkeitsschicht auf dem Objektträger milchig-weiß. Es trat keine Gerinnung ein. Die Diagnose lautete: »positiv«. Das bedeutete, daß sie schwanger war!

Die Ärztin war so überrascht, daß sie erst einmal auf den Stuhl sank und den Befund auf sich wirken ließ. Natürlich war es nicht auszuschließen gewesen, daß sie ein Kind bekam, wenn sie mit einem Mann zusammenlebte. Aber während der drei Jahre zuvor war es nie zu einer Schwangerschaft gekommen, obwohl Lisa aus Verträglichkeitsgründen auf die Pille verzichtet hatte. Im Laufe der Zeit hatte sie vermutet, daß entweder bei ihr selbst oder bei Simon ein plausibler Grund für die Kinderlosigkeit zu finden wäre. Da sie aber beide über diesen Zustand nicht unglücklich waren, sahen sie sich auch nicht dazu veranlaßt, etwas zu unternehmen.

Ein Kind! Lisa legte den Kopf zurück und schloß die Augen. Das änderte natürlich alles. Und plötzlich erschien ihr die Schwangerschaft wie ein Wink des Schicksals, das ihr damit endgültig klarmachen wollte, wo ihr Platz war, nämlich an der Seite ihres Lebensgefährten.

Was würde Simon dazu sagen? Hatte er überhaupt damit gerechnet, in seinem Alter noch Vater zu werden? Nach einer Weile ging sie erneut zu Dr. Beyer-Horn. Sie teilte der Kollegin das Testergebnis mit, worauf sie sofort einen Glückwunsch entgegennehmen mußte.

»Ist es ein Wunschkind?«

»Nicht direkt«, erklärte Lisa. Sie mochte Gabriele sehr. Die beiden Frauen verstanden sich gut. »Aber selbstverständlich ist es jetzt, wo es sich angekündigt hat, ganz herzlich willkommen. Ich dachte, es würde gar nicht klappen mit uns.«

»Ja, so kann es gehen.« Gabriele lächelte. »Wenn Sie wollen, betreue ich Ihre Schwangerschaft. Sie können jedes Problem gleich an Ort und Stelle mit mir besprechen.«

»Das Angebot nehme ich gern an«, sagte Lisa. Sie konnte es immer noch nicht so recht fassen.

»Morgen nehmen wir ein wenig Blut ab, und dann schau' ich mal nach, ob alles in Ordnung ist. Wie alt sind Sie, Frau Anderson?«

»Dreiunddreißig. Für ein Baby schon recht alt, finden Sie nicht?«

Die Ärztinnen lachten. Dann schüttelte Gabriele den Kopf. »Es geht gerade noch so. Jedenfalls rate ich Ihnen ohne Grund zu keinen besonderen Maßnahmen. Es sei denn, Sie befürchten irgendwelche Erbkrankheiten...«

»Nein. In meiner Familie soll es keine geben. Simon muß ich erst danach fragen. Ich bin ja so gespannt, was er dazu sagt!«

Als Lisa nach Dienstschluß die Waldner-Klinik verließ, war sie ganz aufgeregt. Plötzlich fiel ihr Robin ein, den sie vorübergehend vollkommen vergessen hatte. Natürlich trug sie sich nicht mit der Absicht, mit ihm über ihre Schwangerschaft zu sprechen. Das ging ihn ja gar nichts an, und außerdem würde er in absehbarer Zeit die Klinik verlassen. Ein späteres Wiedersehen war sehr unwahrscheinlich.

Das leise Bedauern, das sie noch vor zwei Stunden wegen Robin verspürt hatte, verflüchtigte sich mehr und mehr. Hoffentlich war Simon schon zu Hause! Sie platzte nämlich fast vor lauter Mitteilungsbedürfnis.

Er kam gerade aus der Küche, als sie die Eingangstür hinter sich zuwarf. Es ging ihm heute schlecht, doch Lisa bemerkte es in ihrer Gemütserregung nicht.

»Schön, daß du da bist, Schatz!« rief Simon mit einem gequälten Lächeln.

Sie stürzte sich so ungestüm an seine Brust, daß er fast ins Taumeln geriet. »Simon, jetzt mußt du mich heiraten!« sprudelte sie hervor.

Er lachte leise, aber es fiel ihm schwer, auf ihren Ton einzugehen. »Gibt es im Augenblick denn nichts Wichtigeres für dich, als an eine Heirat zu denken?«

Sie umarmte ihn so heftig, daß er Angst empfand, keine Luft mehr zu bekommen. Mit sanfter Gewalt löste er sich von ihr.

»Die Hochzeit ist sehr wichtig. Denn ich möchte mit dir verheiratet sein, bevor das Kind auf die Welt kommt.«

Er starrte sie an. Sein Blick verdunkelte sich. »Das Kind? Welches Kind?«

»Das, was Mitte Februar nächsten Jahres auf die Welt kommen wird. Unser Kind, Simon. Ich habe heute einen Test gemacht. Es gibt gar keinen Zweifel.«

Sie strich sich mit einer munteren Bewegung das Haar zurück. Dann hielt sie inne. Langsam verschwand das Lächeln aus ihrem Gesicht. Nur die Röte auf den Wangen blieb. »Was ist mit dir, Simon?« fragte sie ruhig. »Freust du dich denn nicht?«

Er wandte sich achselzuckend ab und machte ein paar Schritte zum Fenster hin. Eine ganze Weile blieb er so von ihr abgewandt stehen. In ihm wüteten Empörung und Kummer. Lisa trug sein Kind unter dem Herzen! Ein Kind, das er niemals zu Gesicht bekommen würde. Diese Erkenntnis zerfraß ihn fast.

Doch dann erkannte er, daß ein Teil von ihm auf dieser Welt bleiben würde, an Lisas Seite. Die Tröstlichkeit dieses Gedankens erfaßte mehr und mehr Besitz von ihm.

Langsam wandte er sich um. Sein Gesicht sah jetzt wieder milder aus. Mit einer zärtlichen Geste breitete er die Arme aus. »Doch, ich freue mich«, gestand er leise. »Es kam nur so überraschend. Wie kommt es, daß du noch nichts davon gemerkt hast?«

»Ich weiß es auch nicht. Vor lauter Arbeit habe ich mich um meinen Körper nicht kümmern können. Erst gestern habe ich zufällig festgestellt, daß die Periode ausgeblieben war. Dann habe ich gleich heute einen Test gemacht und mit Kollegin Beyer-Horn gesprochen. Ich konnte es zunächst auch nicht glauben, weil ich immer davon ausgegangen bin, daß es bei uns nicht klappt. Und nun... Wann heiraten wir? Ach, Simon, halt mich ganz fest!«

Das tat er. »So bald wie möglich«, murmelte er, obwohl ihn

dieser Gedanke schreckte. Einerseits hätte er gern gehabt, daß das Kind seinen Namen trug, andererseits wollte er nicht, daß Lisa sich durch die Heirat an ihn gebunden fühlte. Sie sollte nach seinem Tod frei sein. Frei sein für das Leben.

»Du wirst Vater!« erklärte sie ihm noch einmal. Ihre Freude war zurückgekehrt. Liebevoll zupfte sie ihn an den Ohren. »Ich bin gespannt, wie du diese neue Aufgabe meistern wirst.«

»Ich auch«, sagte er, wobei er sich verlogen und gemein vorkam. Er mußte Lisa die Wahrheit sagen! Doch wann? Jetzt, wo sie sich so auf das Kind freute?

Es tat ihm nun leid, daß er bis jetzt geschwiegen hatte. Die emotionale Zwickmühle, in der er sich befand, begann ihn zu schmerzen.

»Und jetzt trinken wir ein Gläschen Champagner«, schlug Lisa vor. »Zur Feier des Tages.«

»Alkohol und Schwangerschaft?«

»Ein halbes Gläschen. Das wird dem Kind nicht schaden. In der achtzehnten Woche machen wir eine Ultraschallaufnahme, Liebling. Da kannst du mitkommen, damit du das Baby schon mal sehen kannst.«

»Kann man da wirklich schon etwas erkennen?« An diese Möglichkeit hatte Simon noch gar nicht gedacht.

»Aber ja! Zu diesem Zeitpunkt ist das Baby ja schon fast vollkommen ausgebildet. Es muß dann nur noch wachsen.«

Simon holte die Flasche und zwei Gläser. Wenig später tranken sie den ersten Schluck. »Ich bin richtig glücklich, Simon«, bekannte Lisa überschwenglich. Nicht nur wegen des Kindes, das sich angekündigt hat, fügte sie in Gedanken hinzu, sondern auch wegen der Ordnung, die wieder in mein Herz eingekehrt ist. Bald werden wir eine Familie sein. Und nur dort ist mein Platz. Nirgendwo anders!

Zwei Tage später rief Stefan bei seinem Freund Simon an. Sogleich erfuhr er die sensationelle Neuigkeit. »Ich freue mich so für euch«, sagte der Grünwalder Arzt. »Willst du unter diesen Umständen nicht doch ein Gespräch mit Ulrich und mir in Betracht ziehen?«

»Was sollte eine Unterhaltung denn ändern?«

»Es kann ja sein, daß du jetzt über eine Operation anders denkst. Nur sollte sie dann so schnell wie möglich durchgeführt werden.«

Es entstand eine längere Pause. »Ich denke nicht anders«, meinte Simon schließlich leise. »Eigentlich hat sich gar nichts geändert. Tief in mir weiß ich, daß ich mein Schicksal nicht ändern kann. Und manchmal erlebe ich Momente, in denen ich mein Ende akzeptiere. Was macht es für einen Unterschied, ob man mit Mitte Vierzig oder Mitte Siebzig stirbt?«

»Der Unterschied beträgt immerhin dreißig Jahre«, lautete die prompte Antwort. »Dreißig Jahre, in denen ein Mensch viel erleben kann.«

»Jetzt sei mal ganz ehrlich, Stefan! Wenn ich mich wirklich operieren ließe, würdest du mir dann noch dreißig Jahre prophezeien?«

Stefan verzog das Gesicht. »Warum willst du mich immer gleich so festnageln, Herrgott noch mal? Natürlich ist das möglich, wenn auch statistisch recht unwahrscheinlich. Ein Krebspatient wird mit etwas Glück nach seiner Operation die Fünfjahresgrenze überschreiten, wenn er viel Glück hat, sogar bei weitem. Aber wenn man kein Wagnis eingeht, kann man auch nichts gewinnen.«

»Wenn ich mich jetzt noch mal untersuchen ließe, würde Lisa Bescheid wissen. Das will ich nicht. Sie soll ihre Schwangerschaft so lange wie möglich genießen. Es wird ohnehin noch sehr schwer für sie werden, wenn ich…«

»Also keine Operation?«

»Keine Operation und keine Bestrahlung. Ich gehe meinen Weg, Stefan, ich kann nicht anders.«

»Und wie fühlst du dich?«

»Gestern hustete ich wieder Blut. Aber heute geht's mir richtig gut. Ich habe genug geschlafen – immerhin fünf Stunden an einem Stück. Das ist für mich schon sehr viel. Lisa will heute abend mit mir in ein Restaurant gehen. Dazu habe ich eigentlich weniger Lust, aber ich werde ihr die Freude nicht verderben. Und was das Rauchen anbelangt – ich habe es etwas eingeschränkt. Nicht, weil ich glaube, damit noch etwas Zeit zu gewinnen, sondern weil ich dann seltener Hustenanfälle bekomme.«

»Auf deine alten Tage wirst du noch vernünftig«, versuchte Stefan zu scherzen. »Wann sehen wir uns? Solveig hat auch schon nach euch gefragt.«

»Ich rede mit Lisa. Dann melde ich mich wieder bei dir. Und, Stefan, was deine Verschwiegenheit betrifft – kann ich mich darauf immer noch verlassen?«

»Ja, das kannst du. Voll und ganz«, lautete die ernste Antwort. Damit wurde das Gespräch der beiden Freunde beendet.

»Lisa!« Wenn sie noch einen leisen Zweifel bezüglich seiner Gefühle gehegt hätte, dann wäre er in diesem Moment endgültig verschwunden. Robin sprach das Wort wie eine Liebkosung aus. Ein Lächeln verschönte sein attraktives Gesicht, und in seinen Augen leuchtete es warm. »Zwei Tage hast du dich nicht bei mir blicken lassen!«

»Ich hatte dienstfrei«, erwiderte sie. Die Hände schob sie in die Taschen ihres Kittels, um ihre Zurückhaltung zu betonen.

»Und was hast du an deinen freien Tagen getan?«

»Lange geschlafen. Gekocht, Musik gehört und gelesen. Ich komme so selten zum Kochen, weil ich nie Zeit habe. Darum essen wir meistens Fertiggerichte, was natürlich nicht besonders gut ist für die Gesundheit.«

»Ich möchte gern irgendwann einmal einen ganzen Tag mit dir allein verbringen, Lisa«, gestand er leise. Seine Augen leuchteten noch stärker.

»Das wird nicht möglich sein, Robin.« Sie atmete tief durch. »Ich bin schwanger. Mitte Februar wird mein erstes Kind geboren.«

Täuschte sie sich – oder ging sein Atem wirklich heftiger?

»Freust du dich, Lisa?«

»Ja, sehr...«

»Dann freue ich mich auch«, unterbrach er sie. »Ich wünsche dir viel Glück für die Zukunft.«

»Danke.« Sie wandte sich zum Gehen. Alles war gesagt.

»Heute habe ich mich mit dem Chefarzt unterhalten. Wenn keine Komplikationen mehr auftreten, kann ich in zwei Wochen nach Hause.«

»Alles Gute, Robin«, wünschte sie. Leichte Trauer befiel sie, als sie die Tür hinter sich zuzog. Ganz leise wurde ein Kapitel beendet, ein Kapitel, das eine Nebenhandlung erzählt hatte. Aber trotzdem war es eine sehr aufregende und gefühlvolle Geschichte gewesen.

Robin aber ließ sich in seiner Liebe zu Lisa nicht beirren. Er wußte, daß er niemals mit ihr leben würde. Aber seine Empfindungen durfte er dennoch auf sie richten, seiner Phantasie freien Raum lassen. Niemand würde etwas davon merken, nur er selbst.

Greta kam am Abend. Sie überbrachte ihm die Genesungswünsche der ganzen Institut-Belegschaft. Er bedankte sich. Greta griff wie selbstverständlich nach seiner Hand und hielt sie fest. »Wie lange wirst du noch brauchen, bis du wieder arbeiten kannst?«

»Ich weiß es nicht. In zwei Wochen werde ich erst einmal entlassen. Ich komme, sobald ich mich einigermaßen gut fühle. Viele Sachen kann ich ja im Sitzen erledigen.«

»Ich freue mich, daß alles so gut verlaufen ist. Ach, Robin, ich war ja so erschrocken damals, als ich von deinem Unfall hörte! Und ich bin jetzt schrecklich froh, daß wir uns wieder versöhnt haben. Du auch?«

»Ja«, entgegnete er, ohne mit der Wimper zu zucken. Er liebte Greta nicht. Aber dennoch war sie eine interessante Frau. Robin unterhielt sich recht gern mit ihr.

»Wir sollten gemeinsam verreisen, sobald du dich dazu in der Lage fühlst. Ein Urlaub wird dir guttun. Das wird sich schon irgendwie arrangieren lassen.«

»Wir werden sehen, Greta.« Er entzog ihr jetzt seine Hand, weil er etwas trinken wollte.

»Aber das kannst du doch sagen«, meinte sie, entwand ihm das Glas und setzte es ihm an die Lippen.

»Gib her!« brummte er unwirsch. »Das kann ich allein. Ich mag es nicht, wenn man mich wie ein Baby behandelt.«

Mit einem Schlag war die gute Stimmung verschwunden. Greta ärgerte sich über seine Bemerkung, doch Robin dachte nicht daran, sie zurückzunehmen.

»Ich wollte dir ja nur helfen«, maulte sie beleidigt.

»Das kann man so oder so tun«, erwiderte er, jetzt schon etwas ruhiger. »Hast du mir ein paar Zeitungen mitgebracht?«

Lisa machte einen Einkaufsbummel durch die Münchner Innenstadt. Sie schlenderte von Auslage zu Auslage, kaufte sich ein paar Schuhe, hielt sich fast eine Stunde in einer großen Buchhandlung auf und überlegte, welches Geschenk sie Simon mitbringen konnte.

Sie erstand zwei CDs für ihn. Als sie diesen Laden wieder verließ, stieß sie mit einem untersetzten Mann zusammen. Sie erkannte ihn nicht gleich, doch er sprach sie an. »Lisa?«

»Grüß Gott, Lisa.«

»Manfred!« rief sie auf. »So eine Überraschung! Ich habe dich gar nicht erkannt.«

»Kein Wunder«, erwiderte der etwa gleichaltrige Mann mit einem schiefen Grinsen. »Ich habe ja auch einige Kilo zugenommen.«

»Steht dir aber gut«, versuchte sie die Situation zu retten.

Sein Grinsen wurde breiter. »Wirklich nett, diese fromme Lüge...« Dann wurde sein Gesicht plötzlich ganz ernst, als fiele ihm soeben etwas Furchtbares ein. »Wie geht es dir, Lisa?«

»Gut«, erwiderte sie etwas erstaunt. »Warum fragst du so vorsichtig?«

Dr. Manfred Sallinger war Internist an der Uni-Klinik. Vor über einem Jahr hatte sie ihn zuletzt gesehen. Aus irgenwelchen Gründen war der Kontakt zwischen ihnen abgebrochen, hauptsächlich wohl deswegen, weil sie als vielbeschäftigte Ärzte wenig Zeit fanden, Freundschaften zu pflegen.

»Ich habe mit unserem Oberarzt Dr. Becker gesprochen. Es war purer Zufall, daß ich die Unterlagen von Simon in die Hand bekommen habe...«

Der Boden unter ihren Füßen schwankte nur ganz leicht. Viel bedrohlicher war der unkontrollierte Herzrhythmus, der ihren Kreislauf durcheinanderbrachte.

Manfred ergriff beide Hände der ehemaligen Kommilitonin. »Wie wirst du damit fertig, Lisa?«

Sie starrte ihn fassungslos an. »Ich weiß nicht...«

»Komm, wir gehen dort hinüber«, schlug Manfred vor und wies auf ein Bistro. »Ein kühles Getränk wird uns nicht schaden. Es ist ja eine Affenhitze heute.«

»Becker hat deinem Simon eine Operation vorgeschlagen. Aber es war ihm auch klar, daß sie möglicherweise nicht mehr viel Sinn hat. Der Krebs hat sich schon zu weit ausgebreitet.«

Lisa wunderte sich, wieso ihre Beine ihr noch gehorchten. Sie ließ sich auf einen freien Stuhl niedersinken. Die Sonne hatte sich verdunkelt – oder war es nur der Schirm, der das Licht abhielt?

»Einen Orangensaft?« fragte Manfred.

Lisa war ihm für diese Frage dankbar, weil sie nur zu nicken brauchte. Denn sie wußte ziemlich sicher, daß ihre Stimme versagen würde.

Manfred wartete, bis sich die Kellnerin entfernt hatte. »Wenn du Hilfe brauchst, wende dich ruhig an mich!«

»Danke, Manfred...« Ihre Stimme war belegt. »Steht es wirklich so schlecht um Simon?«

Der Internist wandt sich sichtlich. »Es handelt sich um ein zentrales Karzinom mit Einbruch in Luft- und Speiseröhre. Man hätte vielleicht noch eine Strahlentherapie in Betracht ziehen können.« Er zuckte die Schultern. »Aber das kann man natürlich nur in Übereinstimmung mit dem Patienten entscheiden. Es tut mir so leid, Lisa!«

Ihr Kopf sank auf die Brust. Jetzt erst keimte ein Verdacht in Manfred hoch. »He was ist mit dir?« Er berührte sie an der Schulter. »Sag doch was, bitte!«

Langsam hob sie den Kopf wieder. Tränen schimmerten in ihren Augen. »Mir ist ein bißchen übel«, bekannte sie schließlich. »Aber das hat seinen Grund. Ich bin nämlich schwanger...«

Manfred zeigte Betroffenheit. Er wußte nicht, ob er Lisa gratulieren oder sie bedauern sollte.

»Ich freue mich auf das Kind«, erzählte sie. »Und Simon auch.«

»Meinen herzlichen Glückwünsch.« Jetzt lächelte der Internist erleichtert. »Vielleicht wird dir das Kind über Simons Krankheit hinweghelfen.«

»Ganz bestimmt wird es das!« Lisa griff nach ihrem Saft. Das Glas zitterte in ihrer Hand. »Wie lange wird er noch zu leben haben?« fuhr sie fort. »Er sagte was von einem Jahr...« Sie wagte nicht, den Mann an ihrer Seite anzusehen. Ein Blick in seine Augen hätte sie verraten, hätte ihm klargemacht, daß sie gar nichts wußte, sondern nur noch mit allerletzter Kraft bluffte, um sich die schreckliche Gewißheit zu verschaffen.

»Ein Jahr ist das äußerste, Lisa. Das Karzinom ist schon ziemlich weit fortgeschritten. Es kann auch schneller gehen.«

»Bis Weihnachten?« Sie merkte selbst, daß sie in ihrer Verzweiflung mit dem Schicksal zu feilschen begann. Aber sie wollte eine sichere Zeitspanne aus dem Munde des Kollegen hören, an die sie sich klammern konnte.

»Bis Weihnachten – möglicherweise…« Manfred machte eine vage Handbewegung. »Dieses Datum ist etwas realistischer, obwohl…«

Lisa unterdrückte ein Aufschluchzen.

Manfred wollte etwas Tröstendes sagen. Und so verfiel er in seiner Ratlosigkeit auf den abgedroschenen Satz: »Du bist noch so jung, Lisa. Du wirst darüber hinwegkommen.«

»Es wird mir auch gar nichts anderes übrigbleiben.« Verwundert lauschte sie ihren so tapfer klingenden Worten nach. War wirklich sie diejenige, die so etwas aussprach?

»Ich bin froh, daß du so stark bist, Lisa«, fuhr Manfred fort. »Einen Moment lang dachte ich schon, du weißt von nichts. Hätte ja sein können, daß Simon dir nichts erzählt hat. Ich wollte dich auch schon längst anrufen… Aber dann konnte ich mich doch nicht dazu überwinden, weil ich nicht wußte, wie du reagierst.«

»Ist schon gut.« Lisa trank ihr Glas leer, doch sie fühlte sich immer noch durstig. »Ich muß gehen«, erklärte sie hastig und kramte nach Kleingeld.

»Laß nur, ich regle das schon!«

Sie stand auf. »Danke, Manfred.« Sie reichte ihm die Hand. »Mach's gut!«

»Du auch, Lisa! Und wenn ich was tun kann…«

»Danke, Manfred. Das ist nett von dir.«

Lisa setzte ihren Einkaufsbummel nicht fort. Irgendwann

fand sie sich in einem Taxi wieder. Sie nannte dem Fahrer ihre Anschrift, dann versank sie in Schweigen. Der Mann, der anfangs noch eine Unterhaltung angestrebt hatte, verstummte ebenfalls.

»Vierundzwanzig Mark achtzig«, waren seine nächsten Worte. Da hielten sie schon vor Lisas Haus. Sie gab ihm dreißig Mark und stieg tränenblind aus. Daß er ihr noch ein erfreutes »Dankeschön« hinterherrief, hörte sie nicht.

Sie schloß die Haustür auf, lauschte auf Simons Schritte, doch er schien nicht zu Hause zu sein. Achtlos ließ sie die Einkaufstüten in der Diele auf den Fußboden gleiten, dann ging sie ins Schlafzimmer. Mit einem erstickten Laut sank sie aufs Bett.

Mit quietschenden Reifen hielt ein Privatwagen vor der Praxis des Grünwalder Arztes. Hinten stieg ein Mann aus. Er beugte sich wieder in das Fahrzeug hinein. Dann trug er ein etwa sechsjähriges Kind ins Doktorhaus, das schlaff in seinen Armen hing.

Stefan Frank war gerade dabei, seine Bereitschaftstasche für die noch anstehenden Hausbesuche zu kontrollieren. Sabine wollte gerade gehen. Martha telefonierte noch mit einer Bekannten.

Der Mann brachte seine Tochter in Dr. Franks Ordinationszimmer. Stefan kannte das kleine Mädchen, das bereits seit über einem Jahr an ziemlich heftigen Asthmaanfällen litt. Heute schien es besonders schlimm zu sein.

»Helfen Sie ihr!« stammelte der verzweifelte Vater. »So helfen Sie ihr doch!«

Stefan nahm eine rasche Untersuchung vor. Er überlegte, ob die sofortige Einweisung in die Waldner-Klinik in diesem Fall noch sinnvoll sei. Dann beschloß er, selbst die lebensrettenden Maßnahmen durchzuführen.

Martha Giesecke kam herein. Sie begann damit, das Kind zu

beruhigen. Stefan bat Sabine um ihre Assistenz. Und selbstverständlich blieb sie. »Bitte, ziehen Sie schon eine Spritze auf!« sagte der Arzt leise zu seiner jungen Helferin. »Wir müssen sie ruhigstellen, anschließend braucht sie Beatmung.«

Sabine rannte zum Medikamentenschrank. Das Telefon klingelte. Rasch hob sie ab, meldete sich mit atemloser Stimme. »Bitte, bleiben Sie dran...«

»Hier ist Erik, Sabine ich...«

»Es geht jetzt nicht«, zischte sie. »Wir haben einen Notfall.«

»Ich bin auch einer!« schrie Erik gequält zurück. »Ich kann nicht mehr. Ich will nicht mehr. Wenn du nicht in einer Viertelstunde bei mir bist, bringe ich mich um.«

Sie erschauderte und warf den Hörer wie einen heißen Gegenstand zurück. Dann bemühte sie sich, die Spritze aufzuziehen, was nicht ganz leicht war, denn ihre Hände zitterten. Wenige Sekunden später ließ sie die Nadel in Dr. Franks Rechte gleiten, der das Medikament sofort injizierte.

Anschließend versuchte er, einen Tubus in die Kehle des Kindes einzulegen.

Schwester Martha hatte den hilflosen Vater, der sich in einer desolaten Verfassung befand, einfach aus dem Zimmer geschoben. Im Moment konnte sich niemand um ihn kümmern. Das kleine kranke Mädchen brauchte jetzt die ganze Aufmerksamkeit des Grünwalder Arztes und seiner beiden Helferinnen.

Stefan bewahrte die Ruhe.

Für das Kind war es lebenswichtig, daß nun kein Fehler gemacht wurde. Jeder Handgriff mußte sitzen. Er schob vorsichtig einen schmalen Rachentubus durch den Mund und spürte sofort den Widerstand der sich verkrampfenden Bronchialmuskeln.

Mit Schrecken erinnerte er sich an den Fall der zwanzigjährigen Renate, die ihm und seinem Kollegen Rüsch unter den

Händen erstickt war. Ihr Bronchospasmus war derart stark gewesen, daß er die Passage des Tubus verhindert hatte.

Martha zog noch eine Spritze mit Spasmolytikum auf und injizierte es sofort. Das kleine Mädchen lag mit angstvoll aufgerissenen Augen auf der Liege.

Stefan schob das Gerät kraftvoll durch die Kehle. Der Widerstand wurde überwunden. Der Tubus gelangte hinter die verkrampften Muskeln. Das Beatmungsgerät war angeschlossen, und man konnte sofort seine segensreiche Technik einsetzen. Die Atemzüge des Kindes wurden ruhiger; die Medikamente begannen zu wirken.

»Gott sei Dank!« entfuhr es Stefan leise. Jetzt erlaubte er sich ein erleichtertes Aufseufzen. »Wir machen sie gleich transportfähig. Sabine, rufen Sie einen Krankenwagen und geben Sie in der Waldner-Klinik Bescheid! Sie sollte heute nacht auf der Intensivstation betreut werden. Wenn es ihr morgen bessergeht, kann sie wieder nach Hause.«

Sabine tat, was der Chef ihr aufgetragen hatte. Sie wußte gar nicht mehr, wo ihr der Kopf stand, und hoffte aus ganzer Seele, daß Erik nur einen Warnschuß abgegeben hatte.

Die Erinnerung an seine verrückte Drohung macht sie so nervös, daß sie sich beim Wählen der ersten Nummer irrte und es von neuem versuchen mußte.

Stefan Frank sprach in der Zwischenzeit mit dem Vater und erklärte ihm die Notwendigkeit der sofortigen Klinikeinweisung des Kindes.

Wenige Minuten später kam das Rettungsfahrzeug. Der Vater stieg mit hinten ein. Die Kleine war ganz müde geworden. Die Angst war vorerst aus dem blassen Gesicht verschwunden.

»Wir sehen uns morgen in der Klinik«, sagte Stefan zu dem Mann, bevor die rückwärtige Tür geschlossen wurde.

»Det arme Ding«, murmelte Martha mitleidig.

»Diese Asthmaanfälle bei Kindern werden immer häufiger.«

Stefan schaute auf seine Armbanduhr. »Ich muß los«, meinte er. »Die anderen Patienten werden schon warten.«

»Na denn, jetzt is' für uns auch endlich Feierabend«, stellte Martha Giesecke befriedigt fest. »Erholen Se sich jut von diesem Schreck!« riet sie ihrer jungen Kollegin. »Bis morjen früh in alter Frische!«

»Schönen Abend«, wünschte Sabine, dann machte sie sich auf den Heimweg. Als sie an einer Telefonzelle vorbeikam, ging sie kurz entschlossen hinein und rief bei Erik an. Bei jedem Freizeichen schlug ihr Herz härter gegen die Rippen.

Erik meldete sich nicht! Was hatte das zu bedeuten? Erst als jemand von außen ungeduldig gegen die Scheibe klopfte, hängte sie zögernd wieder ein.

Die junge Frau wußte nicht, was sie tun sollte. Den Anruf einfach ignorieren? Schließlich hatte sie ja überhaupt nichts mehr mit Erik zu tun, auch wenn er das absolut nicht einsehen wollte.

Sollte sie sich denn auch in Zukunft ständig von ihm drangsalieren lassen? Ihre Zurückweisungen, ihr Beharren auf ihrem einmal gefaßten Standpunkt, all das hatte jedenfalls bis jetzt nicht die gewünschte Wirkung auf den enttäuschten Freund gehabt, der mit aller Macht versuchte, ihr seine Liebe aufzuzwingen.

Erst vor ein paar Tagen hatte er sie wieder mit seinen Anrufen belästigt. Da war ihr der Kragen geplatzt, und sie hatte ihm gesagt, daß sie längst einen anderen liebte. Danach war es lange still in der Leitung gewesen. »Das wirst du noch bereuen«, hatte Erik mit einer Grabesstimme gemurmelt, die ihr einen kalten Schauer über den Rücken gejagt hatte.

Sie wartete, bis der Mann in der Telefonzelle sein Gespräch beendet hatte, dann versuchte sie es noch mal bei Erik. Wieder nichts!

Kurzentschlossen nahm sie sich ein Taxi und ließ sich zu seiner Wohnung bringen. Sie wußte noch nicht, was sie tun und sagen sollte. Vielleicht würde er durch eine Ohrfeige wieder zur Vernunft kommen? Doch Sabine widerstrebte jede Form von Gewaltanwendung.

Sie betrat das Mietshaus, in dem er wohnte, knapp zehn Minuten später. Die Haustür stand offen. Sie war seit langem defekt.

Sabine stieg in den zweiten Stock. Von den Wänden rieselte der Putz. Hauptsächlich wohnten hier alleinstehende jüngere Leute, die an solchen Mißständen wenig Anstoß nahmen.

Sie klingelte bei Erik. In der Wohnung tat sich nichts. Die junge Frau wollte schon umkehren, doch irgend etwas hielt sie zurück. Sie klingelte noch mal. Dann kramte sie in ihrer Tasche, bis sie den Wohnungsschlüssel fand, den Erik ihr vor längerer Zeit gegeben und niemals zurückverlangt hatte. Vielleicht hoffte er, daß sie irgendwann völlig überraschend zu ihm zurückkehrte.

Sie schloß auf und drückte die Tür einen Spalt auf. »Erik?« Irgendwo mußte ein Fenster geöffnet sein, denn sie spürte Zugluft. Dann knallte ein Fenster zu. »Erik?«

Nichts. Sie schloß die Tür. In der Diele brannte Licht. Beklommenheit legte sich um Sabines Herz. In seinem großen Wohnraum, von dem die Schlafstatt mit einem Vorhang abgeteilt war, herrschte die übliche Unordnung. Auf dem Boden lagen aufgeschlagene Bücher und Zeitschriften, auf dem Tisch standen leere Bierdosen. Neben dem Telefon lehnte ein Brief. Das eine Wort auf dem Umschlag lähmte sie fast: »Sabine«.

Ein Brief für sie! Was sollte das heißen, was hatte das Schlimmes zu bedeuten? Ihr Hals verengte sich, als sie zur Dusche hinüberging. Ihre Augen wurden immer größer. Sie wollte schreien, doch es war wie im Traum: Kein Laut drang über ihre Lippen. Aber das stumme Entsetzen sprengte ihr fast den Brustkorb. Alle Farbe war aus ihrem Gesicht gewichen, als sie hinter dem Duschvorhang die Umrisse einer Gestalt sah.

Sie schob ihn zurück – und fühlte sich einer Ohnmacht nahe.
Erik hatte sich in der Dusche erhängt!

Lisa öffnete die Augen. Sie mußte eingeschlafen sein vor lauter Erschöpfung. Sie hörte ein Geräusch. Sofort fiel ihr die schreckliche Wahrheit wieder ein, die Simon vor ihr verborgen hatte.

Sie richtete sich auf. Er erschien im Türrahmen. Wie schlecht er aussah! Wieso war ihr das nicht schon vorher aufgefallen? Simon hatte immer behauptet, seine schwere Erkältung wäre noch nicht ausgeheilt.

»Da bist du ja!« stellte er lächelnd fest. Er kam mit ausgestreckten Armen näher und setzte sich auf die Bettkante. Sie sank an seine Brust – nein, sie wollte nicht in diesen schwarzen Abgrund schauen, der sich vor ihr aufgetan hatte!

»Wo warst du?« fragte sie mit erstickter Stimme.

»Ein bißchen frische Luft tanken. Das Wetter ist so schön...« Er brach ab. »Was ist mit dir?« Er schob sie ein wenig zurück, um ihr Gesicht sehen zu können. »Du bist so anders als sonst. Gab's Ärger in der Klinik?«

»Aber nein, ich hatte heute doch frei! Ich war in der Stadt, um etwas einzukaufen, hab' aber nichts Passendes gefunden.«

»Und deswegen bist du jetzt traurig?« neckte er sie.

Sie nahm sein Gesicht in ihre Hände. »Nein, deswegen nicht. Ich habe Manfred Sallinger getroffen. Erinnerst du dich an ihn? Wir haben zusammen studiert. Er ist Internist in der Uni-Klinik.«

»Ach, ja?« Simon zuckte zusammen. »Das wußte ich nicht. Ist er schon lange dort?«

»Ich weiß nicht! Ein Jahr oder zwei. Jedenfalls arbeitet er mit Dr. Becker eng zusammen. Sagt dir der Name etwas?«

Simons Augen verdunkelten sich, dann senkte er die Lider, um Lisas Blick nicht mehr ertragen zu müssen. Ein verzweifeltes Schluchzen kam tief aus seiner Brust. »Ich wollte nicht, daß du…« Hilflos brach er ab. Sein Kopf sank nach vorn.

Liebe und Mitleid durchfluteten sie. »Aber Liebster!« flüsterte sie. »Warum hast du kein Vertrauen zu mir? Es wäre besser gewesen, ich hätte die Wahrheit von dir selbst gehört.«

Simon schluchzte immer heftiger. Es war das erste Mal, daß Lisa ihn in einer solchen Verfassung sah. Sie nahm ihn in die Arme und hielt ihn ganz fest. Es war jetzt nicht der Augenblick, ihm Vorwürfe zu machen. Er mußte genug darunter gelitten haben, die bitteren Tatsachen für sich zu behalten.

Sie schwiegen noch lange, nachdem sich Simon wieder beruhigt hatte. Er versuchte ein zaghaftes Lächeln, doch es geriet ihm zur Grimasse.

Lisa stand auf. Sie zog Simon hoch, dann gingen sie Arm in Arm auf die Terrasse hinaus. Sie nahmen auf der gepolsterten Holzbank Platz. Die Frau ließ den Arm des geliebten Mannes nicht los. »Erlaubst du mir, daß ich die Krankenakte einsehe?« erkundigte sie sich nach langem Schweigen leise.

»Ich weiß nicht…«

»Bitte!«

»Ich bin nicht bereit, mich irgendwelchen medizinischen Maßnahmen zu unterziehen. Stefan weiß Bescheid. Er ist der einzige, der…«

»Gut, dann werde ich zunächst mit ihm reden. Du brauchst keine Angst zu haben, daß ich dich zu etwas überrede, was du nicht willst. Das verspreche ich dir. Aber ich möchte über alles informiert sein. Damit ich weiß, was auf uns zukommt. Damit wir uns gemeinsam darauf einstellen können.«

»Es wird ein Abschied für immer sein, Lisa«, sagte Simon. Seine Tränen waren versiegt. Der bohrende Schmerz in seinem Innern war sanfter geworden. Und dann spürte er, daß die Anspannung von ihm wich: Lisa wußte Bescheid. Endlich war es soweit! Er hatte sich so vor diesem Augenblick gefürchtet, doch nun erlebte er ihn als befreiend. Der Druck ihrer warmen Hand beruhigte ihn. Müde, aber zufrieden lauschte er ihrer vertrauten Stimme.

»Ich weiß. Wir wollen unser Zusammensein ganz bewußt erleben…«

»Haben wir das nicht schon immer getan?«

»Möglich, ja«. Sie wandte ihm das Gesicht zu. Ihre Augen schimmerten feucht.

»Ich wäre so gern mit dir alt geworden.« Ganz tief atmete sie durch. »Laß uns noch ein paar Tage verreisen, solange… solange das Wetter gut ist!«

Er drückte ihre Schultern. »Ich hätte schon Lust dazu, Lisa, aber ich fühle mich im Augenblick nicht besonders gut. Am liebsten möchte ich zu Hause bleiben, sooft wie möglich ruhen, Musik hören, eben das tun, wonach mir gerade der Sinn steht. Außerdem möchte ich noch die Studioaufnahmen in Baden-Baden zu Ende bringen. Ich habe meine Zusage gegeben.«

»Wird das nicht zu anstrengend sein?«

»Vielleicht. Möglicherweise kann ich nicht mehr gut genug spielen…« Er seufzte. »Dieser langsame Abstieg ist so quälend, verstehst du das? Wenn es von einer Sekunde auf die andere zu Ende wäre, würde ich mich ja gar nicht beklagen.«

»Du solltest nicht mehr nach Baden-Baden fahren, wenn du dich zu schwach fühlst.« Lisa stand auf. »Ich habe Hunger, Simon«, erklärte sie mit ganz normaler Simme. »Worauf hast du Appetit?«

»Ich weiß nicht. Auf irgendwas Leichtes. Und auf ein Glas Wein.«

Eine halbe Stunde später aßen sie dünne Kalbsschnitzel mit feinen Gemüsestreifen. Simon täuschte Eßlust vor, doch nach dem dritten Bissen war er schon satt. Dennoch spießte er Möhren- und Fenchelstreifen auf die Gabel und aß weiter.

Aber dann schaffte er die kleine Portion doch nicht, obwohl er Lisa gern eine Freude gemacht hätte.

Schweigend räumte sie ab. Er wollte ihr dabei helfen, doch sie ließ es nicht zu. Langsam sank der Abend nieder. »Wie wär's mit einem kleinen Spaziergang?« erkundigte sich Lisa.

Simon hatte nichts dagegen. Und dann zogen sie los. Unterwegs sprachen sie nur über Alltägliches. Einmal blieb Simon stehen, weil ihm das Luftholen schwerer fiel. Doch diese Schwäche ging rasch wieder vorbei, als sie ihren Weg fortsetzten.

Sabine wußte gar nicht mehr, wie sie die hinter ihr liegenden Stunden durchgehalten hatte. Erik war weggebracht worden. Der Notarzt hatte nur noch seinen Tod feststellen können. Fast gleichzeitig mit dem Rettungsteam war die Polizei erschienen.

Sabine hatte ausgesagt, was sie wußte. Allerdings war sie nicht in der Lage gewesen, von Eriks Anruf zu berichten. Sie erklärte nur, daß sie mit ihm vor einiger Zeit befreundet gewesen wäre, daß er öfter unter Depressionen gelitten und nicht viel Sinn im Leben gesehen hätte. Ihre Anwesenheit an diesem Abend begründete sie damit, daß sie gekommen wäre, um ihm den Schlüssel zurückzugeben.

Die Polizisten glaubten ihr.

Den Brief hatte sie in ihre Handtasche gesteckt. Eriks Vater war benachrichtigt worden. Sabine kannte ihn nicht. Sie reichten sich stumm die Hand, dann verschwand die junge Frau.

Und jetzt lag sie in ihrer kleinen Wohnung angezogen auf dem Bett und versuchte, ihre Panik zu bekämpfen. Sie fühlte sich schuldig, obwohl sie wußte, daß sie ihm nicht hätte helfen können. Das wäre nur einem fachlich qualifizierten Therapeuten gelungen.

Aufschluchzend warf sie sich auf die Seite, um das schreckliche Bild des toten Freundes zu vergessen. Es gelang ihr nicht.

Als das Telefon klingelte, wollte sie nicht rangehen. Doch das Läuten hörte nicht auf. Also meldete sie sich mit zitternder Stimme.

»Sabine!« rief Joachim erleichtert. »Ich fing schon an, mir Sorgen zu machen, denn ich habe heute schon ein paarmal versucht, dich zu erreichen. Wie geht's dir, mein Schatz?«

Es kostete sie fast übermenschliche Anstrengung, jetzt nicht zu weinen. »Es ist etwas Schreckliches passiert«, murmelte sie schließlich so undeutlich, daß Joachim sie sofort unterbrach.

»Sprich lauter!« bat er. »Und beruhige dich!«

»Erik hat sich umgebracht.«

»Wann?«

»Heute.« Jetzt fing Sabine doch an zu weinen. Es war ihr unmöglich, den Sachverhalt wiederzugeben.

»Ich komme zu dir!« entschied Joachim. »Bleib, wo du bist!« Mit diesen Worten legte er auf.

Sie wußte nicht, wo er war. Darum konnte sie auch nicht einschätzen, wie lange es dauern würde, bis er bei ihr sein würde.

Eine halbe Stunde vor Mitternacht klingelte es. Sabine war in einen leichten Schlaf gefallen. Jetzt schreckte sie hoch und stürzte zur Tür. Wenig später lagen sie sich in den Armen. Sie weinte. Joachim schob sie in die Wohnung zurück, streichelte sie und murmelte gerührt ihren Namen.

Endlich konnte Sabine mit stockender Stimme von ihrem Erlebnis berichten. »Und jetzt mache ich mir Vorwürfe. Wäre ich doch nur gleich zu ihm gefahren! Dann würde er jetzt noch leben!«

»Das bezweifle ich.« Joachim schüttelte erregt den Kopf. »Du hast keine Schuld. Du kannst doch nicht einfach von der Arbeit weglaufen. Das hat er doch gewußt. Sein Ultimatum war nichts anderes als eine Erpressung. Er hatte kein Recht dazu.«

»Ich weiß«, stimmte Sabine ihm seufzend zu. »Trotzdem

hätte ich irgendwas tun können. Es ist doch herzlos, einen Menschen einfach so seinem Schicksal zu überlassen.«

Heftig winkte Joachim ab. »Nach allem, was du mir von ihm erzählt hast, war er depressiv. Diese Krankheit kann nur ein Arzt heilen. Und dann auch nur, wenn der Patient es will. Es ist eine sehr komplizierte Sache, Sabine...«

Sie hörte ihm zwar zu, konnte ihm aber nicht zustimmen. Vielleicht hätte es genügt, wenn sie Erik auf später vertröstet hätte, wenn sie ihm versprochen hätte, später bei ihm vorbeizukommen, um ihm eine halbe Stunde zu widmen. Warum nur war sie dazu nicht bereit gewesen? Sie bereute ihr Hartherzigkeit tief.

»Kann ich bei dir schlafen?« fragte Joachim. »Ich habe jetzt keine Lust mehr, nach Garmisch zurückzufahren. Hast du etwas zu trinken im Haus?«

»Ja, natürlich. Entschuldige bitte! Heute bin ich wohl keine aufmerksame Gastgeberin.« Sie erhob sich. Joachim folgte ihr in die Küche. »Möchtest du auch etwas essen?«

»Ja, zwei gebratene Spiegeleier, wenn du hast.«

Er öffnete eine Flasche Bier und goß zwei Gläser voll. Sabine schaute ihm beim Essen zu. Sie selbst konnte keinen Bissen hinunterbekommen. Das schreckliche Bild würde sie in ihrem Leben niemals mehr vergessen!

»Das hat gut geschmeckt«, stellte ihr Freund fest. »Ich muß morgen früh um halb sieben aufstehen.«

»Wann kommst du wieder, Joachim?«

»Ich weiß noch nicht. Erst einmal muß ich nach Nürnberg und nächste Woche für drei Tage in die Schweiz. Die Kundenbetreuung dort klappt überhaupt nicht. Aber ich werde dich von unterwegs aus anrufen.« Er stand auf und trat hinter sie. »Komm, laß uns schlafen gehen!«

Sabine folgte ihm wie eine Schlafwandlerin. Joachim verschwand in der Dusche. Als er zurückkam, war sie schon unter die Decke gekrochen.

Er schlüpfte neben sie und nahm sie in seine Arme, doch Sabine konnte ihre innere Blockierung nicht überwinden.

»Komm, entspann dich!« flüsterte Joachim und streichelte sie verlangend. »Du weißt doch, wie schön die Liebe zwischen uns ist.«

»Ich kann nicht«, erwiderte sie kläglich. »Bitte, versteh mich! Aber ständig sehe ich Eriks Gesicht vor mir... Es war so schrecklich...« Wimmernd drehte sie sich auf die andere Seite.

Joachim wußte nicht so recht, was er tun sollte. Einerseits war er enttäuscht, weil er sie gern auch auf diese Weise getröstet hätte, andererseits wollte er sie natürlich nicht bedrängen.

Gleichzeitig empfand er noch so etwas wie Wut auf den toten Erik. Dieser Mensch hatte zu Lebzeiten nicht verstanden, daß man die Liebe einer Frau nicht erzwingen konnte.

Joachim fielen die Augen zu. Na, dann nicht, dachte er frustriert und drehte sich ebenfalls auf die andere Seite.

Sabine lag neben ihm noch lange wach. Ein paarmal war sie drauf und dran, den Freund wieder zu wecken und sich in seinen Armen auszuweinen, doch dann siegte die Vernunft. Morgen würde für sie beide ein neuer Arbeitstag sein. Es war für sie selbstverständlich, daß sie in der Grünwalder Arztpraxis antreten würde.

Erst gegen Morgen schlief sie ein. Als sie aufstehen mußte, fühlte sie sich krank und ängstlich. Dennoch schob sie die Beine aus dem Bett. Joachim war bereits unter der Dusche. Sie hörte ihn etwas vor sich hinträllern. Irgendwie fand sie seine Fröhlichkeit tröstlich. Er war ein Morgenmensch, während sie um diese frühe Stunde immer noch recht schweigsam war.

»Na, wie hast du geschlafen?« fragte er und drückte ihr einen Kuß auf die Wange. »Ich habe einen Bärenhunger. Jetzt wollen wir erst einmal ordentlich frühstücken.«

»Ich habe kaum ein Auge zugetan«, murmelte Sabine. »Und

Schreckliches geträumt. Ich kann mich aber nicht mehr genau daran erinnern, was es war.«

»Nimm dir die Sache nicht so zu Herzen!« forderte er sie beim Kaffee zum wiederholten Male auf. »Das Leben geht weiter. Und es war einzig und allein seine Entscheidung.«

Sie nickte brav zu Joachims Worten. Er bot an, sie in die Gartenstraße zu fahren, was sie auch dankbar annahm. Unterwegs fühlte sie in ihrer Handtasche Eriks Brief, den sie noch nicht gelesen hatte. Er war immer noch verschlossen.

Sabine fürchtete sich vor dem Inhalt des Schreibens. Sie konnte sich schon denken, was es enthielt. ›Ich kann ohne dich nicht leben‹ – so oder so ähnlich würde es dort heißen. ›Darum ziehe ich es vor zu sterben. Ich hoffe, du hast Verständnis dafür, Sabine.‹

Niemals würde sie für einen solchen Schritt auch nur einen Hauch von Einsicht haben. Es war sehr ungerecht den Lebenden gegenüber, seinen Tod von deren Zuneigung abhängig zu machen. Genau das aber hatte Erik getan. Und sie mußte nun versuchen, mit diesem Schuldgefühl weiterzuleben.

»Haben Sie eine Ahnung, was mit Sabine los ist?« erkundigte sich Stefan Frank nach Beendigung der Vormittagssprechstunde bei Schwester Martha.

»Nein. Sie is' ziemlich verschlossen heute. Leider erjab sich ooch keene Jelegenheit zu einem Jespräch. Det jing ja heute wieder mal rund!«

»Das ist wahr.« Stefan schaute auf die Armbanduhr. In einer halben Stunde mußte er zur Waldner-Klinik fahren. Zwei Entbindungen waren für den Nachmittag vorgesehen. Die Praxis blieb geschlossen. Leider war Sabine gegangen, sonst hätte er jetzt ein Gespräch mit ihr versucht, denn es war wirklich auffallend, wie sehr sie sich von gestern auf heute verändert hatte.

Bleich und hohlwangig sah sie aus. In den traurigen Augen standen oft Tränen. Die Lippen blieben fest zusammengepreßt.

Vielleicht ergab sich morgen eine Gelegenheit, mit ihr zu reden. Martha kam noch mal in sein Zimmer und schwenkte eine Karte. »Von Marie-Luise. Die Kur scheint ihr prächtig zu bekommen.«

Stefan überflog schmunzelnd die wenigen Worte, warf einen Blick auf Kurhaus und Kurpark auf der Vorderseite und reichte die Karte zurück. »Diese Kurorte sehen irgendwie alle gleich aus«, meinte er. »Aber Hauptsache, daß sie dort wirklich wieder zu Kräften kommt.«

»Hoffentlich legt se sich keenen Kurschatten zu«, orakelte Martha Gisecke. »Aber eijentlich is' se nich' der Typ dafür.«

Stefan lachte. Er trank noch einen Kaffee, den Martha ihm ungefragt servierte, dann machte er sich auf in die Waldner-Klinik.

Seine Patientin, die schon in den frühen Morgenstunden gekommen war, spazierte in ihrem Zimmer auf und ab. Stefan untersuchte sie kurz. Der Muttermund war noch nicht genügend geöffnet, aber die werdende Mutter wollte auf keinen Fall wehenfördernde Mittel einnehmen.

Dr. Frank ging kurz bei Ulrich Waldner vorbei. Zum schon lange geplanten Essen im privaten Kreis war es immer noch nicht gekommen. Die beiden Ärzte litten unter chronischem Zeitmangel, Solveig Abel, die Besitzerin des »Wald-Hotels« in Grünwald, konnte sich über mangelnde Arbeit ebenfalls nicht beklagen. Und Ruth Waldner, die Frau des Chefarztes, war selbst auch Ärztin, übte diesen Beruf aber nicht mehr aus. Haushalt und Familie ist ein Vollzeitjob, pflegte sie zu sagen. Und Ulrich wäre nie auf die Idee gekommen, ihr zu widersprechen.

»Was ist mit Doktor Anderson los?« erkundigte sich Ulrich bei Stefan.

»Sie weiß seit kurzem die Wahrheit über Simon.«

»Aha.« Ulrich nickte nachdenklich. »Das dachte ich mir schon. Wann hat er es ihr gesagt?«

»Überhaupt nicht. Sie hat es durch einen dummen Zufall erfahren. Ein Kollege von der Uni-Klinik ist ein alter Bekannter von ihr. Der hat sie dann einfach auf Simons Zustand hin angesprochen, weil er dachte, sie wisse Bescheid.«

»Hast du Thalberg vorgeschlagen, sich mit uns zu unterhalten?«

»Ja, mehrfach. Aber es sieht ganz so aus, als wolle er von diesem Angebot keinen Gebrauch machen. Irgendwo kann ich ihn verstehen. Warum solle er sich die wenigen Tage, die er noch hat, mit Arzt- und Bestrahlungsterminen verderben? Ich weiß nicht, ob ich so handeln würde wie er. Aber ich kann es respektieren.«

»Es bleibt uns auch nichts anderes übrig«, brummte Dr. Waldner. Dann verabschiedete er sich. »Ich habe noch einen Termin im Marien-Hospital. Wir sehen uns später.«

Stefan nutzte die Gelegenheit, im Kasino der Waldner-Klinik eine Kleinigkeit zu essen. Schon beim Eintreten sah er Lisa an einem Tisch sitzen, ganz allein. Sie machte einen abwesenden Eindruck. Selbstverständlich setzte er sich zu ihr.

Erst als er den Stuhl zurückzog, schaute sie auf. »Ach, du bist es, Stefan!«

»Grüß dich, Lisa«, sagte er ruhig. »Ich brauche wohl nicht zu fragen, wie es dir geht?«

»Nein. Das sieht man doch, oder?«

»Lisa, es tut mir so leid...« Er wollte eine Hand auf ihren Arm legen, doch sie zog ihn zurück.

»Warum hast du mir nichts gesagt?«

Stefan Frank seufzte. »Du weißt doch genausogut wie ich, daß ich gegen Simons Willen...«

»Aber wir sind doch nicht nur beruflich verbunden. Ich

dachte, wir wären Freunde.« Sie hatte mit lauter Stimme gesprochen.

»Ich mußte es Simon versprechen. Was hättest du in dieser Situation getan? Und außerdem, was wäre denn heute anders?«

»Ich wäre schon viel früher informiert gewesen. Darauf habe ich doch ein Recht als seine Lebenspartnerin, oder?«

»Selbstverständlich. Simon befürchtete, gegen dich machtlos zu sein. Er ist fest davon überzeugt, daß sein Weg der richtige ist.«

»Und du? Bist du das auch?«

»Das ist eine schwierige Frage, Lisa. Ich muß dir ehrlich sagen, daß ich über den Befund aus der Uni-Klinik ziemlich erschrocken war. Ich hätte nicht gedacht, daß der Krebs schon so weit fortgeschritten ist. Da läßt sich wirklich nicht mehr viel tun. Schrecklicherweise bleibt ein Lungenkarzinom lange unentdeckt. Und wenn es sich meldet, ist es in den meisten Fällen schon zu spät.«

Lisa entgegnete nichts, weil sie mit den Tränen kämpfen mußte. Stefan bemerkte es bei einem raschen Seitenblick. »Es tut mir so schrecklich leid!« bekannte er. »Lisa, du mußt stark sein. Vielleicht geschieht ja noch ein Wunder…«

»Ein Wunder!« Sie unterbrach ihn heftig. Dann schüttelte sie resigniert den Kopf. »Ausgerechnet du sagst das! Du bist doch immer ein Gegner falscher Hoffnungen gewesen! Du hast stets darauf bestanden, der Realität ins Auge zu sehen!« Sie stand auf. »Ich muß auf die Station zurück.«

»Bis bald«, verabschiedete sich Stefan leise und warf ihr einen teilnahmsvollen Blick nach. Dieser jungen tapferen Kollegin gehörte sein ganzes Mitgefühl.

Die wenigen Sachen, die Robin während seines Klinikaufenthaltes gebraucht hatte, waren schon eingepackt. Greta Zander lächelte ihren Freund auffordernd an. »Also, gehen wir! Worauf wartest du noch? Du hast dich schon von allen verabschiedet.«

Eigentlich wollte ich noch…« Er war sehr enttäuscht, weil Lisa nicht gekommen war, um ihm noch einmal alles Gute zu wünschen. Überhaupt hatte sie sich in der letzten Zeit kaum noch bei ihm blicken lassen.

Er lächelte Greta an. »Geh schon vor! Ich komme in wenigen Minuten nach.«

Die rothaarige Frau mit der modernen Pagenfrisur seufzte ein bißchen und verdrehte die Augen. »Gut, wie du willst. Aber bitte, laß mich nicht zu lange warten!«

Robin ging auf die chirurgische Station. Er klopfte an die Tür des Schwesternzimmers. »Grüß Gott, Schwester«, sagte er. »Könnte ich bitte mit Frau Doktor Anderson sprechen? Oder steht sie im OP?« Das wäre für ihn die einzige Erklärung für ihre kränkende Abwesenheit gewesen.

»Doktor Anderson?« wiederholte die Pflegerin. »Die habe ich heute noch gar nicht gesehen. Einen Augenblick mal.« Sie schaute nur kurz auf den Dienstplan. »Sie hat heute frei«, verkündete sie dann.

»Oh, wie schade! Ich wollte mich von ihr verabschieden…« Robin biß sich auf die Unterlippe. Er sah aus wie ein enttäuschtes Kind. »Na, dann geht es eben nicht. Bestellen Sie ihr bitte viele Grüße von mir! Und sagen Sie ihr meinen Dank!«

»Werd' ich gern ausrichten, Herr Gerscheid. Und Ihnen alles Gute!«

Traurig ging Robin die Treppen hinunter. Das fiel ihm zwar bedeutend schwerer, als in den Aufzug zu steigen, doch er wollte noch eine kleine Weile allein sein. Greta redete so viel.

Lisa wußte doch, daß er heute die Klinik verlassen würde. Warum war sie dann nicht wenigstens gestern gekommen, um ihm Lebewohl zu sagen? Er verstand ihre Haltung nicht. Sich einzugestehen, daß sie längst nicht so viel für ihn empfand wie er für sie, tat weh. Aber es ließ sich nicht ändern.

Greta ging nervös im Foyer der Klinik auf und ab. Als sie ihn sah, machte sie ein paar Schritte auf ihn zu. »Da bist du ja endlich!« rief sie erleichtert. »Komm, das Taxi wartet!«

Sie fuhren in seine Wohnung. Greta hatte offensichtlich saubergemacht. Jedenfalls blitzten die Fenster im Wohnraum und in der Küche. Überall waren kleine Blumensträuße verteilt. Auf dem kleinen Couchtisch stand ein Eiskübel mit einer Champagnerflasche, davor zwei hohe Gläser auf einem Silbertablett.

»Danke, Greta, das ist sehr lieb von dir«, murmelte Robin gerührt. Eigentlich wäre er jetzt lieber ein Weilchen allein geblieben, aber er brachte es nicht fertig, sie jetzt fortzuschicken.

»Wie gefällt es dir, wieder zu Hause zu sein?«

Robin sah sich in seinem Appartement um. »Ich wußte gar nicht mehr, daß es hier so gemütlich ist«, meinte er augenzwinkernd. Dann öffnete er die Flasche und schenkte ein. »Du hast doch noch ein bißchen Zeit?« fragte er.

»Den ganzen Tag«, erwiderte sie lachend. Dann schlang sie die Arme um seinen Hals. »Ich bin so glücklich, Robin«, gestand sie.

Er küßte sie rasch auf die Wange, dann drückte er ihr ein Glas in die Hand. »Mußt du nicht ins Institut zurück?«

»Aber nein! Ich habe mir für heute extra freigenommen. Und noch eine Überraschung steht ins Haus. Am kommenden Wochenende startet eine große Party. Wir haben alle zusammengelegt, um deine Rückkehr würdig zu feiern. Alle Kollegen kommen. Auch Studenten sind eingeladen, natürlich nur die aus deinem Seminar.«

»Das ist wirklich nett von euch«, antwortete Robin und hatte große Mühe, einen Seufzer zu unterdrücken. Ihm stand jetzt nicht der Sinn nach lauten Festen, aber auch in diesen sauren Apfel würde er wohl beißen müssen. »Aber du hast die Party doch hoffentlich nicht bei mir geplant? Die Wohnung ist viel zu klein…«

»Wir feiern im Garten meiner Eltern. Laut Wetterbericht soll das sommerliche Wetter anhalten. Und dort haben wir Platz genug für alle.«

Robin fühlte sich unbehaglich. »Und was sagen deine Eltern dazu?«

»Die sind gar nicht da. Mama und Papa kuren in Meran. Aber ich habe selbstverständlich telefonisch ihre Erlaubnis eingeholt. Sie lassen dich übrigens herzlich grüßen und freuen sich schon auf ein Wiedersehen.«

Greta schien wirklich alles fest im Griff zu haben. Er staunte über ihre Aktivitäten, die er allerdings auch zum Teil als unangenehm empfand.

Sie machte auch keine Anstalten, ihn allein zu lassen. So zog er sich am frühen Nachmittag erst einmal ins Schlafzimmer zurück. Er schützte Kopfschmerzen und Müdigkeit vor.

»Ruh dich ein bißchen aus!« bat Greta. »Ich kaufe in der Zwischenzeit ein paar Sachen fürs Abendbrot ein. Ich habe mir schon ein kleines Willkommensmenü überlegt.«

»Das ist sehr lieb«, antwortete Robin. »Aber eigentlich ist es nicht nötig, wir können doch einfach ein paar Brote essen.«

»Aber es macht mir Freude, für dich etwas zu kochen.« Sie lächelte jetzt ganz reizend. »Du weißt doch, Liebe geht durch den Magen.«

»Also gut.« Er gab sich geschlagen. »Ich lasse dir vollkommen freie Hand.«

Als er auf dem Bett lag, die verschränkten Arme unter dem Kopf, bemühte er sich, nicht an Lisa zu denken. Aber das war natürlich nicht möglich.

Daß sie den anderen nicht verließ, sondern mit Simon leben wollte, zumal sie auch noch ein Kind von ihm bekam, fand Robin eigentlich ganz normal. Aber ihre Zurückhaltung begriff er nicht. Sie hätten doch trotzdem befreundet bleiben können. Ihre Art, ihm aus dem Weg zu gehen, hatte für ihn etwas sehr Verletzendes.

Der Abend mit Greta verlief dann doch noch ganz angenehm. Er begann, sich in ihrer Gesellschaft wohl zu fühlen. Es gab ja auch viel Gemeinsamkeiten zwischen ihnen, allen voran der Beruf.

Sie blieb in dieser Nacht bei ihm. Robin stand nicht der Sinn nach Zärtlichkeiten. Darum schlief er auch sofort ein, als er im Bett lag.

Greta streckte sich neben ihm aus. Sie war nicht enttäuscht über sein Desinteresse, sondern klug genug, um ihm genügend Zeit zu lassen. Sie freute sich von ganzem Herzen, daß sie sich wieder versöhnt hatten.

Robin paßte gut zu ihr, das fanden auch ihre Eltern. Und sie hoffte sehr, daß er bald Professor sein würde. An welchen Lehrstuhl in Deutschland man ihn auch rufen würde – sie würde ihm folgen.

Irgendwann in der Nacht wachten beide gleichzeitig auf. Sie streichelte ihn sanft, noch halb im Schlaf. Und dann holten sie das Versäumte nach. Robin empfand zwar keine Leidenschaft für die Frau an seiner Seite, aber er fühlte sich trotzdem wohl mit ihr. Mehr erwartete er auch gar nicht.

Simon Thalberg bestand darauf, nach Baden-Baden zu fahren – allein, denn Lisa konnte ihn nicht begleiten. Sie wurde in der Waldner-Klinik dringend gebraucht.

Der Pianist nahm den Zug. Er fürchtete sich, die nächsten Tage auf sich allein gestellt zu sein. Mit jedem Kilometer, den er sich weiter von München entfernte, vergrößerte sich seine Panik. Er mußte sich gut zureden, an der nächsten Haltestelle nicht auszusteigen und wieder zurückzufahren. Simon kam sich vor wie ein in die Welt hineingeworfener Säugling, der ohne Schutz verloren war.

Er stieg im Hotel Exquisit ab. Man begrüßte ihn an der Rezeption zuvorkommend, denn er hatte schon mehrfach hier gewohnt. Es tat ihm gut, in diesem Haus wenigstens bekannt zu sein. Das milderte seine Furcht ein wenig.

Sogleich rief er in München an. Lisa war noch in der Klinik. Es dauerte eine Weile, bis man sie ausfindig gemacht hatte. »Ich bin angelangt«, sagte er fast triumphierend.

»Wie war die Fahrt?«

»Ganz gut. Aber jetzt bin ich froh, daß ich sie hinter mir habe. Die Luft im Zug war so schlecht.«

Es kam in der letzten Zeit häufig vor, daß er mit angeblich schlechter Luft zu kämpfen hatte. Darum mied er geschlossene Räume wie Bibliotheken, Kaufhäuser oder Restaurants, in denen geraucht wurde. Vielleicht handelte es sich auch nur um ein psychisches Problem, daß er sich im Freien wohler fühlte.

»Lisa, du fehlst mir«, setzte er hinzu, ohne von ihr eine Antwort abzuwarten. »Wenn du es am Wochenende einrichten kannst herzukommen, würde ich mich sehr freuen.«

»Ich habe schon mit dem Kollegen Stein über einen Diensttausch gesprochen. Sehr begeistert ist er nicht gerade. Seine Frau und seine beiden Kinder hätten ihn schon seit langem am Wochenende nicht mehr zu Hause gehabt. Ich gelte hier eben als Junggesellin, die auf die Familie keine Rücksicht zu nehmen braucht.«

»Versuch es trotzdem, Liebling!« bat Simon mit weicher Stimme. »Ich hätte dich gern für ein paar Tage hier bei mir. Die Proben werden bis Mitte nächster Woche dauern. Mit Baden-Baden sind doch auch schöne Erinnerungen für uns verbunden.«

»Das weiß ich«, flüsterte sie mit erstickter Stimme. »Ich muß jetzt Schluß machen, Simon. Sobald ich Bescheid weiß, rufe ich dich wieder an. Spätestens heute abend von zu Hause aus. Und melde dich sofort, wenn's dir schlecht geht!«

Simon legte auf. Er fühlte sich ein wenig besser und trat ans Fenster, um es weit zu öffnen. Es hatte geregnet, doch trotzdem war die Luft nicht frischer geworden. Für seinen Geschmack hätte es ruhig etwas kühler sein können. Diese Witterung wäre auch seiner kranken Lunge besser bekommen.

Er legte sich eine Weile hin, nachdem er sich alle vorhandenen Kissen in den Rücken gestopft hatte. Neben sich auf dem breiten Doppelbett lagen die Zeitschriften, die er am Bahnhof gekauft hatte. Er griff nach der obersten. Nach einer Weile ließ er das Heft sinken. Es war eine Zeitschrift für reisefreudige Menschen. Seltene Urlaubsziele wurden vorgestellt.

Wozu sollte er sich das anschauen? Er würde doch niemals mehr Gelegenheit haben, in entlegene Winkel dieser Erde zu reisen. Wehmut überfiel ihn und eine Bitterkeit, die im Hals brannte.

Er versuchte, sich seine Lunge vorzustellen, dieses Organ, dem er erst seit den letzten Monaten eine gewisse Aufmerksamkeit schenkte. Natürlich wußte er, wie die beiden Lungenlappen aussahen. Das Organ war porös, bestand aus vielen winzigen Bläschen, die alle miteinander verbunden waren.

Bis vor kurzem hatte er sich nie für seine Lunge interessiert. Nur manchmal beim Laufen war er ziemlich kurzatmig gewesen, auch eine Folge des Rauchens, wie ihm sein Arzt und Freund Stefan Frank erklärt hatte.

Und nun hing von diesem Organ sein Leben ab! Es konnte immer weniger seine Funktion erfüllen. Irgendwann würde es nicht mehr genug Sauerstoff aufnehmen können.

Simon legte seine Hände gespreizt auf den Brustkorb, doch er ertastete nur die hervorstehenden Rippen.

Wieviel Zeit blieb ihm noch? Würde er Weihnachten noch erleben? Oder vielleicht sogar die Geburt seines Kindes? Urplötzlich überkam ihn ein schwerer Hustenanfall. Mittlerweile hatte er sich an das Blut gewöhnt, das er bei solchen Gelegenheiten spuckte. Er fragte sich, wie er während der Proben mit solchen Problemen umgehen sollte. Sollte er vorher mit dem Aufnahmeleiter reden?

Als er sich etwas besserfühlte, legte er sich wieder hin. Das Reiseheft schob er beiseite und griff dafür nach einem politischen Magazin, doch auch dessen Inhalt interessierte ihn nicht sonderlich.

War er schon dabei, von allem Abschied zu nehmen?

»Wenn Sie mit Ihrer Arbeit fertig sind, würde ich Sie gern einen Augenblick sprechen, Sabine«, sagte Dr. Frank freundlich zu seiner Helferin.

Sabine erschrak. Sie überlegte, was sie falsch gemacht haben könnte, denn es war ihr eigentlich vollkommen klar, daß nur ein Tadel sie erwartete. Mit weichen Knien ging sie zu Dr. Frank hinein.

»Setzen Sie sich!« bat Stefan freundlich und wies auf den Sessel vor seinem Schreibtisch. »Es geht Ihnen nicht gut, nicht wahr? Man sieht Ihnen schon von weitem an, daß Sie Probleme haben. Ich wollte Sie fragen, ob ich Ihnen helfen kann.«

Die junge Frau fuhr sich mit der Zungenspitze über die trockenen Lippen. Sie war blaß und sah ständig verweint aus, obwohl sie versuchte, mit Make-up ihre Haut ein wenig aufzufrischen.

»Es tut mir leid, daß sie Anlaß zur Klage haben…«

»So war das gar nicht gemeint, Sabine. Sie tun ja ordentlich Ihre Arbeit, soweit ich das beurteilen kann. Auch Schwester Martha hat sich nicht über Sie beschwert. Allerdings sieht sie auch, daß mit Ihnen etwas nicht stimmt. Die Patienten haben mich schon auf Ihr schlechtes Aussehen hin angesprochen. Wenn es also so vielen Leuten auffällt, daß Sie traurig und bekümmert wirken, dann muß an dieser Behauptung doch was dran sein. Finden Sie nicht?«

Sabine hob leicht die Schultern. »Körperlich fehlt mir nichts. Ich bin nur sehr schockiert über den Tod eines Freundes.«

»Ach, so ist das! Nun, das kann ich gut verstehen. Er war gewiß noch jung...«

»Sechsundzwanzig Jahre alt«, fiel sie ihm mit tonloser Stimme ins Wort. »Er hatte noch das ganze Leben vor sich.«

»Das tut mir sehr leid«, murmelte der Grünwalder Arzt. »War es ein Unfall? Oder eine Krankheit?«

Sabine senkte den Kopf. Sie betrachtete ihre Fingernägel. Wie gern hätte sie über Eriks Ende gesprochen. Aber sie fürchtete, vor ihrem Chef in Tränen auszubrechen, wenn sie wieder all das Revue passieren ließ, was sie vergeblich zu vergessen versuchte.

»Ich sehe jedenfalls, daß Ihnen sein Tod sehr nahegeht.«

»Er... er ist freiwillig aus dem Leben gegangen. Er hat sich umgebracht. Erhängt. Und ich habe ihn gefunden.«

»Ach, du lieber Gott, wie furchtbar!« brach es aus Dr. Frank heraus. »Das ist ja entsetzlich! Warum, um Himmels willen...«

»Ich weiß es nicht«, sagte sie, nur noch mühsam beherrscht. »Vielleicht bin ich an seinem Tod mitschuldig.«

»Aber wie kommen Sie denn darauf?«

»Weil er mir angedroht hat, sich umzubringen, wenn ich nicht sofort zu ihm käme.«

Eine Weile war es ganz still in Dr. Franks Ordinationszimmer.

»Das ist eine Form von Erpressung«, stellte Stefan schließlich mit betonter Sachlichkeit fest. »Ich nehme an, Sie hatten gute Gründe, nicht hinzugehen.«

»Ja, vielleicht. Ich war noch hier in der Praxis. Es war gerade ein Notfall eingeliefert worden. Das kleine Mädchen mit dem Bronchospasmus...«

»Ich erinnere mich«, rief Stefan leise. »Ja, eigentlich hatten Sie schon Feierabend.«

»Der Anruf kam wenige Augenblicke, bevor…« Sabine schluchzte auf. Sie preßte die Handflächen auf die geschlossenen Lider, um die Tränen zurückzuhalten.

Stefan stand auf und kam um den Schreibtisch herum. Er setzte sich auf die Vorderkante und nahm Sabines Hände in die seinen. »Und jetzt leiden Sie ganz schrecklich unter Schuldgefühlen, nicht wahr?«

»Ja, so ist es.« Ihr Gesicht verzog sich. Sie wollte sich immer noch beherrschen, aber es ging nicht mehr. Schleusen brachen, und ein Tränenstrom ergoß sich aus ihren dunkel umrandeten Augen.

Stefan ließ sie weinen. Er ging kurz zu Martha hinüber und fragte, ob sie so freundlich wäre, einen frischen Kaffee für alle zu machen. Durch die offenstehende Tür hörte die langjährige Helferin des Arztes, wie schlecht es der jungen Kollegin ging. Sofort setzte sie die Kaffeemaschine in Gang.

Stefan war inzwischen wieder zu Sabine zurückgekehrt. Er reichte ihr mehrere Papiertücher und ließ sie erst einmal in Ruhe.

Ganz langsam wurden die Schluchzer leiser. »Entschuldigen Sie, Doktor…«

»Es gibt gar nichts zu entschuldigen, Sabine«, korrigierte Stefan sie freundlich. »Wenn ich geahnt hätte, wie schwer das Problem ist, das Sie da mit sich herumschleppen, hätte ich Sie schon viel früher angesprochen. Ich dachte, es wäre Liebeskummer. Und ich wollte nicht indiskret sein. Bitte, geben Sie die fixe Idee auf, daß Sie für seinen Tod verantwortlich sind! Sie sind es nicht! Und wenn Sie mit dieser Sache nicht fertig werden, sollten Sie sich unbedingt therapeutisch beraten lassen.«

Martha Giesecke brachte den Kaffee. Dann zog sie sich

gleich wieder zurück, nachdem Sie mit Stefan einen einvernehmlichen Blick getauscht hatte.

»Ich kenne einen Psychotherapeuten, Dr. Martin Gellert heißt er. Sie sollten ihn anrufen. Ich glaube, er kann Ihnen helfen, von Ihren Schuldgefühlen wegzukommen. Es sieht so aus, als wenn Sie das allein nicht schaffen, Sabine. Aber jetzt trinken Sie erst mal Ihren Kaffee!«

Sie gehorchte wie eine Marionette. Dankbar nahm sie den Zettel entgegen, auf dem Dr. Frank Name und Telefonnummer des Arztes notiert hatte.

»Sie hatten Streit, nehme ich an?«

»Wir waren längst getrennt«, erwiderte Sabine mit belegter Stimme. »Aber er wollte das einfach nicht wahrhaben. Er hat das ignoriert und immer so getan als gäbe es für uns noch eine Zukunft. Hundertmal hab' ich ihm gesagt, daß ich ganz anders denke. Er... er hörte gar nicht hin.«

»Dann war der letzte Anruf auch kein Versuch von ihm, Sie zurückzuholen, Sabine. Er wollte Ihnen einen schrecklichen Denkzettel verpassen – sogar unter Aufgabe seines Lebens.«

Sie trank in kleinen Schlückchen ihren Kaffee. »Vielleicht. Er war schon immer depressiv. Nichts machte ihm Freude. Und Fröhlichkeit war für ihn etwas Anstößiges. Aber ich kann das Bild einfach nicht vergessen, als ich in seine Wohnung kam und er...«

Die Tasse in ihrer Hand zitterte bedenklich. »Er hing in der Dusche...« Die Stimme wollte ihr versagen. Ein trockenes Aufschluchzen entrang sich ihrer Brust, doch dann sprach sie plötzlich ruhig weiter: »Ich habe noch nie einen Selbstmörder gesehen, Doktor. Sein Gesicht... es war gar nicht zu erkennen.«

»Sie müssen noch sehr viel über dieses Erlebnis sprechen, Sabine«, erkannte der Grünwalder Arzt. »Wenn Sie versuchen, es einfach zu vergessen, werden Sie niemals damit fertig. Verdrängtes meldet sich immer wieder zu Wort, als Traum, als Neurose, als Zwangshandlung. Sie müssen seelisch wieder gesund werden.«

»Er... er hat mir einen Brief hinterlassen.« Nervös rieb sie sich über die Augen.

»In dem er Sie für seinen Tod verantwortlich macht?« forschte Stefan.

»Ich weiß es nicht, Doktor Frank. Ich habe bis heute nicht den Mut gefunden, den Brief zu lesen. Ich fürchte mich so sehr davor.«

»Wo ist er? Haben Sie ihn hier?«

»In meiner Handtasche. Ich trage ihn immer mit mir herum. Verschlossen...«

»Wenn Sie wollen, lesen wir ihn zusammen, Sabine«, bot Stefan an. »Sie lesen ihn laut vor. Und ich halte Ihre Hand.«

Dieser Vorschlag gefiel ihr. Ja, das wäre eine Möglichkeit, endlich diesen Umschlag aufzureißen, Eriks letzte Worte zu lesen, sich damit auseinanderzusetzen.

Sie ging nach nebenan, um den Brief zu holen. Stefan hatte in der Zwischenzeit seinen Stuhl neben den ihren gestellt. Er lächelte ihr beim Eintreten aufmunternd zu und reichte ihr einen Brieföffner.

Wenige Augenblicke später entfaltete Sabine das Blatt. Sie strich es glatt und las die kurzen Sätze vor, die Erik auf dem Papier hinterlassen hatte. *»Du hättest mich retten können, Sabine. Du hast es nicht getan. Das Leben ist für mich ohne Sinn. Ich hoffe, Du wirst eines Tages verstehen, was Du mir angetan hast. Werde so glücklich, wie Du kannst! Und vergiß mich nicht, denn ich werde dich lieben, auch über den Tod hinaus. Dein treuer Erik.«*

Stefan stieß zischend die Luft aus. »Ziemlich starker Tobak«, stellte er fest. »Nach dem, was Sie mir erzählt haben, konnte ich mir das schon denken. Ihr Freund war seelisch krank, Sabine. Das müssen Sie endlich begreifen.«

Lisa hatte es tatsächlich geschafft, den Dienst mit Dr. Stein zu tauschen. Sie fuhr mit dem Auto nach Baden-Baden, weil sie keine Lust hatte, den Zug zu nehmen. Außerdem konnten sie dann ganz unabhängig von öffentlichen Verkehrsmitteln die Gegend erkunden.

Simon wartete im Hotelzimmer auf sie. Als sie eintrat, sprang er vom Bett auf und kam ihr so schnell entgegen, daß er fast gestrauchelt wäre. Ein starker Hustenanfall war die Folge.

Lisa hielt den geliebten Mann fest. Endlich wurde es besser. »So hatte ich mir die Begrüßung eigentlich nicht vorgestellt«, ächzte er, immer noch mühsam nach Luft ringend. »Ich glaube, es geht jetzt wirklich ziemlich steil bergab mit mir.«

Sie drückte ihn an sich. »Wie war's im Studio?«

»Bis jetzt noch ganz gut. Aber ich fürchte, daß mich auch dort bald dieser verdammte Husten überfällt. Ich glaube, ich spiele nicht sehr gut. Wir müssen viele Passagen wiederholen.«

»Warum hast du die Sache nicht ganz abgesagt?«

Er lächelte schief. »Ich will der Nachwelt doch noch etwas von mir hinterlassen.«

»Aber es gibt doch schon eine Menge guter Aufnahmen von dem Pianisten Simon Thalberg.«

Er ersparte sich eine Antwort und drückte die geliebte Frau nur stumm an sich. »Wollen wir auf dem Zimmer essen oder möchtest du ausgehen?« erkundigte er sich schließlich.

»Wir essen hier«, entschied Lisa, weil sie wußte, daß dies auch Simons Wunsch war, selbst wenn er ihr die Wahl überließ.

»War die Fahrt anstrengend?«

»Überhaupt nicht.«

»Wie geht's dem Baby?«

Ein Leuchten überzog ihr Gesicht. »Ich hoffe, gut. Bis jetzt hat es sich noch nicht gemeldet. Aber das dauert wohl auch noch ein Weilchen.« Sie ließ sich in einen Sessel fallen. »Stefan hat übrigens gefragt, wann wir uns treffen. Ihm wäre es am liebsten, wenn wir uns gleich nach deiner Rückkehr aus Baden-Baden sehen. Im August fährt er zwei Wochen in Urlaub.«

»Sag ihm, daß wir kommen.« Simon seufzte schwer. »Es ist nicht leicht, sich von allen Freunden zu verabschieden. Ich hasse Abschiede.«

Sie senkte den Blick und wischte sich verstohlen über die Augen. Seit sie wußte, daß Simon nicht mehr lange zu leben hatte, war eine Veränderung in ihrer Beziehung eingetreten. Vieles, was ihr früher wichtig gewesen war, ließ sie heute gleichgültig. Es zählten nur noch einzelne Momente, die an sich vollkommen belanglos waren. Ein Blick, ein verstehendes Lächeln, eine leise Berührung. All das verband viel mehr als tausend Worte und großartige gemeinsame Unternehmungen.

»Ich möchte, daß wir bald heiraten, Simon«, erklärte sie ihm zum wiederholten Mal.

»Wenn ich wieder in München bin, bestellen wir sofort das Aufgebot«, versprach er.

Lisa schaute aus dem Fenster, um den schönen Blick über die Stadt zu genießen. Es fiel ihr manchmal sehr schwer, an Simons baldiges Ende zu glauben. In ihr entstand neues Leben – und ihm ging es jeden Tag schlechter. Sie merkte sehr wohl, daß sein Ruhebedürfnis immer häufiger auftrat, daß er sich zu Hause oft unter einem Vorwand in sein Zimmer zurückzog, nur weil er nicht wollte, daß sie sein Leiden mit ansah. Dabei wußte sie auch so, wie sehr er litt. Gern hätte sie auch die Verzweiflung mit ihm geteilt, aber er ließ sie daran nicht teilhaben. Er wollte sie schonen, sie und das Kind.

Nach einer Weile ging sie zum Telefon und ließ sich die Gerichte durchgeben, die heute auf der Karte standen. Da sie wußte, was Simon in seinem Zustand am liebsten aß, bestellte sie, ohne Rücksprache mit ihm zu nehmen.

Als sie sich umwandte, war das Zimmer leer. Simon war unbemerkt hinausgegangen. Lisa bekam einen Schreck, doch dann hörte sie nebenan die Dusche rauschen. Aufatmend ließ sie sich in einen Sessel fallen und angelte sich eine Zeitschrift. Es handelte sich um ein Reisejournal.

Lisa blätterte die Seiten langsam um. Die wundervollen Aufnahmen weckten Wehmut und Fernweh in ihr. Alle Ziele dieser Welt würde sie in Zukunft nur noch ohne Simon erreichen können.

Plötzlich spürte sie seine Hand auf ihrer Schulter. »Willst du verreisen?« fragte er.

»Nein. Vorerst nicht. Ich fühle mich zu Hause am wohlsten. Weil du dort bist.«

Der Druck seiner Hände verstärkte sich. »Ich liebe dich, Lisa«, sagte er. »Wirst du dich immer daran erinnern?«

Sie legte das Gesicht nach hinten. Nun konnten sie sich in die Augen schauen. »Mein ganzes Leben lang«, antwortete sie leise.

Die Party in Gretas Elternhaus war in vollem Gange. Robin wußte nicht, wie viele Hände er geschüttelt, wie viele alte Bekannte er begrüßt hatte. Und es kamen immer noch neue Gäste.

Als er irgendwann Greta in einer schwatzenden Gruppe wahrnahm, trat er rasch hinter sie und tippte ihr leicht auf die Schulter.

»Sag mal, wieviel Leute kommen denn noch?«

Sie wandte sich um. Ihr Gesicht war leicht gerötet. Die Augen leuchteten. Greta befand sich in ihrem Element. »Keine Ahnung«, erwiderte sie. »Ich habe vielen gesagt, sie könnten auch noch Freunde mitbringen. Aber so etwa hundert Personen erwarte ich.«

Robin wurde ganz schwindelig. »Hundert…«

»Sie alle feiern deine Genesung. Daß du diesen Unfall so gut überstanden hast, ist wirklich ein Wunder, Robin.«

»Nein«, antwortete er etwas unwirsch. »Das ist kein Wunder. Ich bin an kompetente Ärzte geraten. Das ist alles.«

»So was ist ein Wunder heutzutage«, mischte sich jetzt ein Kollege vom Institut ein, der den Wortwechsel mitbekommen hatte. »Mir ist es leider nicht so gut ergangen wie dir. Ich bin an einen echten Kurpfuscher geraten. Zweimal hat man mich an der Bandscheibe operiert. Aber meine Beschwerden bin ich immer noch nicht los.«

Glücklicherweise kamen gerade zwei alte Freunde von Robin auf den Geplagten zu, so daß er sich nicht länger die Krankengeschichte des anderen anhören mußte.

Es wurde eine lange Nacht. Die letzten Gäste verließen erst im Morgengrauen das Fest. Robin hatte nicht so lange ausgehalten. Gegen zwei Uhr war er in einem der Gästezimmer verschwunden und sofort tief eingeschlafen.

Als er am nächsten Tag erwachte, stand die Sonne schon hoch am Himmel. Greta saß auf der Bettkante und strich ihm über das Gesicht. »Guten Mittag!« lachte sie, als er endlich die Augen aufschlug.

Sie sah frisch aus, wie aus dem Ei gepellt. Nichts wies darauf hin, daß sie eine Nacht durchgemacht und viel zuwenig Schlaf bekommen hatte. Robin schaute sie an und rätselte, wie sie das machte. »Bist du überhaupt nicht müde gewesen?«

»Nein.« Sie lachte verschmitzt. »Wenn man so verliebt ist wie ich, braucht man nicht viel Schlaf und Ruhe. Ich freue mich, daß du da bist, Robin, daß es dich gibt…«

Überschwengliche Sätze ergossen sich wie aus einem Füllhorn über ihn, dabei war er noch gar nicht aufnahmefähig. Sein Schädel brummte.

»Möchtest du jetzt dein Frühstück? Es ist alles vorbereitet.«

»Kaffee, hm, das wär toll.« Er richtete sich auf.

Greta verschwand. Wenig später war sie mit einem beladenen Tablett wieder da, das sie vor ihm auf die Bettdecke stellte. Sie goß die Tasse voll und fügte heiße Milch hinzu, weil sie wußte, daß er so seinen Kaffee am liebsten mochte.

Robin bestrich sich eine Semmel mit Butter und legte eine feine Scheibe Parmaschinken darauf. Als er gerade hineinbeißen wollte, hielt er mitten in der Bewegung inne, denn in dieser Sekunde fiel ihm ein, daß er von Lisa geträumt hatte.

Die Welt verdunkelte sich. Und wieder mußte er zur Kenntnis nehmen, daß er die Frau, der sein ganzes Herz gehörte, niemals wiedersehen würde.

Greta schaute ihm lächelnd beim Essen zu. Und dann rückte sie mit ihrem Vorschlag heraus, der ihr schon die ganze Zeit auf der Zunge brannte. »Robin, ich möchte, daß wir in diesem Jahr heiraten. Wärst du damit einverstanden?«

Er starrte sie an und war sich nicht bewußt, daß er in diesem Moment wenig geistreich aussah. Dann verschluckte er sich an seiner Semmel, und es dauerte lange, bis seine Atmungsorgane zur Ruhe kamen. »Aber ja«, erwiderte er dann erstickt. »Warum sollte ich damit nicht einverstanden sein?«

Sie strahlte noch mehr. »Dann sind wir also jetzt verlobt«, erklärte sie mit selig verdrehten Augen und gab ihm einen Kuß auf jede Wange.

Stefan Frank sah mit Besorgnis, daß sich der Zustand seines Freundes rapide verschlechterte. Es ging rascher, als alle erwartet hatten. Simon klagte über immer stärker werdende Schmerzen. Stefan Frank verabreichte ihm Morphium, um den Zustand für den Kranken erträglich zu machen.

Lisa wußte nicht mehr ein noch aus. In der Klinik war ihr ganzer Einsatz gefordert. Das Kind dehnte sich mehr und mehr in ihr aus, und Simon bedurfte stärker denn je ihrer Hilfe. Aber diese konnte sie nicht mehr allein leisten, ohne selbst Schaden an ihrer Gesundheit zu nehmen.

Darum wurde eine Privatpflegerin eingestellt, eine sehr

kompetente und resolute Frau in den Fünzigern, die den krebskranken Patienten mit erfreulicher Normalität behandelte, ohne daß sie seinen Zustand bagatellisierte.

Anfangs hatte Simon diese rundliche Person namens Berta Wagner abgelehnt. Aber sehr rasch erkannte er, daß sie ein wahres Goldstück war.

Ursprünglich hatte sie Medizin studiert, war aber dann auf regelmäßige Geldeinnahmen angewiesen gewesen, weil sie ein Kind erwartet hatte. Ein Kind, zu dem sich der Vater nicht hatte bekennen wollen.

Berta hatte sich zur Krankenpflegerin ausbilden lassen und bot ihre Dienste privat an, weil sie dann besser ihre Zeit einteilen konnte. Allein hatte sie das Kind großgezogen, einen wohlgeratenen Jungen, der mit vierundzwanzig Jahren an Leukämie gestorben war.

Nach und nach erfuhr Simon die ganze Lebensgeschichte von ihr, die er sich dann wie ein Puzzle zusammensetzen konnte.

Berta war ein fröhlicher Mensch. Nur, wenn sie von ihrem Sohn und von Gott sprach, verdunkelte sich ihr Blick. Den ersten vermißte sie immer noch schmerzlich. Dem zweiten verzieh sie nicht, daß er ihr den Jungen genommen hatte.

Simon mochte sie. Sie war die einzige Person in seinem Leben, mit der er sich offen und ungeniert über den Tod unterhalten konnte.

Berta hatte viele Bücher gelesen, die sich mit der Todeserfahrung befaßten, einem möglichen Leben danach, der Wiedergeburt und der Auferstehung. Aber nichts befriedigte sie wirklich. »Sterben ist genauso ein Abenteuer wie das Leben«, sagte sie.

Simon lag im Bett. Er fühlte sich heute viel zu schwach zum Aufstehen. Das Luftholen fiel ihm schwer. Eigentlich konnte er nur noch aufrecht im Bett sitzen. Gegen halb neun würde

Stefan kommen, wie jeden Morgen, um die tägliche Spritze zu verabreichen. Seit einiger Zeit war ein zweiter Besuch in den späten Nachmittagsstunden erforderlich geworden. Und vielleicht würde Stefan bald auch noch ein drittes Mal kommen müssen.

Berta saß schweigend an seinem Bett und strickte in Windeseile.

»Dieser Pullover ist nicht für mich, hoffe ich«, versuchte Simon zu scherzen. »Ich fürchte, ich werde diese Welt verlassen, bevor er fertig ist.«

Die Pflegerin legte das Stickzeug sofort zur Seite. Sie widersprach nicht. »Sie gehen uns nur voraus, Herr Thalberg. Wir folgen Ihnen früher oder später, wir alle.«

Es tat ihm gut, daß er mit ihr über alles sprechen konnte, was ihn jetzt noch bewegte. Der Gedanke an den Tod hatte fast nichts Beängstigendes mehr für ihn. Nur wenn er an Lisa dachte, wurde ihm die Brust noch ein wenig enger. Aber sie würde es schaffen. Sie war immer eine selbständige Frau gewesen.

Dr. Frank kam fünf Minuten früher als erwartet. Er injizierte das schmerzstillende Medikament und versuchte, sein Erschrecken über Simons Aussehen zu verbergen. Der Verfall des Freundes schritt immer rapider voran. Simon war sehr abgemagert. Er konnte kaum noch Nahrung zu sich nehmen.

Eine Woche später kam es zu einem Pleuraerguß, der in der Waldner-Klinik punktiert werden mußte. Simon war nun schon sehr schwach, doch er bestand darauf, wieder nach Hause gebracht zu werden.

Lisa wußte, daß es sein größter Wunsch war, zu Hause zu sterben. Und sie tat ihm diesen Gefallen. Sie war hin- und hergerissen zwischen Schmerz und Hoffnung, dem Schmerz über den bevorstehenden Verlust des geliebten Menschen und der Hoffnung auf die Zukunft mit ihrem Kind. Sie bemühte sich, so gut sie konnte, mit dieser schwierigen Situation fertig zu werden.

Einige Tage später kam eine fibröse Karditis hinzu. Der Tumor war offensichtlich entlang der Gefäße zum Herzbeutel weitergewachsen, der linke Vorhof schien befallen.

Der Organismus, geschwächt durch die schwere Krankheit, versagte am neunundzwanzigsten September endgültig seine Funktion. Simon Thalberg starb friedlich, gehalten, von seinem Freund und seiner Gefährtin.

Dr. Frank betrat an diesem regnerischen Novembertag die Räume seiner Praxis. Martha und Marie-Luise waren schon da. Kaffeeduft lag in der Luft. Es war an diesem Morgen noch so dunkel, daß man ohne elektrische Beleuchtung nicht auskam.

Stefan und Solveig hatten beschlossen, über Weihnachten in südlichere Gefilde zu fliegen. Aber noch war es nicht soweit.

Zur Zeit grassierte eine Grippewelle in München. Die Praxis des Grünwalder Arztes war voll von Patienten, die sich angesteckt hatten.

So hatten Stefan und seine beiden Helferinnen alle Hände voll zu tun, die Kranken zu verarzten. Marie-Luise Flanitzer war gut erholt aus ihrer Kur zurückgekehrt. Sie hatte etwas zugenommen und war längst nicht mehr so nervös wie vorher.

Martha bekam gelegentlich einen Anruf von Sabine Meerbusch, die inzwischen als Arzthelferin bei dem Internisten arbeitete, bei dem sie sich auf Empfehlung von Dr. Frank beworben hatte. Zwischen den beiden war es Sympathie auf den ersten Blick gewesen.

Sabine fand ihren neuen Arbeitsplatz toll. Martha freute sich für die junge Kollegin, die nach ihrer schweren Krise im Frühsommer nun endlich wieder auf die Beine gekommen war.

Während Marie-Luise ein kleines Frühstück für den Chef vorbereitete, sortierte Martha die Post. Als erstes öffnete sie einen Umschlag, der von Hand geschrieben war. Es handelte sich um die Verlobungsanzeige von Sabine Meerbusch und Joachim Landau.

»Nanu!« Martha staunte. Landau, das war doch dieser junge Pharmavertreter. Eine nette Überraschung! Sie brachte die Neuigkeit sofort zum Doktor hinein. Stefan überflog die wenigen Worte und schmunzelte. »Na, also«, sagte er zufrieden. »Sie scheint ins Leben zurückgefunden zu haben.«

Seine Vermutung fand er drei Tage später bestätigt, als Sabine höchstpersönlich in der Grünwalder Arztpraxis vorbeikam, mit einem großen Kuchentablett.

Sie sah gut aus. Das blonde Haar trug sie jetzt in einer flotten Kurzhaarfrisur. Ihr Teint war frisch, ihre Augen glänzten.

»So gefallen Sie mir«, gestand Stefan, der sich noch gut an das Häufchen Elend erinnerte, das in seinem Zimmer gehockt und vor lauter Kummer fast zerflossen war. »Die Liebe scheint Ihnen gut zu bekommen.«

»Es war ein langer Weg dahin«, bekannte Sabine. Sie saß wieder auf dem Platz, auf dem sie damals ihrer Verzweiflung Luft gemacht hatte. »Ich habe eine Gesprächstherapie hinter mir. Mittlerweile habe ich begriffen, daß ich seinen Tod nicht verhindern konnte. Ich war nicht in der Lage, seine Forderungen zu erfüllen. Und das muß Erik gewußt haben. Es ist mir auch gelungen, mich mit dieser schrecklichen Zeit auszusöhnen. Mein Freund Joachim hat mir dabei geholfen. Dafür bin ich ihm sehr dankbar. Aber die Gesprächstherapie war noch wichtiger. Im nächsten Frühjahr wollen wir heiraten...« Sie unterbrach sich kurz, »...wenn nichts dazwischenkommt.«

»Es wird schon alles gutgehen«, meinte Dr. Frank. Dann gingen sie zu den beiden Helferinnen hinüber. Martha hatte Tassen und Gedecke hingestellt, sogar eine Kerze brannte.

Vorweihnachtliche Atmosphäre erfüllte den Raum. Die vier im Grünwalder Doktorhaus ließen sich Sabines Kuchen schmecken, während Martha von ihrem guten Kaffee nachschenkte.

Lisa lebte nun allein in ihrem Haus. Anfangs war es ihr sehr schwergefallen, mit der Einsamkeit fertig zu werden. Zum Glück hatte sie ihren Beruf, in den sie sich mit Elan stürzte. Nur zwei Tage hatte sie nach Simons Tod gefehlt. Ein Urlaubsangebot von Chefarzt Waldner schlug sie kategorisch aus. Sie wollte arbeiten, etwas für andere tun.

Die Kollegen waren in ihrem Verhalten vorbildlich. Sie behandelten Lisa ganz normal, hielten übertriebenes Mitleid zurück und waren immer zu einem kleinen Schwatz zwischen Tür und Angel bereit. Lisa fühlte sich in der Waldner-Klinik geborgen. Vorübergehend wurde sie zu einem zweiten Zuhause.

Weil sie sich davor fürchtete, das Weihnachtsfest allein zu verbringen, telefonierte sie schon frühzeitig mit einigen guten Freunden, um sie zu sich nach Hause einzuladen.

Es war Anfang Dezember, als sie einen Anruf von Manfred Sallinger bekam. Sie hatte sich zweimal mit ihm getroffen. Bei Simons Beerdigung war er Lisa sehr hilfreich gewesen. Deswegen empfand sie Dankbarkeit.

Aber sie merkte auch, daß sich Manfred Hoffnungen machte, die sie nicht erfüllen konnte. Sie empfand nun mal nur Freundschaft für ihn.

Leidenschaftlichere Gefühle waren bei ihr einfach nicht vorhanden.

»Wie geht's dir, Lisa?«

»Es geht so«, erwiderte sie unbestimmt. »Man muß wohl erst einmal einen gewissen Abstand bekommen, um wieder relativ schmerzfrei leben zu können.«

»Ich wollte dich zum Essen einladen. Hast du Lust?«

»Ja«, sagte Lisa. Sie nahm viele Angebote an, um nicht abends zu Hause zu sitzen und ins Grübeln zu verfallen. Mittlerweile war sie im siebten Monat schwanger. Das Baby entwickelte sich prächtig. Simon hatte noch eine Ultraschallaufnahme gesehen, bevor er gestorben war. Darüber war er sehr glücklich gewesen.

Sie aßen in einem japanischen Restaurant. Lisa trank Tee zum Essen. Die Atmosphäre des Lokals war angenehm. Und das Gespräch mit Manfred auch.

»Ich weiß, daß es noch ein wenig zu früh ist, um jetzt schon Zukunftspläne zu schmieden, Lisa. Ich wollte trotzdem einfach mal wissen, ob wir beide nicht irgendwelche Gemeinsamkeiten ins Auge fassen könnten.« Er hatte absichtlich eine sehr vorsichtige Formulierung gewählt.

»Beruflich wäre eine Menge möglich«, erwiderte Lisa. »Wir könnten beispielsweise eine Gemeinschaftspraxis eröffnen, wenn wir die Arbeit im Krankenhaus aufgeben wollen. Ich habe schon oft daran gedacht.«

»Und privat?«

»Privat bist du mein Freund. Und ich möchte, daß du es bleibst, Manfred... Ich hoffe, du kannst das akzeptieren.«

Er schwieg eine Weile. Dann griff er nach ihrer Hand und drückte sie. »Danke für deine Offenheit, Lisa! Bleiben wir also Freunde.« Er betonte das Wort etwas ironisch, wurde dann aber wieder ernst. »Ich gestehe, daß ich etwas enttäuscht bin. Aber so ist nun mal das Leben. Eines aber mußt du mir jetzt schon zusagen: daß ich die Patenschaft für dein Kind übernehmen darf.«

Sie lächelte ihn lieb und aufmunternd an. »Einverstanden, Manfred«, sagte sie.

»Warum habt ihr eigentlich nicht mehr geheiratet, Simon und du?« wollte er beim Dessert wissen.

»Ich glaube, er wollte nicht als menschliches Wrack zum Standesamt gehen. Und gleich nach Baden-Baden hat sich sein Zustand ja auch rapide verschlechtert. Er mußte viel liegen.

Jede Bewegung kostete ihn übermenschliche Anstrengung. So haben wir schließlich darauf verzichtet.

Seinen Anteil am Haus hat er mir übertragen. Das haben wir alles noch notariell geregelt. Zum Glück, kann ich nur sagen. Vor ein paar Tagen hat sich doch tatsächlich eine ältere Schwester bei mir gemeldet, mit der er nur ganz selten Kontakt hatte. Sie erkundigte sich etwas zu beiläufig nach einem Testament.«

»Ganz schön dreist«, meinte Manfred kopfschüttelnd. Wenig später verlangte er die Rechnung und bezahlte. Dann brachte er Lisa noch zu einem Taxi und verabschiedete sich mit einem lieben Kuß von ihr. »Komm gut heim! Und paß auf dich auf!«

»Gute Nacht, Manfred. Danke für das Essen. Das nächste Mal bin ich an der Reihe. Ich melde mich in den nächsten Tagen bei dir.«

Eine Woche vor Weihnachten machte Lisa ein paar Einkäufe für die vier Freunde, die sie zu Weihnachten eingeladen hatte. Manfred wußte noch nicht, ob er auch kommen oder lieber mit anderen Bekannten in die Berge fahren wollte.

Es war ziemlich kalt. Für den Abend waren Niederschläge angekündigt, die zu Glatteis führen sollten. Man gab jetzt schon Verkehrswarnungen durch, doch Lisa wußte, daß dies alles nicht viel nützte. Die Zahl der Unfallopfer mit Knochenbrüchen und Verletzungen würde in der Waldner-Klinik sprunghaft ansteigen.

Als sie das Kaufhaus wieder verließ, stellte sie fest, daß der vorhergesagte Eisregen schon eingesetzt hatte. Die Menschen rutschten und schlidderten über die Gehwege, die sich innerhalb weniger Minuten in spiegelglatte Flächen verwandelt hatten.

In einiger Entfernung sah Lisa schon drei Personen fallen. Und ihr selbst ging es auch nicht anders: Mit einem verblüfften Aufschrei rutschte sie aus und landete ziemlich unsanft auf ihrem Allerwertesten. Ein Schreck durchzuckte sie. Schützend legte sie die Hände über den Leib. Das Kind, um Himmels willen!

»Haben Sie sich verletzt?« drang eine wohlbekannte Stimme an ihr Ohr. Dann schoben sich zwei Hände unter ihre Achseln und zogen sie hoch. Als Lisa wieder auf ihren Füßen stand, wandte sie sich langsam um – und schaute in Robins verblüffte Augen.

»Lisa!« murmelte er fassungslos. Er hatte schon gesehen, daß es sich bei der Person mit der flotten Wollmütze um eine schwangere Frau handelte, aber jetzt erst erkannte er sie.

»Hast du dir weh getan?«

»Ich weiß es nicht. Es ging alles so schnell. Ich konnte mich nicht mehr halten. Hoffentlich war der Sturz für das Kind nicht so schlimm. Ich sollte gleich in die Klinik fahren...«

»Ich bringe dich hin«, entschied Robin. Er umfaßte sie. Sein Griff war fest und wohltuend. Mit kleinen Schritten führte er sie. Sie mußten ein ganzes Stück laufen, bis sie seinen Wagen erreichten.

»Wie kommt es, daß du nicht hinfällst?« erkundigte sie sich.

»Weil ich die richtigen Schuhe trage. Du kannst dich ruhig noch mehr auf mich stützen.«

Aufatmend nahm sie schließlich auf dem Beifahrersitz Platz. Sie horchte in sich hinein, aber sie spürte nichts Beunruhigendes, kein Ziehen, keine stechenden Schmerzen. Die Hoffnung, daß dem Baby nichts geschehen war, wuchs.

Robin lenkte den Wagen aus der Tiefgarage. »Das ist aber eine Überraschung, Lisa«, sagte er, während er behutsam und vorsichtig das Auto lenkte. Er hatte schon an verschiedenen Sicherheitstrainings teilgenommen und wußte sehr gut, wie man einen Wagen unter ungünstigen Bedingungen in der Spur hielt. »Wie fühlst du dich?«

»Ich spüre nichts. Der Po tut etwas weh, aber ein paar blaue

Flecken nehme ich gern in Kauf, wenn nur dem Baby nichts zugestoßen ist.«

»Dein Freund ist tot, nicht wahr?«

»Ja. Im September ist er...«

»Ich weiß«, wurde sie von Robin unterbrochen. »Ich habe die Todesanzeige in der Zeitung gelesen. Ich wollte dir schreiben oder dich anrufen. Dann habe ich es nicht getan, weil ich nicht wußte, ob dir meine Anteilnahme willkommen war.«

Lisa schwieg. Sie lauschte seiner angenehmen Stimme und stellte erstaunt fest, daß sie sie vermißt hatte.

»Und wie geht es dir, Robin? Machen sich deine Verletzungen noch bemerkbar?«

»Ja, manchmal schmerzt das Bein noch ein wenig. Und es hat eine Weile gedauert, bis ich wieder ganz normal laufen konnte. Sport habe ich immer noch nicht getrieben. Aber damit will ich im nächsten Jahr auf Anraten der Ärzte anfangen. Der Arm ist wieder ganz okay. Ich arbeite seit Oktober wieder ganztags. Die Arbeit ist für mich sehr wichtig.«

»Für mich auch. Sie war mir so was wie eine zweite Heimat. Ich war froh, wenn ich in die Klinik fahren und mich nützlich machen konnte.« Sie seufzte leise. »Was gibt's Neues bei dir?«

Er lachte etwas gezwungen. »Ich werde bald heiraten. Eigentlich sollte dieses denkwürdige Ereignis noch in diesem Jahr stattfinden, aber wir hatten einfach keine Zeit.« Er hielt inne. »Greta und ich«, fügte er dann hinzu.

»Dann habt ihr also wieder zueinander gefunden«, stellte Lisa fest. »Das ist doch sehr schön.«

»Findest du?« Er warf ihr einen raschen Seitenblick zu, mußte sich dann jedoch wieder auf die Fahrbahn konzentrieren. »Ich bin mir meiner Sache nicht so sicher. Greta dafür um so mehr.«

»Ich wünsche dir jedenfalls alles Gute, Robin.« Sie lächelte etwas wehmütig vor sich hin. Seine Gegenwart berührte sie ganz eigentümlich. Alles war wieder so wie damals, als sie fast jeden Tag zu ihm ins Krankenzimmer geschlüpft war, um mit ihm zu reden, ihn anzuschauen, sein Vertrauen zu gewinnen.

Dieses Vertrauen war immer noch da, als wären sie gar nicht monatelang voneinander getrennt gewesen.

Sie erinnerte sich noch gut an die zwiespältigen Gefühle, die sie damals empfunden hatte, einerseits diese Faszination, die sie in Robins Gegenwart verspürt hatte, andererseits die jahrelange Verbundenheit mit Simon, die sich schließlich auch als das stärkere Band erwiesen hatte. Doch nun war Simon tot. Damals hatte sie noch nicht einmal gewußt, daß er sterbenskrank war.

Es gelang Robin tatsächlich, unfallfrei die Waldner-Klinik zu erreichen. Vor der Ambulanz standen bereits zwei Rettungswagen mit aufblinkendem Blaulicht. »Die ersten Verletzten werden schon eingeliefert«, erklärte Lisa.

Robin stieg als erster aus, um ihr zu helfen. »Ich würde gern wissen, ob alles in Ordnung ist«, sagte er zögernd und wies auf ihren Bauch.

»Wenn du willst, kannst du mich heute abend zu Hause anrufen.«

Der Eisregen fiel immer noch. Mittlerweile waren die ersten Streudienste unterwegs. Robin brachte Lisa noch ins Gebäude. »Hier kann ich sicher sein, daß du nicht auf dem Glatteis ausrutschst.«

»Vielen Dank fürs Herbringen, Robin! Das war sehr lieb von dir...«

Wie schön sie aussah! Er umfaßte ihre Schultern. »Lisa, ich liebe dich immer noch«, gestand er rasch, um sie erst gar nicht zu Wort kommen zu lassen.

»Robin«, flüsterte sie erstickt. »Wir beide...«

»Würdest du ein Weilchen auf mich warten?«

Sie starrte ihn ungläubig an. Ihr Mund begann vor Freude zu zittern. »Wir sollten...«

Doch er schnitt ihr mit einem Kopfschütteln das Wort ab. »Ich weiß, was ich zu tun habe. Wirst du warten? Ja oder nein? Bitte, gib mir eine klare Antwort!«

»Ja«, hauchte sie.

In seinen Augen leuchtete es auf, als er sie küßte. »Wiedersehen, Lisa«, murmelte er. Und dann ging er hinaus, ohne sich noch einmal umzudrehen.

Wenige Minuten später horchte Dr. Beyer-Horn die kindlichen Herztöne ab. Sie nahm vorsichtshalber eine Ultraschalluntersuchung vor und ließ sich dabei noch einmal genau den Sturz schildern.

»Ich glaube, es ist alles gutgegangen, Lisa«, meinte sie schließlich. »Jedenfalls ist das Baby okay. Und was ist mit Ihnen? Tut's irgendwo weh?«

»Am Allerwertesten ein bißchen...«

Lisa entblößte das Gesäß. Dr. Beyer-Horn tastete die untere Wirbelsäule ab. Auf den Backen befanden sich einige Prellungen. Das war alles.

»Ein paar kleine Blutergüsse«, stellte die Gynäkologin fest. »Die verheilen von selbst und sind nicht behandlungsbedürftig. Ich glaube, Sie sollten jetzt nach Hause fahren und sich hinlegen. Wenn aber in der Nacht irgendwas passiert, was Ihnen ungewöhnlich erscheint, sollten Sie mich sofort anrufen, ganz egal, wie spät es ist.«

»Wenn es zu einer Frühgeburt kommt...«

»Machen Sie sich keine Sorgen, Lisa! Das Kind ist sehr gut entwickelt, wenn auch noch nicht reif genug. Aber ich glaube, wir würden es durchbekommen.«

Einigermaßen beruhigt machte sich Lisa mit einem Taxi auf den Heimweg. Sie gab dem Fahrer ein gutes Trinkgeld, dafür geleitete er sie noch bis zur Haustür. Aufatmend verschloß sie die Tür von innen. Dieses Abenteuer war, Gott sei Dank, gut ausgegangen.

Gegen zehn rief Robin an. Sie berichtete ihm von der Untersuchung. »Jetzt bin ich aber doch ziemlich müde. Ich werde gleich schlafen gehen.«

»Alles Gute, Lisa! Und ich wünsche dir jetzt schon ein schönes Weihnachtsfest.«

»Ich werde mit ein paar Freunden feiern.«

»Ich auch«, sagte er leise. »Ich freue mich auf das neue Jahr. Du hast mir dein Wort gegeben. Gilt das immer noch?«

»Ja«, antwortete sie nur. Dann legte sie auf, von einem tiefen Glücksgefühl erfaßt.

Weihnachten verlief ganz fröhlich, der Jahreswechsel ebenfalls. Lisa war so guter Stimmung, daß ihre Freunde und Kollegen sich im stillen wunderten.

Zu Beginn des neuen Jahres kam Stefan Frank schön gebräunt aus dem Urlaub zurück. Lisa traf sich mit ihm zum Essen und ließ sich alles genau berichten.

Schließlich erzählte sie ihm von dem Wiedersehen mit Robin. »Ich habe mich darüber sehr gefreut«, sagte sie leise. »Aber gleichzeitig war mir auch ein wenig unwohl. Ich fühlte mich schuldig, nein, das ist nicht das richtige Wort…« Kopfschüttelnd biß sie sich auf die Lippen. »Eher herzlos oder gleichgültig Simon gegenüber… Ach, ich weiß es nicht!«

»Simon lebt nicht mehr, Lisa, nur noch in unserer Erinnerung. Er hat sich immer gewünscht, daß du wieder glücklich wirst. Er wollte nicht, daß du um ihn weinst. Das hat er mir selbst gesagt.«

»Aber er ist noch nicht lange tot…«

»Rechtfertige dich nicht, Lisa! Das ist nicht nötig. Lebe! Darüber würde sich Simon am meisten freuen.«

Lisa lächelte noch etwas unsicher, doch dann begann sie, mit einer neuen Zuversicht der Zukunft entgegenzuschauen.

Hinter Robin lagen dramatische Auseinandersetzungen mit Greta, die seinen Rückzug natürlich nicht akzeptieren konnte. Er versuchte, ihr klarzumachen, daß eine Heirat nicht nur ihn selbst, sondern schließlich auch sie unglücklich machen würde.

Sie kämpfte lange um ihn, schließlich gab sie es auf, als sie einsehen mußte, daß ihre Bemühungen sinnlos waren. Auch Greta Zander machte die Erfahrung, daß sich die Liebe nicht erzwingen ließ.

Traurig und verbittert verließ sie München, um eine neue Stelle in Hamburg anzutreten.

Robin empfand Mitleid mit ihr, doch er konnte ihr nicht helfen. Mit ihrer Enttäuschung mußte sie ganz allein fertig werden.

Er wartete noch bis zum zehnten Februar, bevor er sich bei Lisa meldete, um sie an ihr Wort zu erinnern. Lange Zeit konnte er sich nicht entschließen, ob er ihr schreiben, sie anrufen oder gleich zu ihr fahren sollte. Dann aber erschien ihm der direkte Weg doch als der beste. Er setzte sich in seinen Wagen und fuhr los, ohne zu wissen, ob er sie überhaupt zu Hause erreichen würde. Wenn sie nicht da war, würde er eben vor der Tür einfach auf ihre Rückkehr warten.

Ein bißchen unsicher fühlte er sich schon, als er das Fahrzeug parkte und mit langsamen Schritten auf das Haus zuging. An diesem Februartag herrschten schon erstaunlich frühlingshafte Temperaturen. Die Haustür stand offen. War das ein gutes Zeichen?

Es blieb stehen und zögerte, einfach einzutreten. »Lisa?«

Keine Antwort.

Er klingelte.

»Ich komme«, ertönte es von drinnen. »Eine Sekunde.«

Wenig später stand sie vor ihm, einen Koffer in der Hand, die Wangen vor lauter Aufregung gerötet.

»Ach, du bist es!«

»Grüß dich, Lisa. Bist du jetzt enttäuscht?«

»Aber nein, Robin.« Sie strich ihm zärtlich mit den Fingerspitzen über die Wange. »Ich dachte, es wäre das bestellte Taxi. Ich muß nämlich in die Klinik. Die Wehen...«

»Ich fahre dich. Komm, steig ein!«

In diesem Augenblick fuhr das Taxi vor. Robin erklärte dem Fahrer, daß er nicht gebraucht wurde, und drückte ihm zum Trost einen Geldschein in die Hand.

Dann fuhr er selbst seine kostbare Fracht in die Waldner-Klinik.

»Ich bin gekommen, um dich etwas zu fragen«, meinte er. »Aber ich sehe ein, daß ich unter diesen Umständen meine Frage noch etwas zurückstellen muß.«

Sie schaute ihn mit einem sanften Lächeln von der Seite an. »Mein Ja gilt immer noch«, sagte sie nur.

Den Rest der Fahrt schwiegen sie. Sie fühlten sich einander eng verbunden. Und als er sie auf der Entbindungsstation ablieferte, wußte er, daß sich ihre Wege nie mehr trennen würden.

Lisa und Robin heirateten auf den Tag genau ein Jahr nach seinem schweren Unfall. Einige Kollegen von der Waldner-Klinik waren unter den Gästen, ebenso Manfred Sallinger und Stefan Frank. Chefarzt Waldner konnte nur auf einen Sprung vorbeikommen, um mit dem Brautpaar anzustoßen. Er wünschte seiner tüchtigen Mitarbeiterin alles Glück der Welt und verlieh der Hoffnung Ausdruck, daß Lisa ihm und seiner Klinik noch lange erhalten bliebe.

Das kleine Mädchen hieß Jennifer und gedieh prächtig. Lisa und Robin betreuten es mit all ihrer Liebe und Zuneigung. Mit zur Familie gehörte seit zwei Wochen auch ein Kindermädchen, da Lisa ihren Beruf nicht aufgeben wollte. Die junge Frau hieß Maria, kam aus Spanien und war eine Seele von Mensch.

Die Hochzeitsreise wollten die beiden später nachholen,

wenn Jennifer ein bißchen gewachsen war. Jetzt jedenfalls war es für sie unmöglich, das Kind allein zu lassen.

Die Hochzeitsgesellschaft wurde im Wald-Hotel vorzüglich bewirtet. Irgendwann am Abend stahl sich das frischvermählte Paar davon. Lisa trug ein helles, sehr schickes Kostüm und ein paar Blumen im Haar.

Eigentlich wollten sie ein Taxi nehmen, doch dann beschlossen sie, erst einmal ein paar Schritte zu Fuß zu gehen. Die Nacht war mild, der Himmel von unzähligen Sternen übersät.

Lisa dachte an Simon, als sie eine Sternschnuppe fallen sah. Sie erinnerte sich gern an ihn. Und sie würde ihm immer einen Platz in ihrem Herzen bewahren. Jennifers Vater war ein wichtiger Mensch in ihrem Leben gewesen.

Arm in Arm marschierten sie in ihre gemeinsame Zukunft. Irgendwann zog Lisa die Nase kraus. »Ein Regentropfen«, erklärte sie.

»Aber das kann überhaupt nicht sein. Der Himmel ist völlig wolkenlos«, widersprach Robin. »Willst du, daß wir jetzt doch ein Taxi nehmen?«

»Ja. Ich möchte schnell nach Hause. Der Trubel war etwas zuviel für mich. Mir brummt der Kopf.«

Sie fanden ein Taxi. Hinten im Fond kuschelte sich Lisa an seine Seite. Er legte einen Arm um ihre Schultern. Ruhig rollte der Wagen durch die Nacht.

Zu Hause war alles friedlich. Jennifer und Maria schliefen. Das junge Paar setzte sich noch für ein paar Minuten hinaus auf die Terrasse, um die himmlische Ruhe zu genießen.

Als es Lisa zu kühl wurde, stand sie auf und wollte ins Haus zurück.

»Halt!« bat Robin. »Nicht! Geh keinen Schritt weiter!«

»Aber was ist denn?« frage sie verwundert.

Er trat neben sie und nahm sie schwungvoll auf die Arme. Dann trug er sie mit feierlicher Miene über die Schwelle. »Das hätte ich eigentlich vorhin schon tun sollen«, bekannte er. »Ich hatte nicht daran gedacht.«

Sie legte ihre Hände in seinen Nacken und küßte ihn.

Langsam ließ er Lisa hinuntergleiten. Ein warmes Leuchten lag in seinen Augen, als er sie anschaute. »Meine Frau!« murmelte er voll stolzer Freude.

Sie zwickte ihn verschmitzt in die Wange und nahm ihn bei der Hand. Dann entschwanden die beiden Verliebten – geradewegs ins Paradies.